KB205431

거저 받은 구원인가,
이루는 구원인가?

《 갓토크 제자훈련 시리즈 1 》 행함 있는 믿음으로 얻는 온전한 구원

거저 받은 구원인가,
이루는 구원인가?

안환균

변증전도연구소

추천사

그리스도인을 자처하는 사람이라면 누구든지 놀라우신 하나님의 사랑에서 비롯된 예수 그리스도의 십자가 보혈로 구원을 얻게 되었음을 믿는다. 그러나 그 구속 사건을 인정하고 믿는 데만 머문다면 그는 '명목상의 그리스도인'으로 살아가기 쉽다. 구원의 필요조건은 오로지 하나님의 은혜이며 우리의 노력이 아니다. 그러나 '참 그리스도인'의 삶을 살아가기 위해서는 예배자로서 복음을 살아내기 위한 치열한 도전과 순종이 필요하다. 이 책 <거저 받은 구원인가, 이루는 구원인가?>는 구원 이후 성화를 향해 나아가는 삶의 여정을 이해하기 위한 안내서다. 저자는 당대는 물론 현재까지 우리 신앙에 좋은 안내자가 되는 믿음의 선배들과 현시대 동역자들의 말을 인용하면서 구원에 대한 성경 말씀들을 풀어간다. 특히 자신의 정체성을 하나님 안에서 찾으며 스스로를 그리스도인이라 정의하지만, 구원을 확신하는 문제 앞에서는 망설이게 되는 많은 기독교인들에게 좋은 길라잡이가 된다. 이 땅에서 구원의 확신을 가진 온전한 그리스도인이 되어 값으로 환산할 수 없는 하나님의 놀라운 은혜에 감격하며 날마다 진실한 예배자로 살아가기를 소원하는 모든 기독교인들에게 이 책을 추천한다.

김병삼 목사 만나교회 담임목사

인간의 언어와 논리로 하나님에 대해, 그분이 하신 일에 대해, 우리에게 일어난 일에 대해, 앞으로 일어날 일에 대해 논하는 것은 꼭 필요한 일이지만 벅찬 일이기도 하다. 토마스 아퀴나스가 <신학대전>을 쓰던 중에 하나님 체험을 하고 나서 "내가 쓰는 글이 지푸라기만도 못하다"고 말하며 절필했다는 사실은 하나님의 구원에 대해 이해하는 것도, 설명하는 것도 얼마나 어렵고 무모한 일인지를 증명한다. 하지만 우리는 '이해를 추구하는' 존재들이기에 우리가 믿는 바에 대해 어떻게든 해명하고 설명해보고 싶어 한다. 해본 사람은 안다. 마음에 짚이는 것이 있어서 글로 쓰다 보면 다 쓰기도 전에 벌써 부족하고 미진함을 느낀다. 그래서 최선을 다해 표현해놓고도 뒤로 물러서서 다른 사람들의 말에 귀를 기울인다. 자신은 코끼리의 다리 한 쪽만 만진 것임을 알기 때문이다. 그리스도 예수 안에서 우리가 얻은 구원은 어떤 것인가? 한 번 받은 구원은 취소될 수 없는가? 구원을 우리가 이루어가야 한다면 하나님의 구원은 완전하지 않은 것인가? 칭의와 성화는 연속적인 사건인가, 같은 사건의 양면인가? 우리가 이 땅에서 얻은 구원의 궁극적인 모습은 어떤 것인가? 이런 질문들에 대해 최종적인 답을 내리는 것은 우리 인간에게는 불가능에 가깝다. 그렇다고 해서 포기해서는 안 된다. 누군가는 그 어려운 일에 도전해서 진리의 한 면이라도 드러내야 한다. 그런 점에서 이 책에서 저자가 보여준 치열한 노고에 감사한다. 저자는 그동안 이어져온 구원론 논쟁들의 퍼즐 조각들을 맞추어 구원론에 대한 하나의 그림을 보여준다. 그리고 그 그림에 따라 구원받은 자로서 신실하게 살아가는 길을 제시한다. 구원론에 대해 의문을 가진 독자들이라면 뒤엉켜 있던 생각들이 정리되는 경험을 할 것이다.

김영봉 목사 와싱톤 사귐의교회 담임목사

저자는 이 책에서 기독교의 구원의 수단인 믿음과 행함에 대해 여러 신학자와 목회자들의 견해를 인용하면서 성경적이고도 복음적인 변증을 시도하고 있다. 진정한 믿음은 행함이 없는 믿음이 아니라 행함으로 결실되는 믿음이라는 것이다. 믿음에 행함을 부가시키는 천주교식 믿음 또는 단순한 알미니안식 믿음과도 다르다고 말한다. 또한 행함은 필요 없다면서 오로지 믿음만을 중시하는 구원파식 믿음 또는 싸구려 믿음도 거절한다. 진정한 믿음이란 주권자이신 하나님의 말씀에 순복하는 것이며, 일상의 모든 영역에서 하나님의 주 되심을 인정하는 삶으로 구현되어야 한다고 강조한다. 이런 의미에서 저자는 한편으로는 믿음으로 구원 얻는 칭의의 복음을 증거한 루터의 견해를 이어받으면서 동시에 믿음은 삶의 성화로 결실되어야 한다는 칼빈의 믿음을 역설하고 있다. 종교개혁자들은 '한 번 구원은 영원한 구원'이라면서 종교적 안일을 가르치기보다는 매일의 삶 속에서 하나님과의 인격적인 교제를 중시하는 가운데 "두렵고 떨림으로 구원을 이루라"고 가르쳤다. 이 책은 종교개혁적인 칭의의 교리를 수용하면서 오늘날 그것이 변질되어 행함이 없는 교리의 하나가 되어버린 믿음에 대하여 경고하고 있다. 종교개혁의 이신칭의를 오늘날의 상황과 필요에 적실하도록 조율해낸 훌륭한 변증서다.

김영한 교수 기독교학술원장, 숭실대 명예교수, 한국개혁신학회 초대회장 저는 오랫동안 이 책의 저자인 안환균 목사님을 알고 지냈습니다. 제가 두란노서원에서 일할 때 저자도 <빛과소금>, <목회와신학> 기자로 일했는데, 그가 쓴 글들을 읽으면 명쾌한 논리에 감동을 받곤 했습니다. 그가 신학을 공부하고 기독교 변증에 관심을 갖고 곳곳에서 선한 영향력을 끼치는 것을 보고 기뻤습니다. 얼마 전 제가 섬기는 교회에도 와서 하나님의 살아 계심을 주제로 변증설교를 전해 주었는데, 큰 은혜가 있었습니다. 이번에 안환균 목사님이 쓴 이 책의 원고를 보자마자 순식간에 다 읽었습니다. 그만큼 재미있고 흥미로웠습니다. 저는 한국교회의 가장 큰 문제가 예수님을 구원자로만 믿는 데 그치고 그분을 주인으로 모시고 그분의 다스림을 받지는 않는 것이라고 여겨 '예수가 나의 주인이시다'라는 이름의 세미나를 여러 번 진행했고, 앞으로도 계속 해나갈 계획입니다. 한국교회의 교인들이 변화되지 않는 가장 큰 이유는 구원론에 문제가 있어서라고 생각됩니다. 이번에 저자가 행함 없는 믿음의 위험성에 대해 논리적으로 잘 써주어서 감사드립니다. 저자는 각 장마다 영적인 거장들의 글을 소개함으로 자신의 글에 더 큰 신뢰를 갖게 해주었습니다. 저는 특히 저자의 글 중에 "의인은 믿음으로 말미암아 살리라"는 하박국 2장 4절 말씀에 나오는 '믿음'에 대한 히브리어 고찰에 아주 큰 도전을 받았습니다. 저자는 "의인은 믿음으로 말미암아 살리라"는 말씀에서 '믿음'이라는 단어는 '신실함', '충성'으로 번역함이 좋다고 했습니다. 참 믿음은 왕 되신 주님께 대한 충성입니다. 정말 이 구절이 "의인은 충성으로 말미암아 살리라"로 번역된다면 요즘 교인들이 당연시하는 '믿기만 하면 구원'이라는 왜곡된 교리를 바로잡을 수 있을 것입니다. 성경적인 믿음은 지식적인 믿음에서 더 나아가 충성스런 삶으로 드러내는 믿음이어야 한다는 진리는 우리의 신앙생활에 큰 획을 그을 것입니다. 이 책에서 저자는 참 믿음은 예수님을 구원자로 믿을 뿐만 아니라 왕으로, 주인으로 모시고 그분의 다스림을 받는 삶이 따르는 믿음이라고 강조합니다. 그래서 이 책은 참 구원을 이루게 해주는 소중한 내용들로 가득 차 있는 복음의 보고(寶庫)라 여겨집니다. 이 책을 모든 기독교인들이 읽고 껍데기 신앙에서 벗어나 참 신앙인으로 살다가 다 천국에 들어가게 되길 기도합니다.

김원태 목사 수지기쁨의교회 담임목사, 전 두란노서원 <생명의 삶> 편집장

'거저 받은 구원'은 기독교 가르침의 정수를 표현한 것이다. 그러나 초대교회로부터 지금까지 이 놀라운 구원에 대한 고백에는 늘 율법폐기론이 따라다녔다. 아무 대가 없이 구원해주

신 '값비싼 은혜'가 어차피 구원을 얻으리라는 '값싼 은혜'로 전락하곤 했다. 그 가장 큰 이유는 하나님 나라의 역동성에 대한 무지 때문이었다. 이미 시작된 하나님 나라에 들어가 구원을 얻은 것이지만, 완성될 하나님 나라가 임하여 우리의 구원이 온전해질 때까지, 구원을 받은 우리는 구원을 이루며 살아간다. 이 가르침과 삶이 한국교회에 절실하다. 안환균 목사님의 이 책은 이 중요한 주제를 여러 각도에서 매우 설득력 있게 다루고 있다. 한국교회여, 반쪽짜리여서 더 위험한 복음에서 온전한 복음으로 나아가자!

김형국 목사 하나님나라복음DNA네트워크 대표

오늘날 한국 사회에서 기독교가 인정받지 못하는 이유들이 많이 있지만, 가장 중요한 이유가 바로 구원의 은혜를 오해해서 나타나는 크리스천들의 비윤리적인 행위 때문이 아닌가 생각한다. 그래서 오늘날 한국교회는 루터의 종교개혁과는 또 다른 의미의 종교개혁이 필요하다고 생각했는데, 저자는 이 책을 통해서 이 시대에 필요한 새로운 종교개혁을 시도하는 것 같다. 저자는 구원은 하나님의 은혜를 인하여 믿음으로 말미암아 얻는다는 바울 서신의 구원론을 하나도 양보하지 않지만, 행함 없는 믿음은 죽은 믿음이라는 야고보 사도의 말씀에 대해서도 한 치의 양보도 없다. 바울 서신이 말하는 행위와 야고보서가 말하는 행위는 여러모로 차이가 난다. 바울 서신에서 부정적으로 언급한 행위는 율법을 지키려는 종교적인 노력을 가리키며, 우리의 구원은 이런 종교적인 노력과는 아무 관계가 없다는 개신교 전통에 저자도 동의한다. 야고보서에서 강조하는 행위는 믿음의 사람들이 일상의 삶에서 보여주어야 할 일상의 행위로서 구원받은 자의 표지이다. 율법의 행위는 구원과 무관하지만, 구원 얻게 하는 믿음은 일상의 삶에 선한 행위로 나타나야 한다는 것이다. 저자는 행함 있는 믿음의 삶에는 전통적으로 중시해왔던 종교적인 행위 못지않게 일상생활 속의 행함, 곧 일상에서 나타나는 언어생활이나 가정이나 일터에서의 생활 또한 중요하다고 강조한다. 오랫동안 일터사역을 비롯해 일상생활의 신앙을 강조했던 사람으로서 저자의 주장을 접하며 신앙의 동질감을 느꼈다. 그는 이 믿음의 행함을 설명하기 위해 다양한 신학적인 논지를 폈고, 거의 모든 부분에서 비교적 난해하다고 알려진 관련 성경 구절들의 의미를 상세하게 밝혀주고 있다. 그리고 신뢰할 수 있는 지도자들의 말을 인용한 것을 보고 책의 내용에 대해 더 신뢰하게 되었다. 저자의 신앙에 동질감을 느끼고, 책의 내용을 신뢰하게 되니까 자연스럽게 추천하고 싶어진다.

방선기 목사 사단법인 일터개발원 이사장

오랜 신앙생활에도 답이 분명하지 않은 질문들이 있습니다. 그중에는 기독교 신앙의 핵심에 관한 것들도 있지요. 이 책에서 저자가 던진 '구원은 은혜로 거저 받은 것인가, 이루는 것인가?'와 같은 질문도 그러한 질문들 중 하나입니다. 너무나 기본적인 것인데도 깊이 씨름하지 않고 적당히 얼버무리는 경우가 많아 안타깝습니다. 덮어놓고 믿는 것은 맹신입니다. 믿음의 반대는 의심이 아니라 무관심입니다. 질문은 중요합니다. 좋은 질문은 피상성의 모래를 걷어내고 믿음이 싹트고 성장해서 열매를 맺도록 도와줍니다. 이 책에는 그러한 좋은 질문들이 가득합니다. 24개의 문답은 그리스도인 모두가 진지하게 다루어야 할 기독교의 핵심 진리에 관한 것들입니다. 어린아이처럼 겉과 속이 동일한 순전한 신앙, 복음이 율법을 완성하는 삶이야말로 믿음과 행함이 일치하는 전인적이며 총체적인 복음의 길이고 참된 신자의 모습입니다. '기독교는 가장 넓은 문의 종교인가? 예수님은 왜 좁은 문으로 들어가기를 힘쓰라고 하셨는가?' 저자는 묻기만 하지 않습니다. 성경적인 답을 제시하려고 애씁니다. 선행 없는 믿음, 선행 없이 유지되는 칭의는 없다는 칼빈의 <기독교강요> 발췌문이 좋은 예입니다. 우리가 평생 씨름하는 본질적인 질문들뿐만 아니라 사소하게 여길 수 있는 문제들도 다루고 있습니다. 이 문제들도 신자의 행함 있는 믿음의 삶에 실질적인 관건이 될 수 있다고 보았기 때문입니다. 이 책에서 던지는 질문들은 많은 그리스도인들을 움찔하게 만들 수 있습니다. 불편하게 할 수도 있습니다. 애써 외면해온 문제들을 면전에 들이대는 격이니까요. 그동안 교회에서 기독교 신앙의 핵심적 진리를 이 책에서처럼 진지하게 다루어주지 않은 것에 대한 책임 또한 면할 수 없을 것 같습니다. 구원의 진리, 믿음과 행위의 관계에 대한 핵심적 사안을 놓고 솔직하게 질문하고 답하며, 좋은 참고자료도 함께 소개하는 이 책의 소통 방식은 늘상 혼란스럽기만 할 수 있는 문제를 성경적으로 정리하는 데 귀하게 기여할 수 있을 것이라고 믿습니다.

신국원 교수 총신대 명예교수, 기독교세계관학술동역회 이사장 구원은 기독교 진리의 알파요 오메가입니다. 그리스도인은 믿음으로 구원받은 자로 출발하여 구원을 완성할 자로 살아갑니다. 구원 교리에서 믿음과 행함의 역할이나 상호관계성에 대한 주제는 신학계의 오랜 숙제였고, 평범한 성도들에게도 중요한 관심사였습니다. 안환균 목사님께서 국내외 여러 신학자와 목회자들의 견해도 함께 소개하며 이 문제를 잘 정리해주셨습니다. 우리는 거저 받은 구원을 이루고자 우리의 삶을 구주요 주님 되신 예수님께 드리며 살아갑니다. 이 책으로 우리는 예수님께서 우리의 구주요 주님 되심을 명확하게 고백하게 될 것입니다. 구원의 확신이 필요한 성도들과 구원을 설교하는 모든 설교자들에게 강추하고 싶습니다.

이동원 목사 지구촌교회 원로목사, 지구촌 목회리더십센터 대표

오랫동안 '변증전도'에 앞장서온 안환균 목사님을 곁에서 지켜보면서 소명의 길을 포기하지 않고 묵묵히 걸어가는 대인의 모습을 발견해왔다. 안환균 목사님의 책 <거저 받은 구원인가, 이루는 구원인가?>는 온전한 복음을 경험하는 문으로 들어가게 도와주는 첫 번째 디딤돌과 같다. '오직 은혜로', '오직 믿음으로' 받는 구원을 균형 있게 이해하지 못한 영혼들을 끊임없이 공격해오는 사탄의 속임수에 교회가 속아넘어갈 때 교회는 언제나 순수함과 능력을 잃어버렸다. 성도들이 이 올바른 구원의 문제에 대해 성경적으로 분명한 확신을 갖도록 도와주는 것은 교회를 바로 세우는 일과 같다. 교회의 갱신은 언제나 온전한 복음으로의 회복에서부터 비롯되기 때문이다. 정교하게 짜인 옷감의 실과 같이 참된 구원에 이르는 믿음과 은혜의 상관성을 성령과 말씀에 의지하는 가운데 치밀하게 직조해나간 이 책을 통해 수많은 영혼들이 진정한 구원의 확신에 이르게 될 것이라고 믿는다. 또한 앞서 이 문제로 씨름하며 성도들을 일깨운 믿음의 대인들의 글들을 첨가한 지혜는 변증가로서의 신중함과 겸손함을 드러내기에 더욱더 이 책에 읽을 만한 가치를 더해준다. 이 책이 한국교회를 깨우고 다시 한번 종교개혁의 축복을 경험하게 해주기를 기도하며 추천한다.

이재훈 목사 온누리교회 위임목사

이 책의 원고를 읽으며 믿음과 행함이라는 주제를 가지고 이만큼 실제적으로 또 자세하게 쓴 책이 있을까 하는 생각이 들었습니다. 아주 훌륭한 책이라고 생각합니다. 신앙문제로 고민을 해본 사람이라면 꼭 한 번 읽어보라고 권하고 싶은 책입니다. 성경은 영원히 변함없는 하나님의 말씀이지만, 신학은 시대적 상황에 따라 강조점이 다릅니다. 중세에는 천주교가 구원 교리에서 인간의 공로를 강조했는데, 나중에는 이것이 사람들을 넘어지게 하는 거치는 돌이 되어 교회를 타락시키는 결과를 가져왔습니다. 종교개혁자들은 이에 항거하며 "오직 은혜"를 부르짖었습니다. 그런데 오늘날 개신교회, 특히 한국교회의 타락은 중세 천주교회의 타락에 버금가는 수준에 이르고 있습니다. 오늘날 많은 신자들이 믿음에 합당한 삶이 무엇인지도 잘 모르고 있고, 주일에 교회에 나가 예배를 드린다는 것 외에는 세상 사람들과 별 다를 바 없이 살아가고 있습니다. 그래서 복음의 능력을 소멸하고 복음의 영광을 가리는 자리에까지 이르고 있습니다. 이는 그리스도께서 십자가를 통하여 주신 거룩한 구원의 은혜를 '값싼 은혜'로 전락시키는 결과를 가져왔습니다. 심지어 일부 복음주의자들은 싸구려 물건을 파는 장사꾼들처럼 십자가의 복음을 천박하게 만들었습니다. 한때 천주교가 돈을 받고 면죄부라는 코인을 팔았는데, 오늘날 개신교에서는 이신칭의의 교리를 면죄부로 삼아 구원의 은혜를 공짜 티켓처럼 나누어주고 있습니다. 이 책은 이러한 오늘날의 시대적 현실을 배경으로 과연 믿음이란 무엇인지, 살아 있는 믿음, 행함이 있는 참된 믿음은 어떤 것인지를 설명하는 데 최선을 다하고 있습니다. 그리고 많은 기독교인들이 신앙생활하면서 갖게 되는 수많은 의문들과 논쟁점들에 대해서도 확실한 대답을 주고 있습니다. 신앙의 문제를 교리 속에 가두어놓지 않고 실제적으로 잘 풀어서 설명해주고 있습니다. 아주 치열하게 사색하면서 쓴 변증서이지만, 누구나 읽고 이해할 수 있도록 쉽게 쓴 책입니다. 이 책을 읽으며 "너희는 믿음 안에 있는가 너희 자신을 시험하고 너희 자신을 확증하라"(고후 13:5a)는 말씀대로 각자 자신의 믿음을 점검해보시기 바랍니다.

정주채 목사 향상교회 은퇴목사, 코람데오닷컴 이사장

귀한 만큼 흔하다. 그래서 은혜다. 은혜를 받고 누리는 길은 오직 하나다. 믿음이다. 공기를 의심하고 숨을 멈추면 죽음이다. 물을 의심하고 마시기를 거절하면 곧 죽음이다. 사는 길은 믿음이다. 구원도 그렇게 주어졌다. 귀한 만큼 거저 주어졌다. 어느 누구도 제 힘으로 구원

얻을 수 있는 자는 없다. 그래서 거저다. 값을 매길 수 없어 거저고, 값을 치를 자 없어 거저다. 거저 받는 오직 한 길이 믿음이다. 거저면 오염도 쉬운 것일까? 거저라서 시비가 그치지 않았다. 거저라서 하찮게 여기거나 사소하게 만든 자들이 무수하다. 거저일 수 없다고 값을 매기는 자와 중개인처럼 값을 요구하는 자가 생겨났다. 이들 모두가 성경을 한 절씩 걸고 넘어진다. 논쟁은 끝이 없다. 저자는 몸을 사리지 않고 담대하게 이 논쟁의 중심에 뛰어든다. 예수님께서 종교의 바다와 우상의 바다를 가르시고 좁고 협착한 길을 가리키셨듯, 저자는 파도가 잠잠할 날이 없는 구원의 바다 한가운데서 마른 길을 분명하게 가리킨다. 그 길은 구원의 과거와 현재, 미래가 한 길로 이어져 있어 믿음과 행함 두 발로 걸어야 완주가 가능하다고 설파한다. 물론 믿음도 행함도 다 나의 공로가 아니다. 모두가 은혜. 그래서 거친 논쟁의 호흡을 가라앉힌다. 참된 사랑도 진정한 소망도 결코 감춰지지 않는다. 손과 발의 수고로 드러난다. 하물며 구원받은 믿음을 어떻게 감출 수 있을까? 그 믿음은 불붙은 중심과 같다. 저자는 그 믿음이 곧 신실이자 충성이라고 증언한다. 이 책 <거저 받은 구원인가, 이루는 구원인가?>는 저자의 중심에 타오르는 믿음의 불꽃이다. 이 불꽃이 핵심을 놓친 구원 논쟁, 값싼 구원의 놀이터가 된 이단의 사설들에 종지부를 찍기 바란다. 그리고 이 논쟁에서 한 발 물러나 있던 자들에게는 도리어 저자의 불꽃이 그 중심에 옮겨 붙기를 원한다.

조정민 목사 베이직교회 담임목사

차례

구원의 반쪽만 가르친 한국교회, 제2의 종교개혁이 필요하다

1부

행함 있는 믿음 없이는 정말 구원도 없나?

얼마나 믿고 순종해야 구원인가?
- 행함 있는 믿음에 대해 풀어야 할 대표적인 오해 3가지

프롤로그

구원의 반쪽만 가르친 한국교회,
제2의 종교개혁이 필요하다

"한국교회는 부활의 영광만 강조했지 부활 전의 고난은 소홀히 해왔다. 한국교회에 제2의 종교개혁이 필요하다는 목소리가 커지는 이유다." 몇 년 전 중앙일보와의 인터뷰에서 홍정길 목사님이 전하신 말씀입니다. 한국교회의 복음주의자들은 구원의 반쪽만 가르쳤고, 예수님의 십자가와 부활로 새 생명으로 다시 태어났으면 그에 걸맞게 살아야 하는데 그러지 못했다는 일침이었습니다. 지금 한국교회에는 복음의 본질은 사라지고 자기 위안의 종교만 남은 듯한 상황이라는 일갈이기도 했습니다. 이제라도 하나님의 말씀을 일상에 구체적으로 대입하며 삶의 현장까지 변화받기 위한 진정한 회개를 강조해야 할 때라고 목소리를 높이셨습니다.

홍 목사님의 지적대로 지금 한국교회는 안팎으로 따가운 비판에 직면해 있습니다. 세계적으로 인기를 끌었던 넷플릭스의 〈오징어 게임〉이나 〈더 글로리〉 같은 K-드라마에서 기독교인은 한결같이 부정적으로 그려집니다. 주로 신앙과 삶이 일치하지 않는 이중적인 위선자로 등장합니다. 교회에서는 믿는 자 같지만 세상에서는 비신자들과 별 다를 바 없이 삽니다. 예수님을 구주로만 아니라 그 주권적인 말씀에 철저히 순종해야 할 주님으로도 믿지 않으면 '신앙인'이 아닌 '종교인'으로 살아가기 쉽습니다. 한국 기독교에 대한 부정적인 평판은 반쪽만의 구원론에 안주해온 탓이 큽니다.

저는 오랫동안 행함에 따라 구원이 좌우된다는 주장에 동의하지 않았습니다. 이런 주장을 예수님의 피에 인간의 행위를 뒤섞는 '행위 구원론'과 별 다를 바 없다고 여겨 적대시하기까지 했습니다. 그러나 성경을 있는 그대로 면밀하게 관찰하고 묵상하며 공부해본 결과 행함 있는 믿음과 구원의 긴밀한 연관성에 대한 진리는 사람이 아니라 성경이 말하고 있었습니다. 저 역시 귀납적으로 성경 자체의 내용들을 하나하나 중시하기보다는 은연중 사람이 만든 신학에 연역적으로 더 많이 의식화되어왔다는 것도 새삼 실감할 수 있었습니다.

한 번 믿고 교회를 다니니까 구원은 받았고 완전 은혜로 천국 가게 되었다고만 가르치면 구원 이후의 삶은 그다지 절실하게 느껴지지 않습니다. 그 과정은 신자가 자유롭게 취해도 되고 취하지 않아도 되는 하나의 '옵션' 같습니다. 그래서 교인이 성숙한 신자로 자라가려는 동기나 열의가 현저히 줄어듭니다. 마치 날수를 다 채워 제대하기만 기다리는 널널한 말년 병장처럼 살아갑니다.

지금 한국교회에는 교회만 왔다갔다하는 명목상 기독교인들과 교회를 아예 떠난 가나안 교인들이 많습니다. 이들에게 구원의 진리를 새롭고도 진지하게 일깨우려면 '행함 있는 믿음'을 강조하는 게 최선입니다. 미지근한 구원론이 미지근한 교인들을 양산해온 실수를 마냥 되풀이할 순 없습니다. 그래서는 한국교회가 '제2의 종교개혁'이라고 할 만한 새롭고도 진정한 갱신을 기대할 수 없기 때문입니다.

행함 있는 믿음은 예수님을 믿되 형식적으로가 아니라 진정으로 믿는 믿음을 가리킵니다. 참된 구원을 위한 진정한 회심은 참된 회개와 믿음으로 이뤄집니다. 오직 예수님의 보혈의 공로에만 의지하여 회개와 믿음으로 구원받습니다. 이것은 성경이 확언하는 불변의 진리입니다. 그런데 한 가지 조건이 있습니다. 그 회개와 믿음이 진정한 것이어야 합니다.

가짜 회개는 죄를 인정하거나 자백하는 데 그칩니다. 그러나 진짜 회개는 죄를 버리고 그 회개에 합당한 열매까지 맺는 것입니다(마 3:8). 가짜 믿음은 기독교의 특정 교리에 동의하는 데 그칩니다. 그러나 진짜 믿음은 예수님을 자신의 구주로서뿐만 아니라 왕이요 주인으로도 모셔들이고 그분의 주권인 말씀에 순복하는 삶을 사는 것입니다. 믿음에 행함을 더해야 구원받는다는 게 아닙니다. 믿음만으로 충분하지만 그 믿음이 예수님의 주권을 인정하는 순종이 통합된 전인적인 믿음이어야 한다는 것입니다. 이 책은 바로 이러한 참된 구원의 진리를 성경적으로 입증하기 위해 쓴 책입니다.

우선 2019년 1월부터 2022년 12월까지 모두 4년 동안 매월 큐티집 〈주만나〉(꿈이 있는 미래)에 연재해온 '바이블 칼럼' 중에서 행함 있는 믿음을 테마로 쓴 글들을 한데 모았습니다. 그리고 이 책 전체의 일관된 내용에 맞게 더 보충할 부분은 보충하고 새롭게 다듬었습니다.

이 글들은 특정 진영의 신학이나 교리 이전에 하나님의 말씀인 성경 자체에서는 구원받는 참된 믿음의 삶에 대해 어떻게 말하고 있는가에 초점을 두었습니다. 이 주제를 담은 성경의 핵심 구절들을 하나하나 알기 쉽게 풀어내고자 했습니다. 그래서 사람들이 아닌 성경 자체가 이 주제에 대해 직접적으로 전하는 가르침을 공유하고자 했습니다.

각 장의 서두에는 제가 이 주제를 묵상하면서 간간이 SNS에 나누었던 단상들 중 일부를 담았고, 각 장의 말미에는 연륜 있는 신앙의 선배들이 행함 있는 믿음에 대해 확신 있게 전한 가르침도 함께 소개했습니다. '행믿노트'란 이름으로 실린 짤막한 두 쪽짜리 참고용 글들이 권위와 무게감의 측면에서는 이 책의 본편일 수도 있습니다. 교회사에서 정통 신앙을 견지한 많은 주의 종들이 이미 "행함 있는 진정한 믿음 없이는 구원도 없다"고 설파해왔습니다. 이 테마에 관심은 있지만 왠지 개신교 본래의 가르침에서 벗어나는 건 아닌가 의심하는 이들에게 유익한 길잡이가 되리라 믿습니다.

그동안 변증전도 사역을 섬겨온 저는 이 행함 있는 믿음이란 주제에 각별한 관심을 갖고 있었습니다. 복음 전도에서는 예수님이 각 사람을 지옥 형벌에서 건져주시는 구원자이신 것도 중요하지만, 그분이 각 신자의 모든 삶의 주인이신 것도 똑같이 중요합니다. 예수님의 주 되심(Lordship)을 중시하는 행함 있는 믿음에 대한 강조는 변증전도의 완성이라고도 할 수 있습니다. 행함 있는 믿음이 없이는 반쪽 복음, 반쪽 구원에 머무르고 말기 때문입니다.

이 책은 수년 전에 교계를 잘 아는 한 지인이 제게 개인적으로 부탁하신 원고에 대한 응답이기도 합니다. "논란이 많은 행함 있는 믿음의 문제에 대해 균형 있게 글을 써줄 수 있는 사람이 안 목사님인 것 같다"시며 당시 제게 이 주제로 책을 한번 써보라고 제안해주셨습니다. 그 이후 어떤 접근으로 글을 쓸까 고민하던 차에 〈주만나〉 바이블 칼럼 연재를 청탁받고 자연스럽게 성경 본문 자체로 이 중요한 테마를 하나씩 풀어갈 기회를 얻게 되었습니다.

행함 있는 믿음의 삶은 하나님 앞에서 참된 예배자의 삶을 살아가는 데 주된 초점이 있어야 합니다. 형식과 내용을 갖춘 공예배뿐만 아니라 개인적인 일상의 예배 또한 행함 있는 믿음을 실천하는 삶의 여정에 너무도 중요합니다.

그래서 이 책의 1부에서는 행함 있는 믿음이 성경적으로 타당한 진리라고 볼 만한 근거가 무엇인지에 대해 밝히고자 했고, 2부에서는 구약시대 율법과 신약시대 복음의 관점에서는 행함 있는 믿음의 문제를 어떻게 소화하고 종합할 수 있는지, 그리고 마지막 3부에서는 일상적인 신앙생활의 여정에서 행함 있는 믿음을 따라 살아가기 위해 구체적으로 중점을 둬야 할 부분이 무엇인지에 대해 나누고자 했습니다.

그리고 에필로그에서는 행함 있는 믿음을 주제로 사람들이 가장 많이 품고 있는 대표적인 오해 3가지를 성경적으로 풀어드리고자 했습니다. 바이블 칼럼이 행함 있는 믿음의 주제를 담은 성경 구절들에 대한 묵상적 해석과 적용을 주된 내용으로 삼았다면, 에필로그는 이 테마를 온전히 이해하는 데 걸림돌이 될 만한 기존의 선입견이나 오해를 제거하는 데 초점을 두고 쓴 글입니다.

이 에필로그를 통해 아더 핑크, 존 스토트, 마틴 로이드 존스, 제임스 패커, 존 맥아더, R. C. 스프라울, 존 파이퍼 등의 목회자와 신학자들이 주장해온 이른바 '주재권 구원'(Lordship salvation)과 행함 있는 믿음의 공통점이 무엇인지에 대해서도 소개했고, 전통적으로 '한 번 구원은 영원한 구원'이라고 가르치는 말씀들로 여겨져온 주요 성경 구절들에 대한 오해 또한 바로잡아보고자 했습니다. 특히 이 주제를 놓고 가장 많은 사람들이 묻는 가장 까다로운 질문, 곧 '얼마나 믿고 순종해야 구원인가?'라는 질문에 대해 좀더 구체적이고도 실천적인 답을 나눠보고자 했습니다. 행함 있는 믿음과 구원의 문제를 놓고 가장 핵심적으로 중요한 답을 얻고자 하시는 분들은 이 에필로그부터 먼저 읽어보셔도 좋을 겁니다.

이 책은 변증전도의 일환으로 기획된 만큼 철저히 성경 말씀 한 구절 한 구절을 중심으로 행함 있는 믿음의 테마를 적용하는 과정에서 세밀하고도 신중한 변증적 접근을 중시하고자 했습니다. 예수님이 인류의 죄를 대속하시기 위해 십자가에 달려 흘리신 피의 공로로 단번에 죄를 용서받는 복음에만 치중하면 '한 번 구원은 영원한 구원'이란 교리에만 매이기 쉽습니다. 그러나 특정 교리의 우산을 걷어내고 이 문제에 대한 성경 자체의 가르침을 들여다보면 그제야 균형 잡힌 진짜 구원의 복음에 눈을 뜨게 됩니다.

저 또한 이 주제에 대한 많은 묵상과 독서, 비교 연구를 통해 신학적 회심을 경험하게 되었고, 제가 직접 교회의 강단에서 행함 있는 믿음의 진리를 전하면서 이 문제에 대한 초점을 더욱 분명하게 좁혀갈 수 있었습니다.

이 문제는 교리적으로는 성결교나 감리교와 장로교의 차이일 수도 있습니다. 그러나 단순히 특정 교파의 교리에 안주한다고 해서 자동적으로 해결될 문제는 아닙니다. 누구든 자기 영혼의 구원 문제에 정말 관심이 있다면 꼭 한 번은 성경적으로 깊이 있고도 진지하게 살펴보아야 할 문제입니다.

어쩌면 여러 교리 문제들 가운데 이보다 더 중대한 이슈는 없다고 볼 수도 있습니다. 천하보다 귀한 한 영혼 한 영혼이 영원히 구원을 받느냐, 못 받느냐 하는 문제의 중대한 관건으로 자리매김할 수 있기 때문입니다. 누구도 이 문제를 자기 일이 아닌 양 무관심하게 여긴 채 적당히 덮어둘 수 없습니다. 어떤 교파에 소속되어 있든 각자가 성경적으로 한 번은 확인해보고 넘어가야 할 일생일대의 중차대한 사안일 수도 있습니다.

이 책은 바로 그 의미 있는 성찰의 기회를 갖는 데 아주 미력하나마 작은 도움이라도 드릴 수 있었으면 하는 바람에서 쓰게 된 것입니다. 그런 점에서 이 책의 접근은 또 다른 복음전도요 '전도 속의 전도'라고도 할 수 있을 것입니다. 시대적으로 지금은 알곡이냐, 가라지냐의 문제가 전도에 적극적으로 고려되어야 할 때입니다. 세상에 있는 비신자들 대상의 전도도 중요하지만, 교회 안에 들어와 있으면서도 여전히 가라지 교인으로 남아 있는 경우를 최대한 줄이는 것 또한 지금은 그 못지않은 중요한 전도라고 믿습니다.

이 책의 내용과 구성에는 그동안 짧지만은 않았던 저의 신학적 회심의 여정이 그대로 녹아 있다고 해도 과언이 아닙니다. 어느 하나의 신학적 노선이나 공식에 맞춰 특정 교리를 확정 지으려는 시도가 아닙니다. 무엇보다 이 문제에 대해 하나님의 말씀인 성경은 어떻게 진단하고 있는지를 솔직하게 있는 그대로 살펴보고자 했습니다. 참된 종교 개혁은 결국 모든 것의 원천인 하나님의 말씀으로 돌아가는 데서부터 시작된다고 믿기 때문입니다.

부족하지만 이 책을 통해 단 한 영혼이라도 구원받는 참된 믿음의 여정에 눈을 뜨고, 하나님의 말씀에 순종하며 사는 삶을 결단하고 순전하게 그대로 살아갈 수 있게 된다면 더 바랄 것이 없겠습니다. 이 책이 복음을 받아들인 지 얼마 안 된 새신자들뿐만 아니라 참된 구원의 도리에 좀더 구체적인 관심을 갖게 된 기존 성도들에게도 주님이 기뻐하시는 알곡 성도로 자라가는 여정에 작은 디딤돌 하나로나마 쓰임받기를 바랍니다.

〈주만나〉에 바이블 칼럼을 연재하는 동안 이 글들을 교회 청장년 모임들에서 성경공부 자료로 사용한다는 등의 열띤 독자들의 호응을 전해주시며 장기간 동안 칼럼을 연재할 수 있도록 배려하고 격려해주신 꿈이 있는 미래 편집팀과 행함 있는 믿음을 주제로 책을 써보라고 권고해주신 지인, 그리고 한국교회 전체를 사랑하는 마음으로 부족한 사역자의 책에 귀한 추천의 글을 써주신 이동원 목사님을 비롯한 모든 분들께 감사드립니다.

또한 목회 현장에서 하나님 나라의 사명을 위해 함께 신실하게 동역해온 그말씀교회 성도님들, 부족한 종을 위해 늘 기도로 응원해주시는 장모님이신 김동례 권사님, 그리고 변함없는 사명의 동반자로 때마다 꼭 필요한 조언과 기도로 늘 든든한 힘이 되어주는 아내 은용과 믿음의 자녀로 아름답게 자라가는 딸 성주에게도 감사의 마음을 전합니다.

이 책이 나오기까지 날마다 기도와 말씀의 은혜로 한 걸음 한 걸음씩 세밀하게 인도해주신 고마우신 성령님, 이 책을 읽고 좁은 생명길에 오를 수많은 영혼들의 삶 가운데 친히 동행해주실 사랑하는 주 예수 그리스도, 그리고 모든 영혼의 주인이 되시는 거룩하신 하나님 아버지께 다함 없는 감사와 찬양과 영광을 올려드립니다.

2024년 10월
안환균

1부

행함 있는 믿음 없이는
정말 구원도 없나?

'흡혈 신자'라는 말이 있다. 자신의 죄 사함과 구원을 위해 예수님의 피만
마시고 그분의 살은 안 먹으려는 신자다. 생명의 떡(요 6:48)이신 예수님
의 피를 마실 뿐만 아니라 지금도 매일 만나를 통해 그 말씀의 떡을 먹고
순종하는 자들이 영생을 얻는다. "내 살을 먹고 내 피를 마시는 자는 영생
을 가졌고"(요 6:54).

1장

한 번 받은 구원,
잃어버릴 수도 있나?

장로교든 감리교든 주되게 강조하는 성경적 진리에 깊이 들어가면 결국 서로 다 통한다. 어쨌거나 하나님과 깊고 친밀한 연합을 이루자는 건 똑같은데, 그 관계가 경시될 때 구원을 잃느냐, 마느냐의 차이가 있을 뿐이다. 두 쪽 다 주님과 정말 친하다면 중도의 구원 탈락 여부가 두렵지 않아야 진짜다.

"의의 도를 안 후에 받은 거룩한 명령을 저버리는 것보다 알지 못하는 것이 도리어 그들에게 나으니라"(벧후 2:21)

"너 자꾸 아빠 말 안 들으면 호적에서 지워버릴 거야." 이렇게 말하는 양부모가 있다면 그 입양아의 심정이 어떨까? 교육상 바람직할까? "너는 나랑 같이 살면서 어떤 잘못을 저질러도 내 자식인 것만은 변함이 없다. 나는 너를 절대로 안 버릴 거야." 감성적으로는 이렇게 위로해주는 양부모가 더 따뜻하게 여겨지지 않을까? 성경의 하나님은 예수님을 통해 입양한 자녀들에게 어떤 태도를 취하실까?

신학적으로 보면 이것은 한 번 구원받은 자가 나중에 구원을 잃어버릴 수도 있는가 하는 문제다. 이 이슈를 놓고 개신교 안에는 크게 두 갈래로 의견이 나뉜다. 존 칼빈을 창시자로 둔 장로교의 칼빈주의자들은 "한 번 구원받은 성도는 무슨 일이 있어도 결코 구원을 잃어버리는 일은 없다"고 주장한다. 그러나 존 웨슬리의 가르침을 따르는 감리교와 성결교의 웨슬리안 알미니안주의자들은 "한 번 구원받은 성도도 순종 여부에 따라 구원을 잃어버릴 수 있다"고 주장한다. 두 견해가 다 성경을 토대로 하고 있어 복음주의적이고도 성경적인 입장으로 받아들여진다.

진짜 신자들만이 진짜로 배교할 수 있다

이 문제를 놓고 웨슬리안 알미니안주의자들이 내세우는 중요한 성경적 근거들 중 하나가 바로 베드로후서 2장 20-22절이다. 이 구절에서 베드로는 예수님을 믿고 의의 도를 안 후 죄를 용서받아 하나님의 자녀가 된 자들은 자녀답게 살아야 한다는 거룩한 명령에 순종할 의무와 책임이 있다고 강조한다.

그 명령에 불순종한 채 다시 세상적인 삶으로 돌아가면 차라리 예수님을 안 믿었던 게 낫다고 말한다. 자신들의 불순종의 죄를 인정하지 않고 오히려 합리화하며 스스로 회개의 기회를 저버린 채 살아가기 쉽고, 믿음의 길을 같이 걸어가는 다른 동료 신자들까지 실족하게 만들 수 있기 때문이다. "만일 그들이 우리 주 되신 구주 예수 그리스도를 앎으로 세상의 더러움을 피한 후에 다시 그중에 얽매이고 지면 그 나중 형편이 처음보다 더 심하리니"(벧후 2:20).

문맥상 베드로가 이 대목에서 지칭하는 '그들'은 당시 초대교회를 어지럽히던 거짓 교사들이었다. 그들은 한때 정통 그리스도인으로서 예수 그리스도를 아는 것으로 "그들의 옛 죄가 깨끗하게 된"(벧후 1:9) 자들이거나 "세상의 더러움을 피한"(벧후 2:20) 자들이었다. 따라서 그들은 한 번 믿고 구원받았다가 타락한 사람들의 전형이다. 이 대목만으로 보면 성경은 "한 번 구원이 영원한 구원인 것은 아니다"라고 분명하게 가르치고 있는 셈이다.

성경에서 이런 가르침은 이 구절에만 국한되지 않는다. 대표적으로 "한 번 빛을 받고 하늘의 은사를 맛보고 성령에 참여한 바 되고 하나님의 선한 말씀과 내세의 능력을 맛보고도 타락한 자들은 다시 새롭게 하여 회개하게 할 수 없나니 이는 그들이 하나님의 아들을 다시 십자가에 못 박아 드러내 놓고 욕되게 함이라"(히 6:4-6)는 말씀을 들 수 있다.

이 말씀에 나오는 타락한 이들이 이전에 한 번 십자가의 은혜로 구속받았던 자들이 아니라면, 타락한다 해도 예수님을 다시 십자가에 못 박는 일은 할 수 없었을 것이다. 또한 이미 한 번 회개하여 새롭게 된 적이 없는 자들이라면, 다시 새롭게 하여 회개하게 할 수 없다는 표현이 동원되지 않았을 것이다.

진짜로 한 번 신자가 된 적이 없었던 자들은 배교할 수도 없다. 배교라는 말 자체가 한때 진정으로 믿었던 진리를 배신하는 일이기 때문이다. "우리가 진리를 아는 지식을 받은 후 짐짓 죄를 범한즉 다시 속죄하는 제사가 없고"(히 10:26). 포도나무에 가지로 한 번이라도 붙어 있었던 적이 없는 자에게는 밖에 버려져 말라 불살라지는 일도 없다. "사람이 내 안에 거하지 아니하면 가지처럼 밖에 버려져 마르나니 사람들이 그것을 모아다가 불에 던져 사르느니라"(요 15:6). 잎사귀가 무성해 겉만 그럴듯할 뿐 열매를 맺지 못하는 무화과나무가 저주받은 것도 비슷한 경우다(막 11:11-14).

예수님께 달란트나 므나를 받은 자들은 다 구원받은 종들이었지만, 아무런 이윤을 남기지 못한 종들은 그들 각자가 원래 가졌던 하나의 달란트나 므나마저 빼앗긴 채 바깥 어두운 데로 쫓겨난다(마 25:24-30, 눅 19:20-26). 므나 비유에서 예수님은 세 유형의 종들에 속하지 않은 비신자들에 대해서는 "내가 왕 됨을 원하지 아니하던 저 원수들"(눅 19:27)이라고 따로 지칭해서 구원받았던 종들과는 엄연히 구별하신다.

내가 분명히 믿었는데 왜 천국에 못 들어간다는 건가?

신자가 구원을 잃을 수 있다는 베드로의 경고를 뒷받침해주는 구절들은 구약성경에도 적지 않다. 이스라엘 백성은 "내가 생명과 사망과 복과 저주를 네 앞에 두었은즉 너와 네 자손이 살기 위하여 생명을 택하"(신 30:9)라는 하나님의 초대에 응한 자들이다. 그러나 그 응대는 구원의 여정의 출발점일 뿐 그 자체로 끝이거나 완성이 아니다. "너희가 즐겨 순종하면 땅의 아름다운 소산을 먹을 것이요 너희가 거절하여 배반하면 칼에 삼켜지리라"(사 1:19-20)고 말씀하신 하나님은 "만일 의인이 돌이켜 그 공의에서 떠나 죄악을 범하면 그가 그 가운데에서 죽을 것"(겔 33:18)이라고 거듭 천명하셨다.

이런 말씀들은 처음에 믿었다가 나중에 신앙을 떠나는 신자들은 애초부터 진짜 신자가 아니었다는 식의 이해는 성경적 근거가 확고하지 않다는 사실을 보여준다. 심지어 칼빈주의자들이 한 번 구원은 영원한 구원이라는 가르침을 담고 있다고 주장하는 성경 구절들도 전후 문맥을 들여다보면 다른 해석이 가능한 경우도 있다. 대표적인 예로, 세상의 그 어떤 것도 하나님의 사랑에서 신자를 끊을 수 없다(롬 8:38-39)는 바울의 말은 "환난이나 곤고나 박해나 기근이나 적신이나 위험이나 칼"(롬 8:35)을 무릅쓰고 주께 충성한 자들에 한해서만 적용된다고 해석할 수도 있다.

예수님은 "자기 백성을 그들의 죄에서 구원할 자"(마 1:21)이셨다. 그 예수님을 구원자요 주님으로 믿는다는 건 구속의 사실에 대한 단순한 지적 동의나 고백만이 아니라 실제로 죄를 용서받고 죄에서 건짐받는다는 것이다. 그래서 일상에서 죄를 미워하는 영적 분별력을 갖고 죄를 이기는 성령의 권세 또한 받아 누린다는 것이다. 구원의 여정은 죄를 용서받아 하나님의 자녀로 바뀐 신분에 걸맞게 죄의 권세에서 벗어나 거룩한 주의 사람으로 사는 것까지다. 속죄와 세례의 출애굽 이후 광야에서 그 성화의 과정을 거쳐 가나안땅 천국에 이르고 나면 죄의 존재 자체에서 벗어나는 영화에 이르게 된다. 이렇게 거룩한 삶에 대한 실질적인 권세가 없다면 예수님께 대한 올바른 믿음을 가졌다고 볼 수 없다.

찰스 스펄전은 〈목회자 후보생들에게〉(생명의말씀사)라는 책에서 칼빈주의와 알미니안주의의 입장을 사람의 신학으로 조화시키려 하거나 어느 한 쪽의 완승만을 노리려 하기보다 둘 다를 성경에 있는 그대로 인정하고 때에 따라 목회적 강조점을 달리하는 게 최선이라는 취지의 말을 했다.

구원의 여정에는 하나님의 주권적 은혜와 함께 인간의 자유와 책임이 다 중요하다. 이 두 영역 중 어느 하나를 더 강조하거나 덜 강조하는 데서 신학적 입장이 나뉜다. 그러나 두 입장이 백중세라면, 단 한 번뿐인 삶에서 행여라도 버림받을 수 있다는 가능성을 염두에 두고 주의 말씀에 신실하게 순종하며 살아가는 것이 훨씬 더 안전하고 뒤늦게 후회할 일 없는 지혜로운 선택이 되지 않을까?

물론 의의 도를 안 후에 받은 거룩한 명령에 순종하는 것은 나의 어떤 힘이나 공로에 의해 이뤄지는 것이 아니다. 오직 주의 인도하심 가운데 성령 충만의 은혜와 능력으로만 가능하다. 그래서 처음부터 내 공로나 자랑이 끼어들 여지는 전혀 없다. 오히려 "내가 분명히 믿었는데 왜 천국에 못 들어간다는 거냐?"라고 주장하는 것이야말로 믿음의 내용은 무시한 채 믿었다는 그 특정 행위 자체에만 의존하려는 영적 교만과 나태함의 위험성이 있다.

진정한 사랑은 강제적이지 않다

하나님은 주권적으로 행하시면서도 자녀의 자유의지와 책임 또한 동시에 존중하신다. 진정한 사랑의 요건은 강제적이지 않은 데 있다. 제한 없는 무조건적인 보호보다 부모에 대한 사랑을 자발적으로 성숙시켜가도록 끝까지 격려하고 때마다 힘과 지혜를 더해주는 것이 자녀를 향한 부모의 진정한 위로가 되지 않을까? 하나님 편에서는 항상 어떤 입양아도 차별하지 않고 끝까지 붙잡아주시길 원하신다. 그런데 입양아가 스스로 그 사랑을 지속적으로 거부하고 끝내 가출해버릴 경우 매번 무조건 억지로 막으시지도 않는다.

만일 막는다면 베드로의 말은 이렇게 달라져야 한다. "의의 도를 안 후에 받은 거룩한 명령을 저버리는 자는 하나님께서 어떻게든 다시 붙잡아 들여 억지로라도 그 명령을 지키게 하신다." 더구나 베드로는 "또 의인이 겨우 구원을 받으면 경건하지 아니한 자와 죄인은 어디에 서리요"(벧전 4:18)라고도 부언한다. 조나단 에드워즈도 〈신앙감정론〉(부흥과개혁사)에서 "믿음의 선한 싸움을 싸우는 그리스도인들만이 영생을 얻는다"는 말로 비슷한 입장을 취했다. 또한 월터 카이저를 비롯한 저명한 복음주의 신학자들이 〈IVP 성경 난제 주석〉(IVP)에서 베드로후서 2장 20-22절을 해석하며 종합적으로 내린 결론 역시 동일하다.

"구원이란 죄로 가득한 삶의 방식을 회개하고 주님이신 그리스도께 돌아가 그분을 왕으로 모시고 살아간다는 뜻이다. 죄의 힘에서 벗어나 자유를 누림이 없는데도 그런 사람들이 하나님 나라에 있으리라는 생각을 단 한순간이라도 할 권리가 우리에겐 없다. 특히 그들이 자신의 죄를 전혀 슬퍼하지 않거나 그 죄를 버리려고 하지 않을 경우는 더더욱 그렇다. 더군다나 이런 사람들도 하늘로 가는 사람들이라고 말하는 것은 위험하다. 그렇게 말함은 하나님의 은혜를 값싸게 만드는 일이요, 다른 이들에게도 하늘에 이르는 '쉽고 편한 길'이 있으니 진정 그리스도께 그 삶을 바치지 않고도 하늘에 갈 수 있다고 말하는 것이 되기 때문이다."

"외모로 보시지 않고 각 사람의 행위대로 심판하시는 이를 너희가 아버지라 부른즉 너희가 나그네로 있을 때를 두려움으로 지내라"(벧전 1:17).

구원을 잃어버릴 수는 없어도 거부할 수는 있다

"받은 구원을 내가 잃어버리면 어쩌지?" 하고 걱정하는 사람들이 적지 않다. 물론 이들이 정말로 알고 싶은 건 "내가 일요일에 죽으면 천국에 가지만 수요일에 영적으로 타락한 뒤에 죽으면 지옥에 갈까?"이다. 다시 말해 "내가 인생의 한 시점에서는 천국으로 향하다가 어느 시점에서 지옥으로 방향을 틀어버릴 수 있는가?" 간단히 답하면, 그렇지 않다. 자동차 열쇠나 지갑, 집으로 오는 길을 잃어버릴 수는 있어도 받은 구원은 잃어버릴 수 없다.

구원은 하나님과 나누는 상호적인 관계다. 우리는 은혜로 용서를 받아 이 관계로 들어가며 하나님 나라에서 그분과 함께 살면서 우리의 뜻을 그분의 뜻 앞에 내려놓는 법을 배워간다. 구원은 잃을 수 없고 다만 거부할 수는 있다. 무언가를 잃는 것은 부지불식간에 일어나는 일이다. 실수나 부주의해서 잃는다. 하지만 하나님은 우리가 그분과의 관계를 그런 식으로 잃어버리도록 놔두시지 않는다. 달라스 윌라드의 설명을 들어 보자.

"망가진 영혼은 한두 가지 중요한 신학적 요점을 놓쳐 인생 끝에 치르는 신학 시험에서 낙제할 사람이 아니라는 점을 분명히 알아야 한다. 지옥은 실수로 가는 곳이 아니다. 간발의 차이로 천국을 놓치는 사람은 없다. 하나님을 피하고 그분에게서 도망치려는 지속적인 노력으로 지옥에 가는 것이다. '바깥 어두운 데'는 아무리 설득해도 그곳을 원하는 사람을 위한 곳이다. 하나님께 반대해서 결국 우주의 원리에 반(反)하는 성향 자체가 천천히 또한 확고하게 굳어져서 그곳에 가는 것이다."

성경은 아무것도 "우리를 우리 주 그리스도 예수 안에 있는 하나님의 사랑에서 끊을 수 없다"(롬 8:39)는 약속들로 가득 차 있다. 예수님은 누구든 그분께 영생을 받으면 "그들을 내 손에서 빼앗을 자가 없느니라"고 약속하셨다(요 10:28). 하지만 성경은 인간이 하나님을 거부하는 것도 가능하다고 경고한다. "우리가 진리를 아는 지식을 받은 후 짐짓 죄를 범한즉 다시 속죄하는 제사가 없고 오직 무서운 마음으로 심판을 기다리는 것과 대적하는 자를 태울 맹렬한 불만 있으리라"(히 10:26-27).

우리는 영적 염려로 부름받지 않았으며 그렇다고 해서 영적 안주로 부름받지도 않았다. 구원의 확신은 어떤 공식이나, 한 번 동의하면 우리가 아무리 원해도 파기할 수 없는 계약에 근거하지 않는다. 구원의 확신은 하나님 나라의 삶에 지속적이고도 점점 더 깊이 참여함으로써 더욱 굳건해진다.

"내가 구원받았는지 어떻게 알 수 있는가?"라고 물을 때 우리는 대개 다음과 같은 점검표를 받는다. 예수님을 주로 고백했는가? 머리로만 그분을 믿는 것이 아니라 기꺼이 목숨을 바칠 만큼 믿는가? 진심으로 회개했는가? 이런 것을 다 했다면 구원을 받았다고 확신해도 좋다. 그런데 문제는 이런 점검표 자체가 애매하다는 것이다.

'기꺼이'는 어느 정도까지를 말하는가? 믿음이 어느 정도까지를 말하는가? 믿음이 어느 정도로 확실해야 하는가? 올바른 질문은 "내가 구원을 받았는가?"가 아니라 "내가 예수님을 따르는가?"이다. 우리는 천국에 가기 위해서가 아니라 예수님을 따르는 것이 인류에게 주신 최고의 선물이기 때문에 그분을 따르는 것이다.

대부분의 사람들에게 천국은 누구나 가고 싶어 하는 곳, 가서 영원히 살고 싶어 하는 곳이다. 그래서 모두가 들어가길 절실히 원하지만 많은 사람이 문전박대를 당하는 배타적인 천국을 꿈꾼다는 말로 기독교를 비판하는 사람이 너무도 많다. 하지만 예수님의 가르침대로라면 오히려 천국을 진정으로 '원하는' 사람은 별로 없다. 왜일까? 예수님이 말씀하신 천국은 단순히, 그리고 놀랍게도 하나님과 함께하는 삶이기 때문이다.

천국에서는 하나님을 피하는 것이 불가능하다. 그런 천국이라면 딱히 가고 싶지 않을 수도 있다. 우리는 '하나님이 보시지 않았으면…' 하는 것을 할 자유를 원할 때가 많기 때문이다. 우리는 하나님께 간섭받지 않는 삶을 원할 때가 많다. 그런데 진짜 천국에서는 우리의 모든 생각과 행동, 말이 하나님께 늘 공개되어 있다. 게다가 영원히 말이다. 천국은 죄를 원하는 사람들이 불행해지는 곳이다. 우리의 가장 큰 문제점은 천국에 들어가는 것이라기보다는 천국에 어울리는 사람이 되는 것이다. 구원의 핵심은 우리를 천국으로 데려가는 것이 아니라 천국을 우리에게로 가져오는 것이다.

존 오트버그 <내가 구원받았는지 어떻게 알 수 있는가> (두란노)

2장
구원은 "주여, 주여" 하는
고백만으로 충분한가?

예수님을 믿는 건 그의 말씀을 믿는 것이고 그가 사신 대로 그의 가치관을 따라 사는 것이다. 말씀만 믿고 그 말씀대로 안 살면 주님을 닮을 수 없다. 믿음의 고백이 입으로만 살아 있고 삶으로 안 나타나면 결국 예수님을 믿지 않는 것이다. 자신이 안 믿는 줄 모르고 믿는 사람들이 많다.

"나더러 주여 주여 하는 자마다 다 천국에 들어갈 것이 아니요 다만 하늘에 계신 내 아버지의 뜻대로 행하는 자라야 들어가리라" (마 7:21)

롯데 월드 타워가 한창 건축 중일 때 인근의 석촌호수 물이 줄어드는 현상으로 그 건물의 기초가 약할 거라는 소문이 무성했다. 그러나 지금은 '타워놀로지'(towernology)라는 신조어가 동원될 만큼 매우 단단한 바위 위에 기초를 두고, 땅에서부터 위로 올라갈수록 건물이 기울지 않도록 인공위성 측량 시스템까지 활용된 첨단 스마트 빌딩으로 알려져 있다.

그리스도인의 신앙생활도 기초가 중요하다. 예수님의 말씀을 듣고 그대로 행하는 자는 반석 위에, 행치 않는 자는 모래 위에 집을 짓는 신앙생활을 한다(마 7:24-27). 문제는 모래 위에 집을 짓고 살면서도 자신은 구원받는 줄로 착각하는 신자들이 많다는 것이다.

나는 예수님을 아는데 예수님은 나를 모르신다면

"그 날에 많은 사람이 나더러 이르되 주여 주여 내가 주의 이름으로 선지자 노릇하며…"(마 7:22). 이 말씀에 등장하는 '많은 사람'은 비신자들이 아니다. 생전에 예수님을 주님으로 믿었던 신자들 중의 많은 사람이다. 그들은 "주여, 주여"라는 고백으로 예수님을 하나님으로 믿었다. '주'라는 말은 헬라어로 '퀴리오스'인데, 구약에선 여호와를 가리키는 말이다. 그 존귀한 이름으로 그들은 세상에서 선지자 노릇도 하고 귀신도 쫓아내고 많은 권능도 행했다.

그러나 예수님은 그들을 도무지 모른다시며 가차 없이 심판을 선고하신다. "그때에 내가 그들에게 밝히 말하되 내가 너희를 도무지 알지 못하니 불법을 행하는 자들아 내게서 떠나가라 하리라"(마 7:23). 단순히 예수님을 하나님으로 믿는다는 고백만으로는 천국에 들어갈 수 없다고 천명하신 것이다.

물론 성경에는 "누구든지 주의 이름을 부르는 자는 구원을 받으리라"(롬 10:13)고 말한다. 그러나 성경은 항상 한 쪽만 보면 안 된다. 성경에는 "주의 이름을 부르는 자마다 불의에서 떠날지어다"(딤후 2:19)라는 말씀도 있다. 예수님은 자신을 진정으로 주님이라고 부를 수 있는 자의 삶이 어떠해야 하는지를 천명하신다. "나더러 주여 주여 하는 자마다 다 천국에 들어갈 것이 아니요 다만 하늘에 계신 내 아버지의 뜻대로 행하는 자라야 들어가리라"(마 7:21).

올바른 신앙은 단순한 입술의 고백만이 아니라 믿음과 행함이 일치된 온전한 순종의 삶도 포함한다는 것이다. "너희는 나를 불러 주여 주여 하면서도 어찌하여 내가 말하는 것을 행하지 아니하느냐"(눅 6:46). 그러나 만약 천국에 들어갈 신자의 자격 요건이 이러하기만 하다면, 그 누구도 천국에 들어갈 수 없을 것이다. 이 땅에서 누가 하나님의 말씀에 온전히 다 순종할 수 있단 말인가? 그러나 예수님의 선고를 좀더 깊이 묵상해보면 금세 답을 찾을 수 있다.

예수님은 구원을 착각한 이들의 잘못이 예수님을 친밀하게 알고 지내는 삶이 결여되었던 것이라고 지적하신다(마 7:23). 하나님의 뜻대로 행하는 삶은 나의 힘이나 지혜로는 불가능하다. 그러한 삶의 기초는 오직 예수님 과의 친밀하고도 인격적인 교제의 관계다. 이 기초가 부실할 경우 심판의 날에 나는 예수님을 안다고 하는데 예수님은 나를 모른다고 하신다. 마치 나는 어떤 유명인을 아는데 그는 나를 모르는 것과 비슷한 상황이 예수님 과 나 사이에 벌어질 수 있다.

"주여, 주여"라고 불렸던 사람들은 이전에 예수님을 알다가 자신도 모르 게 타락한 신자들인 것이 분명하다. 신자의 삶에서 이보다 더 큰 비극은 없 다. 어떻게 하면 이러한 비극을 사전에 방지할 수 있을까? 지금 내가 예수 님을 안다고 믿는 게 중요한 게 아니다. 마지막 날 예수님이 나를 알아주시 는 것이 중요하다. 그러려면 성경에서 예수님이 중시하시는 것을 나도 항 상 중시하는 태도를 끝까지 견지해야 한다.

예배의 우선순위가 분명한 삶

성경은 무엇보다 내가 하나님을 처음처럼 변함없이 사랑하는 것이 가장 중 요하다고 말한다. "또 누구든지 하나님을 사랑하면 그 사람은 하나님도 알 아 주시느니라"(고전 8:3). 결국 예수님이 나를 안다고 해주실 천국 가는 신 앙의 기초는 "중심이 진실함을 원하시는"(시 51:6) 하나님께 대한 나의 진 실한 사랑이다. 그 사랑을 끝까지 지키는 것이 신앙생활의 가장 중요한 기 초다. 온전한 순종의 행함은 이 기초에서만 가능하다.

신앙생활도 맨 아래에서부터 조금만 각도가 벌어져도 꼭대기에 가서는 상당히 큰 차이로 벌어지는 초고층 빌딩의 구조와 비슷하다. 처음에는 바르게 믿고 잘 나아가다가도 나중에 시간이 지날수록 점점 더 성경적인 신앙과 멀어지는 경우가 많다. 예수님과 친밀한 교제를 나누는 삶은 눈에 잘 보이지 않고 성과도 곧바로 나타나지 않는다. 그래서 사람들에게 보여주는 일들을 중심으로 신앙생활을 하게 되면 자연스럽게 그러한 눈에 안 보이는 더 소중한 관계는 자신도 모르게 소홀히 하게 된다.

예수님이 "내가 너희를 도무지 알지 못한다"고 말씀하실 때, '안다'를 뜻하는 헬라어 '기노스코'는 부부간에 서로 친밀하게 아는 것과 같은 인격적 교제의 관계를 가리킨다. 이런 관계는 주님과의 인격적 교제와 만남인 기도와 말씀 묵상을 통해 지속적으로 유지하고 누릴 수 있다. 기도는 영혼의 호흡이고, 말씀은 영혼의 양식이다. 기도는 내가 하나님께 말씀드리는 것이고, 말씀 묵상은 하나님께서 내게 그날그날 주시는 말씀을 듣는 것이다.

내 삶에 기도와 말씀을 통한 주님과의 친밀한 관계가 약해져간다는 증거는 내 안에 진정한 기쁨과 평안과 감사가 미약하다는 것이다. 성경은 항상 기뻐하고 쉬지 않고 기도하며 범사에 감사하는 것이 예수님 안에서 신자들을 향하신 하나님의 뜻이라고 말한다(살전 5:16-18). 하나님의 뜻대로 행하는 자(마 7:21)의 삶은 바로 이러한 삶이다. 선지자 노릇하고 귀신을 쫓아내며 많은 권능을 행하는 일 자체는 잘못이 아니다. 그 일들을 무엇을 기초로 삼아 했느냐가 중요하다.

누가복음 10장에 나오는 마리아의 예배와 마르다의 섬김은 신자의 삶에 다 필요하다. 마르다의 문제는 마리아와 자신의 상황을 비교하며 불평하고 원망하는 가운데 섬겼다는 것이다. 오늘날 한국교회 안에 이렇게 일하는 사람들이 많다. 그들에게 마리아의 예배의 우선순위가 분명치 않아서다. 그러한 불균형이 지속된다면 자신도 미처 모르는 가운데 마지막 심판의 날에 주께로부터 불법적인 삶이라는 선고를 듣게 될 수 있다.

이 땅에서 자신의 구원 여부를 착각하지만 않아도 천국 길을 거의 안 놓친다. 바른 구원에 대한 지식과 순종은 그만큼 중요하다. 맹인이 맹인을 인도하면 둘 다 구덩이에 빠진다(마 15:14). 주님 앞에 설 때까지 선 줄로 생각하는 자는 넘어질까 조심해야 한다(고전 10:12). 날마다 항상 기뻐하고 쉬지 않고 기도로 주께 의탁하며 범사에 감사하는 삶에 깨어 있지 못하다면 날마다 회개해야 한다. 그것이 나의 모든 일상에서 주의 임재를 구하며 주와 동행하기를 연습하는 것이자 하나님의 뜻대로 행하는 삶이다.

천국 가려고 예수 믿으면 천국 못 간다?

이렇게 하나님 뜻대로 행하는 삶은 자기 부인 없이는 불가능하다. 자기 부인의 십자가 제자도(마 16:24)가 없이는 항상 기뻐하고 범사에 감사할 수 없다. 자기 부인이 당장은 손해 보는 것 같아도 이 길을 통해서만 내가 자기를 부인하지 못한 채 잃지 않으려 하는 나의 온전한 만족과 자유함을 누릴 수 있다. 죄악의 뿌리 또한 이 자기 부인과 주님과의 친밀한 교제를 통해서만 다스려진다.

그래서 천국 가는 신자의 삶에 가장 두드러진 특징은 지속적인 회개의 삶이다. "애통하는 자는 복이 있나니 그들이 위로를 받을 것임이요"(마 5:4). 하나님이 싫어하시는 것에 무심하지 않은 마음이 상한 심령이며 통회하는 마음이다(시 51:17). 율법적인 요구가 아니라 주님과의 친밀한 관계를 해치는 죄에 대한 민감성 하나만 일관되게 붙들어도 천국 가는 길에서 이탈하지 않을 것이다.

천국 가려고 예수 믿으면 천국 못 간다는 말이 정말 맞다. 예수님께 대한 중심을 다한 진실한 사랑 외에 다른 천국 길은 정말 없다. 천국은 무슨 자격을 따야 가는 곳이 아니라 주님과 함께 있는 삶에 익숙해지는 것 자체다. 누구도 자신의 힘으로 하나님의 말씀에 순종하거나 하나님 뜻대로 행하는 삶을 살 순 없다. 내 안에 계신 성령의 은혜와 능력으로만 순종할 수 있고 지속적으로 승리하는 신앙생활을 할 수 있다. 그렇게 성령 충만을 위한 기도와 말씀으로 주님과의 친밀한 교제에 깨어 있는 자가 불법이 아닌 합법적인 천국의 복을 영원토록 누리게 될 것이다.

"만일 우리가 하나님과 사귐이 있다 하고 어둠에 행하면 거짓말을 하고 진리를 행하지 아니함이거니와 그가 빛 가운데 계신 것같이 우리도 빛 가운데 행하면 우리가 서로 사귐이 있고 그 아들 예수의 피가 우리를 모든 죄에서 깨끗하게 하실 것이요"(요일 1:6-7).

값싼 은혜는 죄인이 아닌 죄를 의롭다고 인정한다

값싼 은혜는 우리 교회의 숙적이다. 오늘 우리의 투쟁은 값비싼 은혜를 얻기 위한 투쟁이다. 값싼 은혜란 투매 상품인 은혜, 헐값에 팔리는 용서, 헐값에 팔리는 위로, 헐값에 팔리는 성찬, 교회의 무진장한 저장고에서 무분별한 손으로 거침없이 무한정 쏟아내는 은혜, 대가나 희생을 전혀 요구하지 않는 은혜를 의미한다. 언제든지 쓸 수 있도록 미리 계산을 치렀으니 선급한 계산서를 토대로 무엇이나 공짜로 얻을 수 있는 것이 은혜의 본질이고, 미리 지급한 대가가 무한히 큰 까닭에 사용 가능성과 낭비 가능성도 무한히 크며, 은혜가 값싸지 않다면 그것이 어찌 은혜겠냐는 것이다.

값싼 은혜는 교리, 원리, 체계로 통칭되는 은혜, 보편적인 진리로 통칭하는 죄의 용서, 기독교의 하나님 관념으로 통칭하는 하나님의 사랑이다. 그 은혜를 긍정하는 이는 자기의 죄를 용서받는다. 그 은혜를 가르치는 교회는 그 가르침을 통해 그 은혜를 공유한다. 그런 교회에서 세상 사람들은 자기의 죄를 은폐해주는 값싼 덮개를 발견한다. 그러고는 자기의 죄를 뉘우치지도 않고, 죄에서 벗어나려 하지도 않는다. 그러므로 값싼 은혜는 하나님의 생생한 말씀을 부정하고, 하나님의 말씀이 사람이 되었다는 사실을 부정한다.

값싼 은혜는 죄인을 의롭다 인정하는 것이 아니라, 죄를 의롭다 인정하는 것이라고도 말할 수 있다. 은혜가 홀로 모든 것을 알아서 처리해주는 까닭에, 무엇이든 케케묵은 상태로 있어도 된다는 것이다. "어차피 우리의 행위는 쓸데없다"는 것이다. 세상은 언제까지나 세상이고, 우리는 "아무리 최선의 삶을 살아도" 여전히 죄인에 지나지 않는다는 것이다.

값싼 은혜는 우리가 스스로 취한 은혜에 지나지 않는다. 값싼 은혜는 회개 없는 용서의 설교요, 공동체의 징계가 없는 세례요, 죄의 고백이 없는 성찬이요, 개인의 참회가 없는 죄 사함이다. 값싼 은혜는 본받음이 없는 은혜, 십자가 없는 은혜, 살아 계신 예수 그리스도, 사람이 되신 예수 그리스도가 없는 은혜다.

값비싼 은혜는 밭에 숨겨진 보화다. 사람은 그 보화를 얻으려고 가서 자기가 가진 모든 것을 기꺼이 팔아서 그 밭을 산다. 값비싼 은혜는 귀중한 진주다. 상인은 자기의 모든 상품을 값으로 내어주고 그 진주를 산다. 값비싼 은혜는 그리스도의 왕권이다. 사람은 그것을 얻기 위해서라면 자기를 넘어지게 하는 눈까지 뽑아 버린다. 값비싼 은혜는 예수 그리스도의 부르심이다. 이 부르심을 받은 제자는 그물을 버리고 그분을 따른다.

값비싼 은혜는 우리가 되풀이해서 찾아야 할 복음, 우리가 구해야 할 은사, 우리가 두드려야 할 문이다. 은혜가 값비싼 것은 따르라고 부르기 때문이다. 그것이 은혜인 것은 예수 그리스도를 따르라고 부르기 때문이다. 은혜가 값비싼 것은 사람에게 목숨을 요구하기 때문이다. 그것이 은혜인 것은 사람에게 생명을 선사하기 때문이다. 은혜가 값비싼 것은 죄를 비난하기 때문이다. 그것이 은혜인 것은 죄인을 의롭다고 인정하기 때문이다.

은혜가 무엇보다도 값비싼 것은, 그것이 하나님께 소중하기 때문이고, 이를 위해 하나님이 자기 아들의 목숨을 대가로 지급하셨기 때문이다(고전 6:19-20). 하나님께 소중한 것이 우리에게 값싼 것이 될 수 없기 때문이다. 은혜가 무엇보다도 은혜인 것은 하나님이 자기 아들을 우리의 생명보다 더 귀하게 여기지 않고 우리를 위하여 내어주셨기 때문이다. 하나님이 사람이 되신 것이야말로 값비싼 은혜다.

값비싼 은혜는 하나님의 거룩한 것으로 통칭하는 은혜다. 우리는 그것을 세상 사람들의 손을 타지 않도록 보호하고, 개에게 던져주어서는 안 된다. 그러므로 값비싼 은혜는 살아 있는 말씀, 곧 하나님의 말씀으로 통칭하는 은혜다. 이 말씀은 하나님이 자기 뜻대로 하시는 말씀이다. 그것은 예수를 따르라는 은혜로운 말씀으로 우리에게 다가오고, 근심하는 영혼과 지친 마음에 용서의 말씀으로 다가온다. 은혜가 값비싼 까닭은 사람에게 예수 그리스도를 따르라는 멍에를 씌우기 때문이고, 그것이 은혜인 것은 예수께서 "내 멍에는 쉽고 내 짐은 가벼움이라"(마 11:30)고 말씀하시기 때문이다.

디트리히 본회퍼 〈나를 따르라〉 (복 있는 사람)

3장
사람은 무엇으로 하나님께
의롭다고 인정받게 되나?

"예수를 믿으면 무슨 죄를 짓든 천국은 간다"거나 "예수를 믿어도 죄를 지으면 천국에 못 간다"는 말은 다 극단적이어서 불편하다. 내 안에 계신 성령님이 둘 다 잘못이라 하신다. 행함 있는 믿음은 진실한 신자는 마땅히 이 둘 다를 불편하게 여겨야 한다는 성령님의 음성에 귀 기울이는 믿음이다.

"유다가 그것들을 알아보고 이르되 그는 나보다 옳도다. 내가 그를 내 아들 셀라에게 주지 아니 하였음이로다 하고 다시는 그를 가까이 하지 아니하였더라"(창 38:26)

"다시 읽고 싶은 책이 있다면 무엇인가?" 〈교수신문〉이 405명의 교수들에게 이렇게 물었더니 성경이라고 답한 교수들이 가장 많았다고 한다. 성경은 인류사에서 최고의 고전 중 하나로 손꼽힌다. 그러나 막상 그 성경을 읽다 보면 다른 고전이나 종교 경전들에는 쉽게 등장하지 못할 법한 대목들이 나온다. 창세기 38장처럼 야곱의 아들 유다와 며느리 다말 사이에 벌어진 부적절한 관계를 담은 이야기도 그런 대목들 중 하나다.

그러나 한 발짝 더 깊이 들어가 이 이야기의 속내를 들여다보면 성경이 왜 단순한 고전의 하나에만 머물 수 없는 독특한 책인지가 드러난다. 성경은 모든 사람에게 예수님이 누구신지를 소개하고, 그분을 구주와 주님으로 믿고 영접한 신자들이 하나님의 백성답게 사는 길을 안내해주는 책이다. 그래서 성경의 주인공은 예수님이시다(요 5:39). 성경에 나오는 모든 인물들과 사건들 역시 예수님이 모든 사람의 구주와 주님이 되신다는 진리에 초점을 맞춘다. 유다와 다말의 이야기 역시 마찬가지다.

고의적으로 간음을 유도한 여인이 옳다?

야곱의 아들 유다의 집안에 시집간 이방 가나안 여인 다말에게 남편 엘이 죽자 동생 오난이 형수와 결혼한다. 당시에는 종족 보존을 위해 형이 결혼해서 아이를 못 낳고 죽으면 아우가 형수와 결혼해 대를 이어가는 풍속이 있었다. 그러나 엘의 동생 오난이 다말에게서 낳을 자손이 자기 씨가 못 될 줄 알고 다말에게 자기 의무를 충실하게 행하지 않았다. 그러자 하나님께서 그를 죽이신다.

졸지에 아들 둘을 잃게 된 유다는 셋째 아들 셀라의 나이가 어리다는 이유로 다말을 친정집으로 돌려보낸다. 다말은 셀라가 결혼할 나이가 될 때까지 기다렸지만 유다는 다말에게 아들을 주려고 하지 않는다. 이에 다말은 창녀로 변장하고는 친정 근처에 들른 유다에게 접근해 그와 동침하여 아이를 임신한다. 이때 유다는 며느리인 줄 모른 채 다말과 동침하면서 대가를 차후에 지불하겠다는 약조의 담보물로 자신의 도장과 끈과 지팡이를 다말에게 내준다.

그로부터 석 달 후 며느리 다말이 간음으로 임신했다는 소식에 분노한 유다는 그녀를 끌어내 불사르라고 명령한다. 그러나 자신이 다말에게 준 담보물로 인해 그 간음의 파트너가 바로 자신이란 사실을 알게 된다. 이때 유다는 달리 변명하지 않고 며느리 다말에 대해 "그는 나보다 옳도다"(창 38:26)라는 의외의 말을 던진다. 그녀에게 아들 셀라와 결혼시키지 않은 자신의 잘못을 시인한 것이다. 이 이야기의 클라이맥스는 유다가 다말에게 던진 바로 이 말, 곧 "그는 나보다 옳도다"라는 말이다.

　인류사에서 최고의 고전으로 칭송받는 책에 등장할 말로는 어딘가 앞뒤도 안 맞고 보편적인 윤리 기준으로 볼 때 합당해보이지도 않는 말이다. 며느리 다말은 고의적으로 시아버지 유다를 속여 그와 동침했고, 유다를 공개적으로 부끄럽게 만들었다. 그 자신도 버젓이 간음죄를 지었다는 혐의에서 자유롭지 않은 상황이다. 그런데 유다는 어떻게 이런 말을 할 수 있었을까?

다말이 보여준 범상치 않은 믿음

이 말에 나오는 '옳도다'라는 말은 히브리어로 '차디크'인데, 기본적으로 기준에 부합된다는 의미다. '올곧다'는 뜻을 지녀 '표준'이나 '올바름'의 개념이 이 단어에서 유래했다. 성경에서는 노아가 '의인'이었다고 말할 때도(창 6:9) 이 단어가 쓰였다. 이 말은 노아 자신에게 의로울 만한 요소가 있었다는 뜻이 아니다. 그가 오직 유일하게 온전히 의로우신 하나님이 세우신 기준에 따라 살았다는 의미다.

　여기서 '옳다'는 뜻의 '의'라는 단어는 단순히 노아가 자신의 삶과 행동에 대해 의로운 기준을 받아들이고 사용했다는 뜻이지 이 단어 자체가 그의 행동에 대한 전적인 승인을 뜻하진 않는다. 이와 마찬가지로 유다가 다말에게 '옳다'고 말할 때 그것은 유다가 했던 행동보다 다말의 행동이 더 정당했다는 말이지 그녀의 행동에 대한 완전한 지지는 아니다. 그럼에도 불구하고 유다가 건넨 이 말은 성경 전체의 주제, 곧 예수 그리스도의 구원의 진리의 관점에서 볼 때 아주 중요한 의미를 지닌다.

　이방 여인 다말이 야곱의 아들 유다의 집안에 시집가 사는 동안 그녀는 그 집안이 하나님의 복된 상속의 약속이 이어지는 대단한 집안이란 사실을 알게 된다. 그래서 어떻게든 자손을 낳는 복을 구했던 것으로 보인다. 그러나 뜻대로 되지 않자 그녀는 필사적으로 자손을 얻어 그 집안에 주어진 하나님의 복된 상속의 약속을 이뤄가려는 모습을 보여준다.

유다가 다말에게 그녀가 자신보다 '의롭다', '옳다'고 말한 이유는 그 하나님의 위대한 약속에 대한 그녀의 특별한 믿음을 그제야 눈을 뜨고 깨달아서다. 자신은 아브라함의 씨에 대한 하나님의 약속이 이삭과 야곱을 거쳐 대대로 이어진다는 말씀에 온전히 깨어 있지 못했다. 오히려 가나안땅의 세속적인 문화에 점점 물들어가며 쾌락을 좇아 살아온 자신의 모습을 그제야 실감나게 자각할 수 있었다. 이 사건 이후 유다는 다말과 다시 가까이하여 동침하지 않았다. 이는 그가 그때부터 진정으로 회개하고 하나님의 약속 가운데 거하는 삶에 깨어 있게 되었다는 사실을 보여준다.

다말은 도덕적으로나 세상적으로 볼 때는 누가 봐도 결코 칭찬해주기 어려운 부끄러운 일을 행했다. 그러나 성경에서는 그녀의 행위를 유다의 입을 빌려 '옳다'(차디크), '의롭다'고 선언한다. 왜일까? 여기에는 하나님께서 죄인들을 어떻게 의인으로 인정하시고 용납해주시는지에 대한 중요한 성경적 진리가 담겨 있다.

다말은 믿음으로 유다 집안의 대를 잇기 원했다. 그 믿음대로 그녀는 마침내 유다를 통해 베레스를 낳았고, 베레스는 다윗과 예수 그리스도의 조상이 되었다. 마태복음에는 "유다는 다말에게서 베레스와 세라를 낳고"(마 1:3)라는 한 줄의 짧은 역사가 기록되어 있다. 이 역사의 배후에는 다말의 범상치 않은 믿음이 있다. 그녀는 아브라함의 씨를 통해 천하 만민이 복을 받게 되리라는 하나님의 약속의 말씀(창 22:18)에 대한 소망과 비전을 굳게 품었다. 그 씨가 바로 성경의 주인공인 예수 그리스도이시다. 결국 다말은 대대로 구속자 예수 그리스도께 대한 믿음으로 하나님께 의롭다 함을 받는 믿음의 사람들의 모본이 되었다.

예수, 모든 인생의 참된 의로움과 소망

하나님께 의롭다 함을 받는 사람들은 모두 죄인임에도 불구하고 예수 그리스도를 통해 자신을 구원해주신다는 하나님의 약속의 말씀을 믿는 자들이다. 오직 예수님 안에만 구원이 있고, 오직 그분 안에만 영생의 소망을 갖고 이 땅에서 담대히 하나님의 은혜 가운데 살아갈 수 있는 축복의 통로가 열려 있다는 사실을 믿음으로 고백하는 자들이다.

노아는 자신의 공로가 아니라 다만 하나님이 세우신 의의 기준에 따라 믿음으로 순종해서 '의인'으로 여겨졌다. 다말 역시 비록 아무것도 잘난 게 없이 오히려 고의적으로 죄를 지은 것과 같은 상황 속에서도 오직 하나님이 세우신 약속의 말씀에 대한 믿음으로 순종해서 유다에게 의롭다는 말을 듣게 된다. 이 말은 다말에게 조금도 잘못이 없다는 말이 아니다. 하나님께서는 죄인 된 인간의 연약함과 부족함에도 불구하고 그분이 세우신 의의 기준, 곧 예수 그리스도께 대한 믿음으로 순종하는 자를 의롭다 하신다는 진리를 상징적으로 드러내주는 말이다.

이 은혜로운 구속의 진리를 담은 성경은 유다와 다말의 이야기처럼 한 종교의 창시자의 계보와 관련된 낯부끄러운 사건도 임의로 미화하거나 걸러내지 않는다. 그 책에는 이 사건 말고도 인간들의 온갖 죄악상이 적나라하게 기록되어 있다. 다윗과 솔로몬을 비롯한 유다와 이스라엘 왕들의 비리와 죄악도 고스란히 담겨 있다. 그 이유는 단 하나다. 모든 인류의 참된 왕이시요 구원자는 오직 유일하게 아무 흠 없이 의로우신 예수 그리스도 한 분밖에 없다는 진리를 드러내주기 위해서다.

비록 시아버지 유다와의 죄악 가운데 태어난 자손이지만 약속의 말씀에 대한 다말의 굳건한 믿음으로 인해 그 자손의 자손을 통해 예수 그리스도가 구원자로 나셨다. 이 이야기는 오늘 우리들에게도 변함없는 구속의 은혜의 이야기로 감동을 더해준다. 다말은 인생에서 이 예수 그리스도에 대한 소망과 비전과 꿈이 없다면 아무런 의미도 찾을 수 없다는 진리를 굳게 붙들었다. 이 다말의 믿음은 지금도 우리 모두에게 인생의 참된 의로움과 소망이 누구에게 있는지를 두고두고 아름답고 위대한 증언으로 웅변해준다. "그는 나보다 옳도다!"

"그가 우리를 대신하여 자신을 주심은 모든 불법에서 우리를 속량하시고 우리를 깨끗하게 하사 선한 일을 열심히 하는 자기 백성이 되게 하려 하심이라"(딛 2:14).

행함 있는 진짜 믿음은 솜사탕 복음을 거부한다

내가 보기에 '그리스도를 영접하면 만사형통한다'는 생각이 문제인 것 같다. 이런 생각을 가진 사람들은 아쉬운 쪽이 우리가 아니라 그리스도라고 착각한다. 다시 말해서, 그들은 자기들이 그리스도 앞에 무릎을 꿇고 불안한 마음으로 그분의 판결을 기다려야 한다는 것을 모르고, 오히려 그분이 모자를 벗어들고 우리의 판결을 기다리시는 것으로 착각한다. 심지어 그들은 순간적인 마음의 충동에 의해서, 고통이나 손해 없이, 평상시의 삶의 방식을 바꾸는 수고 없이 그리스도를 영접할 수 있다고 믿는다.

이런 태도는 생사를 가르는 중대한 문제를 해결하는 데 아무런 효과가 없다. 비유를 들어보자. 과거에 이스라엘 민족이 유월절의 피를 '받아들인'(영접한) 후에 계속 애굽에서 종살이를 하겠다고 고집했다면, 탕자가 아버지의 용서를 '받아들인'(영접한) 후에 계속 먼 나라의 돼지들 틈에서 생활했다면 어떻게 되었겠는가? 그리스도를 영접하는 것이 어떤 의미를 가지려면 거기에 따르는 행동의 변화가 있어야 하는 것이 아닌가?

'그리스도를 영접한다'는 것은 구원의 진리를 가장 잘 요약해서 표현할 수 있는 말이다. 그것은 '그리스도와 연합하는 것'을 의미한다. 그리스도와의 연합은 여타의 다른 모든 인간의 경험들과는 구별되는 독특한 인간의 경험이다. 이 연합은 지적인 측면, 의지적 측면, 그리고 감정적 측면을 포괄한다. 지적인 면에서 신자는 예수님이 주요 그리스도라고 확신한다. 의지적 면에서 그는 어떤 대가를 치르더라도 그리스도를 따르겠다고 결심한다. 그 결과, 감정적 면에서 그는 그리스도와의 교제에서 오는 큰 기쁨을 누린다.

이 연합은 그리스도의 모든 것을 기쁨으로 받아들이는 것이다. 그러므로 오늘 그분이 '구주'이심을 인정하면서도, 그분이 '주'이심을 인정하는 것을 내일까지 미루는 비겁한 행위는 용납될 수 없다. 진짜 그리스도인은 그리스도의 일부분만을 받아들이지 않고 그분의 모든 것을 받아들인다. 또한 그는 '그리스도 영접'이라는 혁명적 거래에 자신의 일부가 아닌 모든 것을 투자한다.

그리스도를 영접하는 것은 그리스도 이외의 다른 모든 것들을 거부하는 것을 의미한다. 주님은 신자에게 있어서 단지 여러 관심의 대상들 중 한 분이 아니라, 유일한 대상이시다. 지구가 태양을 중심으로 공전하듯이, 신자는 그리스도를 중심으로 공전하면서 그리스도의 사랑에 감격하고 생명과 빛과 따스함을 공급받는다. 이렇게 복된 상태에서 그는 다른 여러 가지 일들에 정열을 쏟지만, '그와 그리스도 사이의 관계'가 그 일들을 철저히 지배한다. 그리스도의 모든 것들을 받아들이고 그분 이외의 다른 것들을 철저히 부정하는 것은 하나님의 명령이다.

산허리의 양지바른 곳을 갈망하는 것은 인간의 본능이다. 우리 인간처럼 예민한 피조물이 이런 본능을 갖는 것 자체가 잘못은 아니라고 나는 생각한다. 찬 바람이 부는 곳을 굳이 찾아다니는 사람은 없을 것이다. 그러나 교회의 장구한 역사를 볼 때 교회는 바람을 안고 전진해야만 했다. 결신자를 만들겠다는 열의에 사로잡힌 나머지 최근에 우리는 현대의 세일즈맨들이 사용하는 기법을 사용한 죄를 범한 것 같다는 것이 나의 솔직한 판단이다.

세일즈맨들은 상품의 좋은 점들만 이야기하고 다른 것들에 대해서는 언급하지 않는다. 우리는 사람들에게 접근하여 산허리의 양지바른 곳에 아늑한 집이 있다고 설명한다. 그리스도를 영접하기만 하면 그분이 마음의 평안을 주시고, 문제들을 해결해주시고, 사업이 번창하게 해주시고, 가정을 지켜주시고, 언제나 행복하게 해주실 것이라고 우리는 말한다.

그들은 우리의 말을 믿고 교회에 나온다. 그들에게 첫 찬 바람이 몰아치면 그들은 떨면서 카운슬러에게 찾아가서 무엇이 잘못된 것인지를 알려고 한다. 그러나 안타깝게도, 그런 다음 그들 중 많은 사람들에 대해서 우리는 더 이상 아무 소식도 들을 수 없다. '솜사탕처럼 달콤한 복음'을 제시하면서 산허리의 양지바른 곳을 약속하는 것은 사람들을 잔인하게 속이는 것이다. 뿐만 아니라, 그것은 그런 약속을 믿고 회심한 사람들 중에서 다수의 사상자들이 발생하게 만드는 원인이 되기도 한다.

에이든 토저 <나는 진짜인가 가짜인가?> (규장)

4장

의인은 믿음으로 말미암아 산다는
말씀의 진짜 의미는?

성경은 예수님의 의가 신자에게 전가되어 그 의로 인해서만 구원받는다고 말함과 동시에 구원받은 자의 거룩한 삶의 도리도 강조한다. 후자는 성령의 은혜와 인도 가운데 이뤄지기에 율법적 행함과 다르다. 신자의 구원은 그 은혜 안에 지속적으로 거하느냐의 문제이지 단순한 불순종의 문제가 아니다.

"의인은 그의 믿음으로 말미암아 살리라"(합 2:4b)

"내가 결혼식장에서 아내에게 이렇게 말한다고 생각해 보라. '궁금한 게 있어요. 내가 당신과 결혼생활을 유지하기 위해 지켜야 할 최소한도는 뭔가요? 당신이 용인해줄 수 있는 헌신의 하한선은 어디까지지요? 내가 가정을 등한시하는 것을 어느 정도까지 봐줄 수 있겠어요? 그러니까 내가 남편 자격을 유지하기 위해 충족시켜야 할 최소 조건은 뭐예요?' 이랬다가는 질문들이 채 끝나기도 전에 그 결혼식은 깨져버릴 것이다."

〈내가 구원받았는지 어떻게 알 수 있는가〉(두란노)라는 책에서 존 오트버그가 던진 도전이다. 누군가가 하나님께 신자의 자격 요건에 대해서도 이와 비슷하게 규범적인 특정 커트라인을 정하려 한다면 어떨까? "하나님, 나는 최소한 예수님을 믿은 건 분명하니까 내가 구원받은 사실 하나만큼은 함부로 건드리지 마세요." 이러고는 살아가면서 이래저래 만나는 다른 더 멋진 파트너들에게도 적당히 눈길을 나눠주고 지낸다면 어떨까? 하나님은 그것을 구원에 합당한 믿음이라고 여겨주실까?

'믿기만 하면 구원', 16세기 종교개혁의 도화선

때는 주전 7세기 초반. 북이스라엘이 앗수르에 멸망당한 후 남유다 역시 바
벨론의 침공을 받기 직전인 혼탁한 영적, 도덕적 위기상황 가운데서 하박국
선지자는 "의인은 그의 믿음으로 말미암아 살리라"(합 2:4b)라는 하나님의
말씀을 선포했다. 이 말씀은 신약성경에 여러 차례 인용되었고, 16세기 종
교개혁의 도화선이 되어 개신교를 탄생시켰다. 신자라면 누구에게나 '구원
의 불문율'처럼 한결같이 사랑받는 말씀이기도 하다. 이 말씀의 논리가 비
약되어 '믿기만 하면 구원', '한 번 구원은 영원한 구원'이란 말까지 나왔다.

그런데 이 말씀의 원전인 하박국 2장 4절에 나오는 '믿음'이란 단어의 히
브리어는 이런 논리와는 사뭇 다른 의미를 지닌다. 한글로 '믿음', 영어로
는 'faith'(NIV, KJV, NASB)로 번역된 히브리어 '에무나'는 단순히 '믿음'
이라기보다 '확고함', '안정성', '확립된 직무', '신실성', '성실성', '충실',
'충성' 등의 뜻을 더 주되게 지닌 단어다. '아만'이 기본 어근인데, '아만'은
'지속하다', '지탱하다', '성실하다', '신뢰하다'라는 뜻을 지닌 말로 여기서
'참되다', '진리이다'라는 뜻의 '아멘'이 파생되었다.

따라서 '에무나'를 '믿음'이라고만 번역한다면 이 단어의 주된 의미보다
지엽적인 일부의 뜻만을 불균형스럽게 드러내는 것이다. 호크마 주석에서
는 '에무나'를 '특별히 신뢰성에 기초하여 증명되는 개인의 품성이나 행
위의 공평함'이라고 적절하게 해석했다. 한마디로 '에무나'는 단순히 '믿
음'(faith)보다 좀더 폭넓은 범위의 '충실'(faithfulness) 또는 '충성'(alle-
giance)이란 의미를 지닌 단어다.

이 단어가 다른 구약성경에 어떤 의미로 사용되었는지를 찾아보면 그

본래 뜻이 더 분명하게 드러난다. 먼저 하나님께 대해서는 '신실'(삼상 26:23), '성실하심'(시 40:10, 119:75, 138), '진실하심'(시 33:4, 96:13, 143:1, 호 2:20), 사람에 대해서는 '지탱함'(출 17:12), '성실'(왕하 12:15), '직분'(대상 9:22), '신의'(사 26:2), '진실'(겔 18:9)로 번역된 단어의 히브리어가 다 '에무나'다. '에무나'는 하나님의 진실하시고 성실하신 성품을 가리키는 말이면서 동시에 하나님을 닮아 그분을 섬기는 이들의 신실함과 충성됨을 의미하는 단어다.

그렇다면 하박국 2장 4절은 "의인은 그의 충성으로 말미암아 살리라"라고도 번역될 수 있다. 하나님 앞에서 의인의 삶에는 하나님의 신실하심과 같은 성실함과 충성이 요구되기 때문이다. 이 말씀을 그대로 인용한 신약성경의 각 구절들(롬 1:17, 갈 3:11, 히 10:38)에 나오는 '믿음'이란 단어 또한 '충실' 또는 '충성'이라고 번역될 수 있다.

'에무나'가 신약성경에서는 헬라어 '피스티스'로 번역되었는데, 이 헬라어의 의미 역시 히브리어 '에무나'와 비슷하다. 그래서 피스티스는 영어나 한글의 '믿음'과 의미상으로 똑같이 일치하진 않는다. 그런데 종교개혁자들이 이 단어를 '믿음'으로만 번역했고, 각 개인의 죄를 대속한 예수님의 죽으심과 부활을 믿기만 하면 구원을 받고, 그 구원은 믿는 그 순간에 영원히 확정되어 흔들림없이 보장된다는 가르침이 개신교에 널리 퍼져 오늘에까지 이른다.

믿음이 좋다는 것 = 신뢰의 강도가 세다는 것?

최근에 와서야 서구의 복음주의 신약학자들 사이에 과거의 종교개혁에 버금가는 믿음과 칭의, 행함과 구원에 대한 새로운 이해를 놓고 치열한 신학적 논의가 벌어지고 있다. 이들 중 일부 학자들은 유대교를 신봉하는 유대인들이 선한 행위를 통해 구원에 이를 수 있다는 율법주의가 아니라, 선행을 통해 구원을 약속하신 하나님의 언약 안에 머물 수 있다는 '언약적 율법주의'를 따랐다고 주장하기도 했다. 그러나 저명한 신학자들의 주장도 성경에 근거를 둔 것일 때만 의미가 있다고 본다면, 행함 있는 믿음의 문제를 놓고 신자들이 무엇보다 주목해야 할 것은 이 문제에 대해 과연 성경은 무엇을 말하는가다. 이제라도 그동안 개신교의 전통적 구원관에서 '믿음'이란 말이 히브리어와 헬라어 본래의 의미와는 동떨어지거나 한 쪽으로 치우친 가운데 해석되고 받아들여진 맹점은 없었는지를 잘 돌아볼 필요가 있다. 각 개인의 영원한 구원의 문제가 이 사안에 대한 올바른 이해에 달려 있다고 해도 과언이 아니다.

지금도 '믿음'을 단순히 신뢰 차원의 '믿음'만으로 이해하고 받아들이는 이들이 있는가 하면, 그것을 포함해 좀더 폭넓은 차원의 '충성'으로 이해하고 적용하는 이들도 있다. 그런 만큼 전통적으로 이해해온 믿음과 온전한 성경적 믿음의 주된 차이점이 무엇인지 올바로 구분해둬야 행함 있는 믿음의 성경적 근거 또한 더욱 분명해진다.

구원의 여정에서 대체로 전통적인 믿음은 예수님의 십자가와 부활을 통해 신자 개인의 죄가 용서받는 것을 중시한다. 반면에 온전한 성경적 믿음은 그것을 출발점으로 삼아 주님이요 왕이신 예수님을 닮고자 하며 그분께 지속적으로 충성하는 제자의 삶을 중시한다. 성경이 말하는 복음의 요소에는 예수님의 십자가 희생과 부활이 중요한 비중을 차지하지만, 그것이 복음의 궁극적인 핵심은 아니다. 복음은 사람이 예수님의 구원 사역에 믿음으로 반응해야 할 필요성도 중시하지만, 무엇보다 예수 그리스도께서 어떻게 하늘과 땅의 왕이요 주님으로 보좌에 좌정하시게 되었는지를 부각시킨다.

기독교의 핵심은 바로 이 복음에 대한 인간의 반응, 곧 믿음에 있다. 그런데 전통적인 믿음에 대한 이해는 자칫 '반쪽 믿음'에 머물게 할 위험성이 있다. 어떤 것이 진실하다고 여기는 상태를 가리키는 단순한 믿음과 기독교적 믿음은 다르다. 대상에 대한 참된 지식과 신뢰 없이 나름의 자기 확신에 따른 긍정적 사고방식이나 맹목적 낙관주의와도 다르다. 어떤 사실에 대해 확실하게 믿는 신뢰의 강도가 세다고 해서 믿음이 좋은 것도 아니다. 성경에서는 그것만을 믿음이라고 말하지 않는다.

따라서 내 죄를 대속하신 예수님의 십자가 희생과 부활의 사건 자체에 대한 믿음을 분명하게 표현한다고만 해서 무조건 나의 구원이 자동적으로 보장되는 건 아니다. 그 고백적인 믿음이 기독교적인 믿음이 지녀야 할 요건의 전부는 아니기 때문이다. 구원을 받는 데 필요한 참된 기독교 신앙은 믿음의 대상인 예수님에 대한 지식을 바탕으로 그분의 구속 사역에 대한 지적동의가 필요하고, 예수님께 대한 인격적 신뢰에 해당하는 신앙고백이 필요하다. 그리고 그 동의와 고백의 결과적인 열매로서 반드시 헌신, 곧 왕이신 예수님의 통치권인 그분의 말씀에 충성하는 순종이 포함되어야 한다. 성경에서 '믿음'이란 말로 번역된 히브리어 '에무나'와 헬라어 '피스티스'에는 이 3가지 총체적인 믿음의 요건이 다 들어 있다.

얼마나 많은 충성이냐? vs 어떤 종류의 충성이냐?

성경에서 복음은 하나님의 아들이신 예수님의 선재성(예수님은 지상에 사람으로 오시기 전에 이미 하나님의 영원성에 속한 존재이셨다는 것), 다윗의 혈통을 통한 성육신, 인간의 죄를 대속한 죽음과 장사, 사흘 만의 부활, 승천하신 후 왕위에 오르심, 그리고 왕으로서 세상을 심판하기 위해 장차 지상에 재림하실 것에 대한 이야기로 구성된다. 구원받는 믿음은 이 복음에 대한 지식과 동의, 신앙고백과 더불어 예수님께 대한 충성으로 구성된다. 복음은 신자 개인에게 구원을 주는 속죄체계에 대한 일회적인 믿음으로 시작해 그 믿음의 지속적인 표현이자 구현이라고도 할 수 있는 주님이시요 왕이신 예수님을 향한 충성스런 순종을 일관되게 강조한다.

십자가와 부활과 더불어 예수님의 주 되심과 왕권에 대한 강조가 충분히 복원되어야 반쪽 복음, 반쪽 믿음에서 벗어날 수 있다. 예수님이 공생애를 시작하실 때 이미 왕의 통치권에 순종하는 하나님 나라의 제자들을 세우시기 위해 하나님을 떠나 자신만을 위해 살아가던 삶에서 돌이키는 회개를 강조하시고, 이 회개를 기초로 한 온전한 믿음과 복음의 목적을 정확하게 선포하셨다. "때가 찼고 하나님의 나라가 가까이 왔으니 회개하고 복음을 믿으라"(막 1:15).

복음의 핵심은 왕으로서의 예수님의 통치이며, 예수님께 대한 믿음을 가장 잘 묘사하는 표현이 바로 왕이신 예수님께 대한 충성이다. 여기서 '믿음=충성'이란 등식이 성립된다. 그래서 "아들을 믿는 자에게는 영생이 있고 아들에게 순종하지 아니하는 자는 영생을 보지 못하고"(요 3:36), 예수님은 "자기에게 순종하는 모든 자에게 영원한 구원의 근원이"(히 5:9) 되신다.

이때 완벽한 순종이 아니라 진정성 있는 순종이 요구된다. 부부의 결혼 관계에서 충성이나 사랑을 쉽게 정량화할 수 없듯 구원을 받기에 충분한 충성의 분량 또한 따로 정해져 있지 않다. 다만 얼마나 많은 충성이냐보다 어떤 종류의 충성이냐가 중요하다. 그 매일의 진실한 충성의 내용은 하박국 2장에 기록된 대로 종말적 심판에 대한 묵시를 담은 말씀을 "달려가면서도 읽을 수 있게"(합 2:2) 마음판에 새기는 묵상의 삶을 가장 중대한 기반으로 삼는다.

"또 하나님이 누구에게 맹세하사 그의 안식에 들어오지 못하리라 하셨느냐. 곧 순종하지 아니하던 자들에게가 아니냐. 이로 보건대 그들이 믿지 아니하므로 능히 들어가지 못한 것이라"(히 3:18-19).

행믿노트 4
구원의 믿음은 수동적 신뢰라기보다 신실함에 가깝다

"아브람이 여호와를 믿으니 여호와께서 이를 그의 의로 여기시고"(창 15:6). 이 구절에 언급된 아브라함의 믿음에 대한 야고보의 해석은 오늘날의 독자들에게 전혀 앞뒤가 맞지 않는 억지처럼 보일 수 있다. 아브라함이 '믿음'으로 의롭다 하심을 받았다는 구절로부터 '행위'로 의롭다 하심을 받는다는 결론을 이끌어내고 있기 때문이다. "이로 보건대 사람이 행함으로 의롭다 하심을 받고 믿음으로만은 아니니라"(약 2:24).

하지만 야고보 당시의 유대인들의 입장에서 야고보의 해석은 지극히 당연한 상식에 속한 것이었다. 자신의 해석이 당연한 듯 태연히 그런 결론을 이끌어내고 있다는 사실이 이러한 상황을 반영한다. 우리는 '믿음'에 대한 우리 나름의 개신교적 전제가 있어 아브라함 이야기를 우리 방식으로 해석하지만, 당시 유대인들 또한 '믿음'에 대한 자기들 나름의 전통에 근거하여 아브라함 이야기들을 읽었다. 야고보의 창세기 해석은 바로 이런 유대적 전통을 바탕에 깔고 있다.

루터의 후예로서 우리는 믿음을 (심리적, 수동적) '신뢰'에 가까운 개념으로 받아들이는 경향이 있지만, 구약과 유대교적 전통에서 믿음은 실제적인 삶의 행보와 분리되지 않는 '신실함'에 가까운 개념이었다. 신약성경 역시 여러 곳에 이 '믿음'을 '충성' 혹은 '신실함'이라는 의미로 번역하고 있다. 야고보가 아브라함의 '믿음'을 읽는 관점은 바로 이런 것이었다. 곧 아브라함은 하나님께 신실하였고, 그의 이 신실함으로 인해 하나님께 의롭다 하심을 받았다는 것이다.

야고보가 칭의에 관한 문제, 믿음과 행위에 관한 문제를 들고 나온 이유는 교회 공동체 내에 '믿음'으로 의롭다 하심을 받는다고 주장하며 정작 구체적인 '행위'는 보여주지 못하는 사람들이 있었던 탓이다. 이런 이율배반적 태도가 바울의 칭의론을 잘못 이해한 결과로 생긴 것인지, 아니면 바울의 가르침과는 무관하게 생겨난 파행적 현상인지는 알 도리가 없다.

굳이 바울의 칭의론을 오해하지 않더라도, 제대로 된 삶의 열매 없이 하나님의 은혜에만 의존하려는 자기 기만적 태도는 구약과 신약 전반에 걸쳐 자주 나타나는 현상이다. 유대인들은 유대인/선민이라는 신분 자체가 구원을 보장해준다고 생각하며 삶의 열매를 소홀히 하였다. 세례 요한과 바울은 여러 곳에서 이런 유대인들의 허위의식을 고발한다(마 3:7-10, 눅 3:7-9, 롬 2:17-29, 갈 6:11-13).

이런 '속 빈 강정들'을 향해 야고보는 "만일 사람이 믿음이 있노라 하고 행함이 없으면 무슨 유익이 있으리요"(약 2:14a)라고 반문한다. 그처럼 말뿐인 '믿음'은 자기를 구원할 수 없다(약 2:14). 왜냐하면 "행함이 없는 믿음은 그 자체가 죽은 것이기" 때문이다(약 2:17). 곧 야고보가 말하고자 하는 바는 "행함이 없는 믿음은 헛된 것"(약 2:20)이라는 사실이다.

믿음이 그 이름값을 하자면 행함을 포함하는 것이라야 한다. 하지만 사람들이 과시하는 믿음은 종종 속이 빈 '믿음'일 수 있다. 그런 식의 '믿음'은 기껏해야 생명이 사라진 믿음, 곧 믿음의 기능을 수행하지 못하는 시체에 지나지 않는다. 이런 '믿음'으로 구원을 기대하는 것은 기름 없는 자동차로 여행을 시도하는 것과 같다. 야고보가 아브라함의 이야기를 꺼내는 것은 바로 이 점을 증명하기 위해서이다.

우리가 의롭다 하심을 받는 것은 행함으로 드러나는 믿음을 통해서이다. 왜냐하면 행함이 없는 믿음이란 마치 영혼이 떠나버린 몸처럼 죽은 것이기 때문이다(약 2:26). 어쨌든 야고보의 해석에서 분명히 드러나는 것은 우리의 칭의는 '행위'를 요구한다는 것이다.

이것이 믿음의 일부로 간주되면 아브라함처럼 '믿음'으로 의롭다 하심을 얻는다고 말할 수 있는 것이고, 또 엉터리 '믿음'과 구분되는 개념으로 이해되면 '행위'로 의롭다 하심을 얻는다고 말하게 될 것이다. 가짜 믿음으로 의롭다 하심을 받는다는 오해를 피해야 하기 때문이다. 그러니까 야고보가 굳이 행위에 의한 칭의를 말하게 된 것은 삶의 열매가 담겨져 있지 않은 빈 껍질을 믿음이라고 내세우는 사람들 때문이었다.

권연경 <행위 없는 구원?> (SFC)

5장

신자는 왜 항상 복종하여
두렵고 떨림으로 구원을 이뤄야 하나?

"하나님의 성령을 근심하게 하지 말라. 그 안에서 너희가 구원의 날까지 인치심을 받았느니라"(엡 4:30). 주의 은혜로 받은 구원을 이 땅에서 중도에 잃는 경우는 없다. 신자가 죽을 때 비로소 각자가 두렵고 떨림으로 이룬 구원의 승패가 갈린다. 순종도 아무 때나 못하고 성령이 내주하시는 동안만 가능하다.

"그러므로 나의 사랑하는 자들아 너희가 나 있을 때뿐 아니라 더욱 지금 나 없을 때에도 항상 복종하여 두렵고 떨림으로 너희 구원을 이루라"(빌 2:12)

"마음의 욕심 때문에 때가 묻은 거니까 욕심부터 버리자 이 얘기입니다", "마음의 눈을 감고 보면 캄캄한 밤중이라. 어두워서 안 보인다 안 보인다 하지 말고 열심히 노력해서 마음의 눈을 떠야 한다." KBS TV가 '한국의 유산' 시리즈물에서 소개한 성철 스님의 가르침이다. 종교를 떠나 사람의 삶에 유익이 될 만한 좋은 말들이다. 그러나 이런 고매한 가르침조차 모든 인간이 직면해 있는 죄와 죽음의 문제를 해결해주진 못한다. 이것이 불교와 기독교, 더 나아가 사람들이 만든 종교와 창조주 하나님을 저자로 둔 기독교 간의 결정적인 차이다.

　예수님이 십자가에서 모든 사람의 죄를 대속하신 죽음과 부활로 인해 인간의 죄와 그 죄의 삯인 죽음의 문제를 해결하셨다. 스스로 화목 제물이 되셔서 첫 사람 아담이 불순종의 죄로 잃어버렸던 창조주 하나님과의 관계를 회복시키고 이 땅에서부터 영생을 누릴 수 있게 하셨다. 이것이 기독교가 말하는 구원의 독특한 토대이자 출발점이다.

구원은 받았고, 이뤄가고 있고, 받을 것이다

예수님을 구주와 주님으로 믿는 신자가 하나님께 의롭다 함을 받고 그분과 화목한 관계를 이루게 된 것을 신학적으로는 '칭의'(稱義)라고 한다. 이 칭의는 하나님께서 인정해주시고 기뻐하시는 그다음 단계의 구원의 과정에 총체적인 기반이 된다. 따라서 칭의만을 기독교가 말하는 구원의 전부로 오해하면 안 된다.

성경은 구원에 대해 과거(구원을 받았다), 현재(구원을 이뤄가고 있다), 미래(구원을 받을 것이다)의 시제로 설명한다. 신학적으로는 칭의와 성화(聖化), 영화(榮化)가 순서대로 과거, 현재, 미래의 구원에 해당한다. 이 부분을 모르면 성경에 구원을 받았다거나 구원을 이룬다거나 구원을 받을 것이라는 표현이 공존하는 이유 또한 이해하기 어렵다. 실제로 바울은 "그러면 이제 우리가 그의 피로 말미암아 의롭다 하심을 받았으니 더욱 그로 말미암아 진노하심에서 구원을 받을 것이니"(롬 5:9)라는 말로 칭의와 영화의 구원을 한 대목에서 나란히 언급한다.

이런 문제로 오해를 불러일으키는 성경 구절들 중 하나가 바로 빌립보서 2장 12절이다. 사도 바울이 유럽 지역에 최초로 세운 빌립보교회의 성도들에게 "항상 복종하여 두렵고 떨림으로 너희 구원을 이루라"고 전한 권면은 얼핏 보기에 마치 신자의 행위만으로 구원이 이뤄진다고 말하는 듯 비친다. 그래서 이 구절에 언급된 구원은 당시에 내부 분열을 겪고 있던 빌립보교회 공동체가 서로 화목을 이뤄 그 공동체 전체에 유익한 복지와 안정을 누리도록 노력하라는 의미의 구원이라고 해석하기도 한다.

그러나 이런 해석은 사도 바울이 이 구절에 나오는 '두렵고 떨림으로'라는 어구를 다른 서신들에서도 인간 서로에 대한 겸손이 아니라 하나님을 향한 태도로 주로 사용했다(고전 2:3, 고후 7:15, 엡 6:5)는 사실로 볼 때 타당하지 않다. 바울은 그의 서신에서 '구원'이란 용어를 모두 18번 사용하는데, 그중에서 15번은 궁극적인 구원의 완전한 개념을 가리키고, 두 번은 곤경에서 벗어나는 것과 같은 일상적인 의미로 사용한다(고후 1:6, 빌 1:19).

빌립보서 2장 12절에 언급된 구원만 학자들 간에 공동체적 화목이나 복지를 가리키는지, 영원한 구원을 가리키는지에 대한 논란이 있다. 그러나 이 또한 '두렵고 떨림'이란 말의 용례로 볼 때 영원한 구원을 가리킨다고 보는 게 타당하다.

성경적인 구원은 그저 예수님을 믿는 것으로 천국 가는 티켓을 한 번 끊어두면 평생토록 천국을 보장받는 그런 보험과 같은 것이 아니다. 그 구원은 무엇보다 죄에서 건짐받는 것이다. "아들을 낳으리니 이름을 예수라 하라. 이는 그가 자기 백성을 그들의 죄에서 구원할 자이심이라"(마 1:21).

성경적인 구원이 이렇게 죄에서 건짐받는 것이어서 먼저 인간의 죄에 대한 죄책과 형벌을 없애고 하나님과의 화목한 관계로 그 죄를 이겨낼 여건을 부여받는 칭의, 그 죄에 오염되어 있는 상태에서 점진적으로 벗어나는 과정이 진행되는 성화, 마침내 천국에서 그 죄 자체로부터 완전히 해방되는 영화와 같은 일련의 단계를 거치게 된다.

칭의는 구원의 시작이지 전부는 아니다

예수님을 믿는 것으로 의롭다 함을 받는 과정에는 인간의 어떤 공로도 개입되지 않아 칭의는 말 그대로 거저 받은 구원이다. 그래서 예수님을 믿는 것 자체가 성령의 역사에 따른 중생이 이미 임했다는 증거여서 신학적으로는 칭의 전에 중생이 먼저 이뤄진다고 보기도 한다. 그러나 그다음 단계인 성화는 하나님의 인도하심의 은혜에 신자가 반응해야 한다. 물론 그 반응의 모든 과정도 하나님의 은혜로 이뤄지지만, 신자가 그 모든 인도하심에 순종해야 할 책임이 따른다.

칭의는 전적으로 예수님이 열어두신 구원의 길이다. 예수님은 친히 "내가 곧 길이요 진리요 생명이니 나로 말미암지 않고는 아버지께로 올 자가 없느니라"(요 14:6)고 말씀하셨다. 그러나 칭의는 예수님이 열어두신 구원의 길에 단지 들어선 것으로 구원의 시작이지 구원의 전부가 아니다. 구원의 문을 열고 들어선 그 길에서 날마다 예수님과 동행하며 진리이신 주의 말씀에 순종하는 삶을 통해 주의 생명을 더욱더 풍성히 맛보고 누리는 성화의 단계로 나아가야 한다.

그래서 이 성화의 과정은 신자가 혼자서 이뤄갈 수 없다. 신자 각자의 안에서 행하시는 하나님이 그 기쁘신 뜻을 위하여 그에게 소원을 두고 행하게 하시는 과정을 통해 한 걸음씩 이뤄진다(빌 2:13). 신자가 하나님께서 기뻐하시는 뜻인 거룩함(살전 4:3)을 향한 소원이 없다면 이뤄낼 것도 없다. 하나님께서는 내 삶에 무언가를 이루시려 할 때 반드시 먼저 소원을 주신다. 거룩한 삶에 대한 소원 가운데 예수님의 임재와 동행하심을 일상에서 늘 의식하고 바랄 때 죄를 이겨낼 수 있다. 예수님이 늘 나와 함께하시는 걸 알면 자연스럽게 매순간 그분께 의탁하는 삶에도 익숙해져서다.

성경은 그렇게 죄와 싸워 이겨내지 못하면 구원을 이룰 수 없다고 말한다. 요한계시록 2장과 3장에서 예수님은 이 땅에서 치열한 영적 전쟁을 치러야 하는 일곱 교회에 '이긴 자'가 되어야 천국을 상속받는다고 권면하신다. 또한 바울은 신자들을 거룩한 삶으로 부르신 하나님의 은혜를 저버리는 것은 하나님을 저버리는 것과 같다고 경고한다. "하나님이 우리를 부르심은 부정하게 하심이 아니요 거룩하게 하심이니 그러므로 저버리는 자는 사람을 저버림이 아니요 너희에게 그의 성령을 주신 하나님을 저버림이니라"(살전 4:7-8). 예레미야 선지자도 하나님의 백성이 생수의 근원 되시는 하나님을 버리는 타락에 빠질 수 있다고 말한다(렘 2:13, 17:13).

하나님은 예수님을 통해 화목한 관계를 이룬 자녀로 받아주신 나를 일방적으로 먼저 저버리시는 분이 아니다. 하나님께서 나를 붙드신 사랑은 결코 변치 않는다. 문제는 내가 그분을 저버리고 배신하고 그분께로부터 돌아서 세상을 사랑하는 삶으로 뒷걸음질칠 수 있다는 것이다. 결국 세상을 벗으로 삼는 영적 간음에 따라 하나님의 원수로 전락할 수 있다(약 4:4).

성경에 구원의 커트라인이 따로 있나?

빌립보서 2장 12절에 나오는 '이루라'는 말의 헬라어 '카테르가제스다이'는 계속적인 행동을 암시하는 현재 시제형 동사다. '어떤 것을 성취 또는 완성시키기 위해 계속해서 일하다'라는 뜻을 지닌다. 바울은 지금 빌립보교회 성도들에게 그들의 구원이 성취될 때까지 계속해서 힘쓰며 나태하지 말라고 명령한다. 이 과정에서 신자가 취해야 할 태도가 바로 '두렵고 떨림'이다. 두렵고 떨림은 하나님께서 나를 버리실까 하는 데 대한 의심이나 염려 때문이 아니라 오히려 적극적인 경외감으로 하나님의 은혜에 반응할 목적에만 집중하는 태도를 뜻한다.

그렇다면 성화를 얼마나 이뤄야 구원을 이루게 될까? 성경은 여기에 커트라인을 따로 두지 않는다. 다만 사도 베드로의 권면대로 각자의 부르심과 택하심을 굳게 하여 천국에 들어가기에 넉넉한 순종이 필요하다(벧후 1:10-11). 성경의 기준은 예수님께로부터만 말미암는 풍성한 순종의 열매다(요 15:5, 8). 매번 칭의로 받은 구원의 출발점만 확인하고는 세상에 한 발, 주님께도 한 발씩만 들여놓은 채 온전한 순종의 도리에 미지근하거나 인색하게 살아가는 게 아니다. 주님이 먼저 나를 위해 다 주셨기에 이제 내가 주의 은혜로 주께 다 드릴 일만 남았다. 그 주께 대한 사랑이 적을수록 순종이 어렵고, 내 안에 그 사랑이 충만할수록 순종 또한 쉬워진다.

따라서 얼마나 순종해야 구원을 이루느냐는 물음은 어리석다. 인격적인 관계의 질은 수량화할 수 없다. 하나님께서도 성경에서 이 부분에 대해 정확한 수치를 제시하시지 않고, 다만 힌트만 주신다. 주를 사랑하면 그 힌트만 갖고도 끝까지 주를 사랑한다. 안 그러면 또 그것을 교리화해서 사랑을 화석화시켜버린다.

"아버지, 얘는 내 친구예요!" 하나님의 보좌 앞에 설 때 나를 향한 예수님의 이 한마디 변호가 나를 구원한다. 믿음에다 타종교인들도 수행할 수 있는 선행까지 많이 더해서 구원을 이루는 게 아니다. 구원의 시작과 끝은 오직 예수님의 대속의 은혜와 동행해주심뿐이다. 행함 있는 믿음은 예수님을 구주와 주님으로 모시고 사는 신자가 그분과의 친밀한 관계가 공급해주는 영생의 능력 가운데 날마다 그분께 의탁하며 그분과 함께 지속적으로 걸어가는 삶의 방향이지 수량적인 공로가 아니다.

"그런즉 사랑하는 자들아 이 약속을 가진 우리는 하나님을 두려워하는 가운데서 거룩함을 온전히 이루어 육과 영의 온갖 더러운 것에서 자신을 깨끗하게 하자"(고후 7:1).

구원을 확신하려면 구원의 삼중 시제를 이해해야 한다

구원에는 세 가지 시제가 있습니다. 놀랍게도 성경은 '구원을 받았다'(엡 2:8, 벧전 1:3), '구원을 받으리라'(롬 5:10, 10:13, 벧전 1:5), '현재 구원을 받고 있다'(고전 1:18, 빌 2:12, 벧전 1:9)는 세 가지 표현을 다 사용합니다. 베드로는 베드로전서 1장에서 구원에 대한 세 가지 시제를 다 사용합니다. 1장 3절에서는 '구원받았다'라는 직접적인 표현은 쓰지 않지만, "하나님께서는 그 크신 자비로 우리를 새로 태어나게 하셨습니다"라고 구원의 과거성을 이야기합니다. 그러고 난 다음 몇 절 지나서는 "여러분은 믿음의 목표, 곧 여러분의 영혼의 구원을 받고 있는 것입니다"(9절)라면서 구원의 현재성을 말합니다.

그리고 1장 5절에서는 "하나님께서는 여러분의 믿음을 보시고 그의 능력으로 여러분을 보호해주시며 마지막 때에 나타나기로 되어 있는 구원을 얻게 해주십니다"라고 말합니다. 구원이 마지막 때에 나타나게 되어 있다고 하며, 구원의 미래성을 이야기하는 구절입니다. 우리가 예수 그리스도를 믿었을 때 구원받았다고 말할 수 있습니다. 그러나 이 구원은 우리가 살아 있는 동안 우리 안에서 성장해야 합니다. 그러다 마지막에 이르러 우리는 최종적으로 그 구원을 받게 되는 것입니다.

구원은 우리가 확신하느냐, 마느냐가 중요한 것이 아닙니다. 구원받은 사람에게는 낭중지추(囊中之錐), 곧 '주머니 속의 송곳'과 같이, 삶에서 숨길 수 없는 특별한 요소가 나타납니다. 첫 번째로, 로마서 5장 11절은 구원받은 우리가 "주 예수 그리스도로 말미암아 하나님을 자랑합니다"라고 말합니다. "우리가 내세울 것은 역사 속에 오셔서 우리를 위해서 대신 죽어주신 하나님밖에 없습니다"라는 뜻입니다.

우리가 내세울 것은 우리의 체험, 하나님을 위한 헌신, 다른 사람들을 위한 희생, 어떤 특별한 결단이 아닙니다. 우리는 내세울 것이 하나도 없습니다. 우리가 자랑할 것은 우리를 위해 인간의 역사 속에 오신 하나님, 인간을 위해서 죽으신 하나님밖에 없습니다. 그래서 그리스도인들은 교만해질 수 없습니다. 헌신도 하고 특별한 체험도 하지만, 그런 것은 아무것도 아니라는 것입니다. 우리는 하나님만을 자랑합니다. 하나님만을 기뻐합니다.

두 번째 표지는, 그리스도로 말미암아 "하나님과 화해를 하게 된 것입니다"(롬 5:11b)라는 표현에 나옵니다. 구원받은 우리는 이제 하나님의 진노와 심판, 혐오의 대상이 아니라, 하나님과 화해해 사랑을 나누는 관계로 살아갑니다. 그러므로 이것을 정말로 체험한 사람들은 하나님과 화해한 시각으로 다른 사람도 보고, 하나님과 화해한 시각으로 인생의 어려움도 보고, 세상에서 어떻게 살까도 생각하게 됩니다.

"나는 구원의 확신이 있다"라고 말하는 것은 잘못된 것은 아닙니다. 그러나 구원의 확신이 우리의 결단, 우리의 체험, 우리의 종교적인 행위에 근거하고 있다면 그것은 잘못된 확신입니다. 더 나아가, 그 같은 구원의 확신을 통해 구원을 과거의 어떤 시점에 완전히 얻었다고 생각하는 것은 더더욱 성경적이지 않습니다. 성경은 예수님이 역사 속에 오셔서 우리를 위해 죽으시고 그의 피로 우리를 의롭게 하신 것이 너무나 확실하므로 우리가 미래의 구원을 받는 것 역시 확신할 수 있다고 말합니다.

다시 말해 역사 속에 오셔서 일하신 그분을 믿는다면, 그 변화될 수 없는 역사적 사실 때문에 예수를 믿는다면, 장차 올 심판에서도 주께서 우리를 구원하실 것을 믿는다고 확신할 수 있다는 것입니다. 천국 가는 것은 떼놓은 당상이라는 '값싼 구원의 확신'이 오늘날 그리스도인들 사이에 있습니다. 예수께서 역사 속에 오셔서 우리를 위해서 이루신 일을 믿기에, 앞으로 있게 될 심판에서도 우리는 구원을 얻게 되리라는 것을 확신하는 '참된 구원의 확신'은 찾아보기 쉽지 않습니다.

이러한 구원의 확신을 가진 사람은 구원받았음을 잘못 받아들여 죄를 짓고 회개하는 일을 가볍게 반복하지 않습니다. 오히려 미래에 이루어질 온전한 구원을 소망하며 악하고 고통스런 세상에서도 주님을 의지하고 자랑하며, 하나님의 뜻에 따라 자신의 삶을 재구성하며 살아갈 것입니다. 이들은 참으로 예수님을 통해 하나님의 사랑을 경험한 사람들로, 그 역사적인 사랑에 감격하며 미래에 오게 될 온전한 구원을 확신하며 오늘을 의연하게 살아갑니다. 참된 구원의 확신을 가진 성도가 간절히 필요한 때입니다.

김형국 <교회 안의 거짓말> (비아토르)

6장

화평함과 거룩함 없이는
아무도 주를 볼 수 없나?

무한히 위대하시고 전능하신 하나님이 우주의 티끌보다 더 작은 나에게 "너는 나를 닮으라"고 요청하신다는 것이 실은 얼마나 황송한 일, 아니 황홀한 일인가! 이 땅에서 동원할 수 있는 모든 것을 들어 그 요청에 제대로 응할 수 있다면, 그것이 가장 나다운 일이고, 그래서 가장 행복한 일이다.

"모든 사람과 더불어 화평함과 거룩함을 따르라. 이것이 없이는 아무도 주를 보지 못하리라"(히 12:14)

"하나님, 저는 당신을 이곳에서 섬긴 것을 후회하지 않습니다. 오히려 당신의 이름에 감사드립니다. 33년 6개월을 살고 주님께 영혼을 드리다." 초대교회 시대에 로마제국의 핍박을 피해 지하도시 카타콤에서 죽음을 맞은 한 그리스도인의 묘비문이다. 카타콤은 그들의 거주지요 예배 장소이자 동료들의 무덤이었다. 실제로 방문해본 로마의 카타콤은 상상했던 것보다 훨씬 더 어둡고 비좁고 참혹했다. 당시 바깥 세상의 신자들 중에는 핍박을 견디지 못한 이들이 많았다. 그래서 예수님께 대한 신앙을 버리거나 유대인 신자들 중에는 유대교로 되돌아간 이들도 적지 않았다.

용서 못한 단 한 사람 탓에 천국에 못 들어간다고?

히브리서는 이러한 시대적 배경 가운데 그들에게 세상으로, 과거의 삶으로, 복음이 아닌 율법주의로 되돌아가지 말라고 권면하기 위해 기록된 서신서다. 배교의 경향이 있는 구성원들을 다잡는 공동체의 책임을 특히 강조하고 있어 한 번 믿었다가 신앙을 저버리는 이들에 대한 심판의 경고가 많다. 가장 대표적이면서도 직접적인 경고가 바로 12장 14절 말씀, 곧 "모든 사람과 더불어 화평함과 거룩함을 따르라. 이것이 없이는 아무도 주를 보지 못하리라"는 말씀이다.

그러나 '모든 사람'과 더불어 화평함과 거룩함을 좇는 삶이 가능할까? 정말 내가 용서하지 못하고 미워하는 사람이 단 한 사람이라도 있다면 천국에 못 들어가는 걸까? 이 말씀에서 모든 사람과 더불어 화평함은 거룩함과 밀접하게 하나로 연결되어 있다. 이 구절에 나오는 '따르라'는 동사는 헬라어로 '디오케인'인데, 통상적인 단어인 '제테인'(추구하다)보다 더 강력한 용어로 '열렬한 추구'를 의미한다. 이 동사는 그 앞에 나오는 '모든 사람과 더불어 화평함'과 '거룩함' 둘 다에 연결된다. 그만큼 두 가지 덕목 다 신자의 삶에 동등하게 중요하다는 뜻이다.

여기서 '화평'은 헬라어로 '에이레네'인데, 구약의 히브리어 '샬롬'과 동의어다. 이 말은 단순히 우리 말의 '평화'나 '평강', '평안'이란 단어가 가진 뜻보다 훨씬 더 깊고 풍성한 신학적 의미를 가진다. 구약에서 '샬롬'은 '완전케 하다, 끝내다'라는 뜻의 동사 '살렘'의 명사형으로 온전한 삶, 복지, 번영과 형통, 건강이나 치유뿐만 아니라 개인보다는 공동체적인 번영과 총체적인 완전성을 의미하기도 한다.

'에이레네'도 '샬롬'과 기본적으로 동일한 의미를 갖는데, 윤리적이거나 내면적인 의미에 국한되지 않고 온 우주에까지 확장되는 종말적인 안녕과 질서를 뜻한다. 하나님과 인간 사이, 인간과 인간 사이의 깨어진 관계는 오직 예수님의 십자가를 통해서만 화해된다. 이렇게 언약에 따른 하나님과 사람 사이의 화평을 토대로 이웃과의 화평이나 사회적이고도 정치적인 관계의 평화 또한 이뤄질 수 있다.

이 '샬롬'이야말로 예수님이 궁극적으로 성취하고자 하신 것이며, 신자들에게는 교회 공동체를 하나 됨으로 결속시켜주는 객관적인 근거이기도 하다. 그렇기 때문에 신자들은 각자의 거룩한 삶을 위한 성화에 힘쓰는 것 못지않게 교회 공동체가 이러한 화평을 누리게 하는 삶에도 힘써야 한다. 그것이 온전한 '샬롬'의 구원을 완성하는 삶이다.

이웃과의 화평 없이는 구원도 무의미해진다

'모든 사람과 더불어 화평함'이라는 말씀에서 '모든 사람'은 문자 그대로 모든 사람을 의미한다기보다 일차적으로 교회 공동체 안의 다른 신자들을 가리킨다. 그 신자들과 함께 하나 됨의 화평을 이뤄야 한다는 뜻이다. 그렇게 할 때 세상에 있는 사람들까지 그 화평으로 초대할 수 있다. 하나님의 통치하심의 열매는 화평함으로 드러난다. 그래서 십자가를 통한 새 언약의 복을 누리는 사람들은 무엇보다 화평함을 교회 공동체와 세상에서까지 신실하게 추구하는 삶을 살고자 한다.

히브리서 12장 14절에서 '거룩함'은 고정된 어떤 상태가 아니라 성화의 과정을 의미한다. 히브리서에서는 인간의 노력이 성화의 주체가 아니다. 예수님만이 자신의 희생적 죽음을 통해 사람들을 하나님께로 거룩하게 구별하시는 분이다. 이러한 거룩함은 인간의 어떤 노력으로도 얻을 수 없기 때문에 하나님의 선물로만 주어진다. 이렇게 예수님께로부터 비롯된 거룩함을 지닌 자들만이 하나님을 볼 수 있다.

따라서 "거룩함을 따르라"는 지시는 예수님이 주신 구원의 선물을 확고하게 열심히 붙들라는 의미를 지니기도 한다. 신학적으로는 칭의도 주의 은혜요 성화의 과정도 오직 주의 은혜로 이뤄진다. 신자는 오직 그 은혜를 통해 거룩해졌고 지금도 거룩하며 앞으로도 거룩해져 갈 것이다. 이 모든 과정에서 내 힘과 공로로는 거룩함을 온전히 따를 수 없고, 반드시 하나님께서 주신 은혜로만 가능하다. 따라서 이 과정 역시 기도와 말씀의 은혜가 필수적이며, 신자는 무엇보다 이 은혜를 구하는 자리를 굳게 지켜야 거룩함을 온전히 따를 수 있다.

이러한 거룩함은 구원의 목적인 '샬롬'을 실현하기 위해 '모든 사람과 더불어 화평함'을 이루는 삶과 긴밀하게 연결된다. 정말 거룩함을 추구하는 자는 반드시 그의 삶 속에서 모든 사람, 특히 믿는 자들과의 하나 됨과 화평함을 추구하게 된다. 그래서 믿음의 공동체 내에서 화평함과 거룩함은 분리될 수 없다. 거룩함 안에 이미 화평함이 포함되어 있다. 화평함과 거룩함은 동전의 양면과 같다. 화평함 없이 거룩함이 없고 거룩함 없이 진정한 화평함이 없다.

거룩함은 하나님을 닮고 그 하나님의 성품을 소유하는 것인데, 그 삼위일체 하나님의 거룩하심은 하나 됨으로 드러난다. 삼위일체 하나님의 공동체가 지닌 거룩함의 본질은 하나 됨을 이루는 사랑이다. 사랑의 반대편에 미워하고 용서하지 못하는 데서 비롯된 불화가 있다. 불화는 하나 됨을 이루지 못하게 만든다. 일상에서 그러한 불화를 대수롭지 않게 여기는 자들은 구원과 성화의 핵심적인 요소를 경시하는 삶을 살기 때문에 거룩하신 하나님을 뵐 수 없다.

이러한 성경의 교훈은 예수님이 "너희가 각각 마음으로부터 형제를 용서하지 아니하면 나의 하늘 아버지께서도 너희에게 이와 같이 하시리라"(마 18:35)는 말씀에도 그대로 나타난다. 신자가 예수님을 통해 얻게 된 거룩함으로 이웃을 용서하고 화평을 이루는 삶을 따르지 않을 경우 그가 하나님의 용서를 통해 이미 얻은 구원마저 무의미해진다는 것이다.

그래서 예수님도 "마음이 청결한 자는 복이 있나니 그들이 하나님을 볼 것임이요"(마 5:8)라고 말씀하신 후에 이어서 "화평하게 하는 자는 복이 있나니 그들이 하나님의 아들이라 일컬음을 받을 것임이요"(마 5:9)라고 강조하셨다. 천국에서 하나님을 뵙게 될 하나님의 자녀가 가진 마음의 청결함은 화평케 하는 삶이 포함된 청결함이다.

수직적인 거룩함은 수평적인 화평함으로

예수님의 대속의 은혜로 부여받은 수직적인 거룩함은 반드시 수평적인 화평함으로 드러나야 한다. 그것이 그 거룩함의 내용과 목적을 구체적으로 보이는 삶이다. 신자라고 하면서 이웃과의 화평에 관심이 없거나 별로 대수롭지 않다는 듯한 태도를 가진다면, 그것은 거룩함 자체, 나아가 하나님을 뵙는 구원 자체를 가볍게 여기는 것과 같다.

교회 공동체 안에서 이러한 화평함과 거룩함이 진지하게 추구될 때 참된 공동체적 전도와 선교가 일어난다. "너희가 서로 사랑하면 이로써 모든 사람이 너희가 내 제자인 줄 알리라"(요 13:35). 오늘날 한국교회는 서로 분열하고 반목하는 모습으로 인해 세상에 예수님의 구속을 통한 화평함과 거룩함의 열매를 온전히 드러내지 못하고 있다. 그것은 구원의 복음의 본질을 놓치는 것이며, 결국 신자들 개인의 구원을 놓치게 할 위험성마저 초래한다.

거룩함을 강조하는 건 당연시하면서도 동시에 그 거룩함과 한 몸통인 화평함을 동일하게 강조하기는 쉽지 않다. 그러나 이웃, 특히 한 교회 공동체 내 성도들 간에 화평함이 없다면 결국 구원의 목적을 없이하는 것과 같다고 성경은 말한다.

히브리서에는 이런 경고 외에도 하나님을 진정으로 경외하지 않는 신자들은 하나님의 심판을 면하지 못하게 된다는 경고가 그 어느 서신서보다 많다. 히브리서 기자는 당시 초대교회 신자들이 로마제국의 핍박 가운데서 자칫하면 새 언약의 축복을 등한시할 위험에 노출되어 있다고 보았다. 그래서 불순종과 불신앙, 배교, 그리고 언약적 특권에 대한 경시로 인해 돌이킬 수 없는 상실을 경험할 가능성에 대해 끊임없이 경고한다(히 2:1-4, 3:7-19, 6:4-8, 10:26-31).

히브리서 12장 14절에 이어지는 에서의 불순종에 대한 언급 역시 그러한 경고의 대표적인 한 예다. 에서는 예수님 안에서 얻게 될 참된 거룩함과 화평함을 위한 구속의 복, 곧 장자권을 팥죽 한 그릇과 맞바꿔버렸다(히 12:16). 지금도 개인의 욕망 충족을 중시하는 세속주의 시대의 영향으로 각 신자가 예수님의 구속의 은혜로 얻은 거룩함과 화평함의 복을 각자의 일상에서 온전히 붙잡는 삶을 등한시하게 된다면, 구원의 장자권 또한 놓치게 될 위험에 처해 있다. 초대교회 시대의 극심한 핍박 가운데서도 하나님과 화평을 이룬 삶에 대한 감사로 끝까지 거룩한 순종의 믿음을 지킨 순교적 자세가 지금도 날마다 새롭게 필요하다.

"그러므로 생명을 사랑하고 좋은 날 보기를 원하는 자는 혀를 금하여 악한 말을 그치며 그 입술로 거짓을 말하지 말고 악에서 떠나 선을 행하고 화평을 구하며 그것을 따르라"(벧전 3:10-11).

거룩함 없이 천국 갈 수 있다는 주장은 성경에 없다

최근 많은 복음주의 저자들은 값싼 은혜가 복음주의권을 좀먹어가는 현실을 개탄해왔다. <크리스처니티 투데이> 최근호 머릿기사에서 조지 바나는 '대가를 치르지 않는 믿음'을 비난하면서, 결국 우리가 '거듭남'을 너무 손쉬운 일로 만들어버렸다고 결론 맺었다.

청산유수 같은 말솜씨를 자랑하는 복음주의 마케팅 담당자들은 영원한 구원을 다음과 같은 간단한 공식에 동의하면 누구나 얻을 수 있는 공짜 선물인 양 뿌려댔다. "사람들은 이렇게 말하곤 했다. '하나님은 당신을 사랑하십니다. 그런데 인류는 그 관계를 배신해버렸죠. 하지만 그분은 당신의 인생을 위한 놀라운 계획을 가지고 계십니다. 주문 같은 말 몇 마디에 그 계약이 효력을 발휘한답니다.'"

그에 대한 반응은? "여기저기 몰려다니는 뜨내기들은 그 제안을 곰곰이 따져보고는 자기들로서는 손해 볼 것이 없다고 생각했다. 계약금 한 푼 없이 영원히 보장되고, 추가 납입금도 없는 데다 말로만 동의하면 그것으로 끝이다. 이 거래는 삶의 변화에 대해서는 조금도 거론하지 않는다." 무료 화재 보험을 왜 마다하겠는가? 그러나 바나가 언급한 대로 그 결과는 비극적이다. 세상 사람과 똑같이 살아가는 '거듭난' 그리스도인들을 양산해놓은 것이다.

복음과 구원에 대한 편협하고 비성경적이며 환원주의적인 이해야말로 우리 문제의 핵심이라고 나는 확신한다. 너무나 많은 복음주의자들이 너무나 다양한 방식으로 복음의 가장 중요한 측면은 '죄 사함'이라는 인상을 주고 있다. 그저 공식을 반복해서 외우고 예수님이 우리 죄를 사해주시기를 원하기만 하면, 우리는 그리스도인이 된다는 것이다.

하지만 이런 생각이 얼마나 쉽게 '값싼 은혜'를 낳는지 주목해보라. 복음을 받아들인다는 것이 죄 사함을 받는 것에 불과하다면, 복음을 받아들여 그리스도인이 된 사람도 예전과 똑같이 간음을 행하고 물질을 탐하며 다른 인종을 차별하는 생활을 계속할 수 있다는 말이 된다. 구원이란 삶의 구석구석을 재정립하는 일생일대의 혁신적인 경험이 아니라 천국으로 가는 편도 기차표에 불과하며, 사람들은 그곳에 도착하기 전까지는 얼마든지 지옥과 같은 삶을 살 수 있다.

내가 전심으로 믿기로는, 죄 많은 인간이 하나님의 용납을 얻을 방법은 없다. 거룩하신 창조주가 자비로운 구속주 되심을 하나님께 감사하라. 그분은 우리가 회개하고, 우리를 위해 죽으신 그리스도의 대속을 믿기만 하면 우리 죄를 용서해주겠다고 약속하신다. 우리는 오직 믿음으로만 의롭게 된다.

그러나 신약성경은 거기서 멈추지 않는다. 그리스도를 주로 고백하지 않은 채 구세주로만 받아들일 수는 없다. 그리스도와의 진정한 인격적 관계는 우리의 죄악된 자아에 철저한 변화를 가져온다. 신약성경에서 복음과 구원은 죄 사함보다 훨씬 풍성한 의미를 담고 있다.

안타깝게도 우리 시대 최고의 신학자들조차도 때로는 죄 사함이라는 놀라운 교리를 과장하곤 한다. 마르틴 루터가 복음의 메시지는 행위로 의로움을 얻는 것이 아님을 알게 하려고 애쓰는 가운데 믿음에 의한 칭의가 "기독교 교리에서 가장 중요한 조항"이라고 말할 수 있었음을 우리는 이해할 수 있다. 그런데 비극적이게도, 이와 같은 진술 자체가 너무 쉽게 성화 및 거룩하고 순종하는 삶을 등한시하게 만들 수 있다.

믿음으로만 의롭게 된다는 영광스런 진리가, 부활하신 주님이 그의 제자들 가운데 사시면서 그들을 날마다 예수님처럼 변화시키신다는 놀라운 사실보다 더 중요하다는 성경적 증거는 없다. 칭의와 성화는 둘 다 복음과 구원에 대한 성경의 가르침에서 아주 핵심적인 부분이다. 둘 중 어느 한 쪽만 강조하는 것은 다른 한 쪽을 소홀히 하게 될 위험이 있다.

그리고 이것이 바로 오늘날 인기를 끌고 있는 복음주의가 해온 일이다. "한 번 은혜받으면 영원히 은혜 가운데 있다"는 슬로건만 강조한다거나 값비싼 대가를 요구하는 제자도를 등한시하는 추구자 편의주의 전략들에만 초점을 맞추는 것은 모두 성화 없이도 죄 사함을 받을 수 있고, 거룩함 없이도 천국에 갈 수 있다는 이단 사상을 설파하는 것이다. 이처럼 '값싼 은혜'라는 개념이 오늘날 불명예스러운 복음주의자들의 불순종의 핵심에 자리잡고 있다.

로날드 사이더 <그리스도인의 양심 선언> (IVP)

7장
누가 최후의 심판을
이길 수 있나?

임종 직후 신자가 남기고 가는 얼굴이 어떠한가에 그의 사후가 드러나게 되는데, 그것은 곧 그의 전체 생애가 사람이 아닌 하나님이 보실 때는 어떠했는지도 그대로 드러낸다. 그 얼굴은 자신도 못 속이고 이웃도 못 속이고 하나님도 못 속인다. 매일 매순간은 남몰래 그 얼굴을 지어가는 시간이다.

"산 아들을 둘로 나누어 반은 이 여자에게 주고 반은 저 여자에게 주라"
(왕상 3:25)

구약성경은 영상이고, 신약성경은 그 영상의 자막이란 말이 있다. 구약시대 이스라엘의 역사는 인류 구속사의 축소판이다. 하나님께서는 그 일회적인 역사를 통해 일회적인 특별계시를 완성하셨다. 신약에서는 교회가 이스라엘의 역사를 통해 영적인 교훈을 찾게 하신다. 일례로, 이스라엘의 출애굽과 홍해의 기적은 신약시대 성도들이 경험하는 속죄와 세례를 상징한다. 출애굽과 홍해의 기적은 영적으로는 지금도 끝나지 않고 거듭해서 일어난다. 그래서 이스라엘 역사에는 모든 시대 그리스도인들의 신앙과 관련된 영적 상징들이 많다.

아버지 다윗에 이어 통일왕국 이스라엘의 왕이 되고 나서 하나님께 백성을 잘 다스릴 지혜를 구한 솔로몬이 처음으로 그 지혜를 사용한 재판의 사례가 열왕기상 3장 16-28절의 이야기다. 너무도 유명한 이 판례는 사실적으로만 보면 솔로몬이 당대에 가장 천대받던 창녀들의 애환을 하나님의 긍휼과 '듣는 마음'(왕상 3:9)으로 지혜롭게 살펴주었다는 이야기다. 그러나 신약시대 성도들에게 주는 영적인 교훈을 찾아보자면, 꽤 의미심장한 상징이 감춰져 있는 주목할 만한 구약시대 영상들 중 하나다.

예수님을 산 아들로 모시고 살았는가?

창세기에서 이삭과 요셉이 예수님을 상징하는 인물이라면, 이스라엘 역사서에서는 다윗과 솔로몬이 각각 초림하신 예수님과 재림하실 예수님을 상징한다. 수난을 많이 겪고 숱한 전쟁을 감당한 다윗은 초림하셔서 십자가 희생을 기반으로 영적 전쟁을 통해 수많은 영혼들을 건져내시는 예수님, 가장 큰 영화를 누린 왕 솔로몬은 재림하셔서 온 세상의 왕이 되실 예수님을 상징한다.

따라서 창녀들에 대한 솔로몬의 재판은 예수님이 재림하셔서 먼저 신자들을 심판하실 광경을 예표적으로 상징한다. 이 재판이 최후의 심판을 상징한다는 해석은 전통적인 관점이어서 무난하게 받아들일 만하다. 성경에서 창녀는 죄인의 대명사처럼 언급된다. 이스라엘에 속한 창녀 두 사람은 용서받은 죄인으로서의 신자들을 상징한다고 볼 수 있다.

그들이 사흘 간격으로 아들을 낳았는데, 한 창녀의 부주의로 그녀의 아들이 죽는다. 그러자 자기의 죽은 아들을 다른 창녀의 산 아들과 몰래 바꿔치기한다. 이 사건을 놓고 솔로몬은 칼로 산 아들을 쪼개어 두 창녀가 반쪽씩 가지도록 제안한다. 그때 산 아들의 어머니가 아들을 죽이려면 차라리 다른 창녀에게 주라고 말한다. 솔로몬은 이렇게 말한 창녀가 산 아들의 진짜 어머니라고 판결한다.

짧지만 강렬한 인상을 주는 이 이야기에 모든 신자들이 최후 심판의 날에 예수님 앞에서 한 번은 거쳐야 할 심판의 두 가지 기준이 제시되어 있다. 심판의 첫 번째 기준은 모든 신자 각자가 예수님을 산 아들로 모시고 살았는가다. 처음에는 두 창녀가 다 산 아들을 낳았다. 어느 한 사람도 사산하지 않았다. 둘 다 처음에는 예수님을 진실하게 하나님의 아들로 영접했다. 그래서 그 예수님이 주시는 새 생명 가운데 신앙생활을 시작했다.

그러다가 아들을 죽인 창녀는 새 생명 가운데 성령의 소욕을 따라 살지 못하고 육신의 소욕을 따라 살아간 신자들을 상징하는 것 같다. "너희가 육신대로 살면 반드시 죽을 것이로되 영으로써 몸의 행실을 죽이면 살리니"(롬 8:13)라는 바울의 경고에 깨어 있지 못하고 넘어진 이들이다.

그러나 한 창녀는 여전히 살아 있는 아들 예수님을 모시고 있다. 그런데 아들을 죽인 창녀가 자기 아들이 안 죽은 것처럼 위장하려고 산 아들을 가진 창녀의 아들과 죽은 자기 아들을 바꿔치기해버렸다. 자신이 죽었다는 걸 인정하지 않고 진정으로 회개하지 않는 이들의 모습이다. 하나님의 심판대에 이르기 전에 속히 회개해야 할 어리석은 태도다.

마지막 날 심판의 칼로 둔갑할 하나님의 말씀

심판의 두 번째 기준은 하나님 앞에서 진짜 신자인지 가짜 신자인지를 심판하는 것은 하나님의 말씀이라는 사실이다. 이 재판에서 최고의 긴장을 유발하는 클라이맥스는 칼의 등장이다(왕상 3:24). 두 창녀가 산 아들이 서로 자기 아들이라고 쟁론하자 솔로몬이 칼로 산 아들을 둘로 갈라 반쪽씩 두 창녀에게 나눠주라고 판결한 것이다.

성경에서 칼은 성령의 검, 곧 하나님의 말씀을 상징한다. 바울은 "구원의 투구와 성령의 검 곧 하나님의 말씀을 가지라"(엡 6:17)고 권면했다. 좌우에 날선 검보다 예리한 하나님의 말씀은 칼처럼 사람의 혼과 영과 심령과 골수를 찔러 쪼개기까지 하며, 심판의 날에 사람의 마음의 생각과 뜻을 벌거벗은 것같이 드러낸다(히 4:12-13). 이 재판에서도 솔로몬의 칼은 두 창녀의 마음을 적나라하게 드러낸다(왕상 3:25-26).

상당히 기괴하고 비현실적인 것처럼 보이는 이런 광경은 도대체 무엇을 의미할까? 결국 최후 심판대에서는 말씀의 칼이 신자들 각자 안에 산 아들이 있는지, 죽은 아들이 있는지를 가려내게 된다는 뜻이 아닐까? 사실 솔로몬은 산 아들의 몸에 칼을 들이댄 게 아니라 창녀 두 사람의 마음에 칼을 들이댄 것이다.

최후 심판의 날에 하나님은 무슨 법조문 같은 걸 들이대며 일일이 심문하시기보다 각자가 스스로 자기 죄를 드러내게 하실 것이다. 그래서 바울은 "우리 각 사람이 자기 일을 하나님께 직고하리라"(롬 14:12)고 말했고, 베드로도 "그들이 산 자와 죽은 자를 심판하기로 예비하신 이에게 사실대로 고하리라"(벧전 4:5)고 말했다. 모세 또한 이스라엘 백성에게 "너희 죄가 반드시 너희를 찾아낼 줄 알라"(민 32:23)고 경고했다.

인간이 가진 최상의 지혜는 최고로 좋아봐야 선악과를 못 넘어선다. 하나님의 아들을 통해 생명과를 먹지 못한 사람은 누구도 예외없이 심판의 칼날을 피하지 못한다. 생명의 아들이 있느냐, 없느냐가 영생을 결정짓는다. "아들이 있는 자에게는 생명이 있고 하나님의 아들이 없는 자에게는 생명이 없느니라"(요일 5:12).

사람이 선악과를 알기 전에는 하나님께서 하라시는 대로만 하는 것으로 온전히 선하고 족했다. 사람은 이 진리 하나밖에 몰랐다. 육신적인 자아가 생겼다는 건 나의 호불호가 기준이 된 선악의 개념이 따로 생겼다는 것이다. 그래서 하나님께서 지금 성경을 통해 아무리 "내 말에 순종하는 것이 네가 사는 길이다"라고 말씀하셔도 그 말을 잘 듣지 않는다.

솔로몬의 재판에서 솔로몬이 하나님께 받은 지혜는 아들을 통해 생명을 얻은 적이 있는 두 종류의 신자가 훗날 하나님 앞에 섰을 때 여전히 그 참된 생명을 소유한 존재로 드러날 것인가, 아닌가를 가리는 지혜였던 것 같다. 그때 그 심판의 칼을 이겨낼 수 있는 길은 마지막 날 심판의 칼로 둔갑할 그 하나님의 말씀을 통해 지금 날마다 내 안에 계신 하나님의 아들 예수님의 생명으로 살아가는 것이다.

심판의 날에는 평소의 내 모습을 가장할 수 없다

솔로몬의 재판에 등장하는 두 창녀는 한 집에 살았다(왕상 3:17). '나'라는 한 집에 육신의 소욕을 가진 옛사람과 성령의 소욕을 가진 새사람이 함께 산다는 것을 의미한다고 보면 어떨까? 죽은 아들을 가진 창녀는 옛사람, 산 아들을 가진 창녀는 새사람을 상징한다.

그래서 바울은 자기 안의 육신적인 옛사람을 멸하고 하나님의 아들의 생명이 온전히 자리잡게 되기를 소원한다고 말했다. "내가 그리스도와 함께 십자가에 못 박혔나니 그런즉 이제는 내가 사는 것이 아니요 오직 내 안에 그리스도께서 사시는 것이라"(갈 2:20). 십자가에 못 박히신 그리스도가 하나님의 능력이요 지혜다(고전 1:24). 그래서 참된 지혜는 나의 정과 욕심을 십자가에 못 박고 내 안에 계신 예수님을 드러내는 삶을 살게 해준다.

솔로몬의 심판의 칼이 임했을 때 생명을 가진 창녀는 생명을 귀하게 여기는 가치관으로 반응한다. 어쨌든 살아 있는 아들을 죽여선 안 된다고 말한다. 심판의 칼이 임했을 때 내 안에 살아 계신 예수님의 생명이 자연스럽게 드러나는 반응이다.

그러나 심판의 때가 되어서는 예수님이 내 안에 살아 계신 것처럼 가장할 수 없다. 그것이 아들의 생명이 없는 다른 창녀의 반응에서 드러난다. "산 아들을 죽여서 내 것도 되게 말고 네 것도 되게 말고 나누게 하라"(왕상 3:26).

산 아들의 생명이 귀한 줄 모른 채 육신의 소욕대로 살아온 그녀의 평소의 가치관이 그대로 드러나는 순간이다. 심판대 앞에 서면 이 땅에서는 안 보이던 내 안의 영적 생명이 아무런 장벽 없이 그대로 노출된다.

참된 지혜는 하나님의 말씀에 순종하는 삶을 통해 예수님의 생명을 드러내는 것이다. 그러한 지혜를 가진 자만이 최후 심판의 칼날을 이겨낸다. 창녀 두 사람에 대한 재판에서 보여준 솔로몬의 지혜에는 내 안에 하나님의 아들의 생명이 있는지를 날마다 말씀으로 늘 점검하며 살라는 경고가 담겨 있다.

"그러므로 누구든지 나의 이 말을 듣고 행하는 자는 그 집을 반석 위에 지은 지혜로운 사람 같으리니 비가 내리고 창수가 나고 바람이 불어 그 집에 부딪치되 무너지지 아니하나니 이는 주추를 반석 위에 놓은 까닭이요"(마 7:24-25).

예수 믿을 때 받은 구원은 최후 심판 때까지 유효한가?

성경에는 구원이 과거, 현재, 미래의 삼중 시제로 설명되고 있다. 그렇다면 우리가 예수를 처음 믿을 때 받은 구원은 최후 심판 때까지 계속 유효하여 최종적인 구원에 들어갈 수 있게 해주는가? 아니면 우리의 첫 구원은 믿음을 통해 은혜로 받지만, 최종적인 구원은 우리의 선행과 삶에 따라 결정되는 것인가?

이 문제에 대해 우리가 이것이 옳고 저것이 틀렸다고 쉽게 답을 내리지 말고, 성경이 무엇을 가르치고 있는지 좀더 자세하게 살펴보는 것이 중요하다. 왜냐하면 최종적인 답을 줄 수 있는 것은 저명한 신학자나 목회자의 판단이 아니라 하나님의 말씀인 성경이기 때문이다.

그런데 이 문제와 관련하여 성경의 가르침을 살펴보면 둘 중 어느 한쪽 주장만을 지지하지 않고 양쪽의 가르침이 모두 나타나고 있는 것을 보게 된다. 즉 어떤 성경 구절은 분명 구원/칭의는 우리의 행위에 좌우되지 않고 오직 예수 그리스도를 믿음으로 주어지며 또한 이 구원을 하나님께서 최후까지 견고하게 붙들어주실 것을 강조하고 있다(롬 3:23-24, 8:32, 갈 2:16, 엡 2:8-9).

하지만 성경은 다른 곳에서 모든 사람이 최후 심판 때 그 행한 대로 심판을 받아 어떤 사람은 영벌에 처하게 되고, 어떤 사람은 영생의 축복을 누릴 것을 분명하게 말하고 있다(마 7:21, 26-27, 마 25:1-44, 요 5:29, 15:2, 롬 2:6-10, 갈 5:19-21, 벧전 1:17, 계 2:23, 22:12). 예수는 "너희 의가 서기관과 바리새인보다 더 낫지 못하면 결코 천국에 들어가지 못하리라"(마 5:20)고 말씀하시면서, '의'(여기서 의는 예수의 말씀에 순종하는 의를 가리킴)가 천국에 들어가는 조건임을 강조하셨다.

그렇다면 이렇게 서로 모순되어 보이는 것 같은 가르침을 어떻게 받아들여야 할까? 모순되어 보이는 본문들의 문맥을 살펴보면, 바울 서신에서 신자의 행위와 영생/구원을 연결시키는 본문은 주로 신자가 이 세상에서 어떻게 살아야 할 것인가를 강조하고 권면하는 문맥 가운데서 자주 나타난다.

반면 신자의 행위와 의/구원을 분리시키는 본문은 주로 사람이 어떻게 구원받을 수 있는가를 강조하는 문맥에서 자주 나타난다. 전자는 성령을 따라 살아야만 하는 신자의 삶을 교훈하는 명령법의 문맥에서 나타나고, 후자는 그리스도의 은혜를 통해 믿음으로 주어지는 신자의 신분 문제를 밝히는 직설법의 문맥에서 나타난다.

만일 우리가 신자의 삶을 강조하는 본문을 믿음과 은혜에 의한 구원을 말하는 본문에 비추어 이해할 경우, 그 본문이 갖고 있는 명령법적 힘은 소멸한다. 그 반대의 경우도 마찬가지다. 즉 우리가 믿음과 은혜에 따른 칭의와 구원을 강조하고 있는 직설법으로 되어 있는 성경 본문을, 신자의 삶을 강조하는 명령법적 본문에 비추어 해석하면, 직설법 본문의 강조와 힘은 죽게 된다.

그런데 이와 같은 본문과 문맥의 차이를 외면하고, 양자를 서로 모순된 것으로 단정하거나, 아니면 어느 한쪽을 우위에 두고 다른 한쪽을 거기에 종속시켜 이 둘을 서로 조화시키려 하면, 저자가 각 본문에서 전달하려고 하는 강조와 의도를 놓칠 수 있다. 바울의 서신들은 진공 상태에서 쓰인 무시간적인 신학 논문이 아니고, 특수한 역사적 정황에 처해 있는 교회 공동체를 고려하고 그들의 정황에 합당한 메시지를 설파하는 목회적 서신이기 때문이다. 그렇다면 오늘날 한국교회의 상황에서 무엇을 가르치고 강조해야 하는지는 분명하다.

"이것이 옳으면 저것은 틀렸고, 저것이 옳으면 이것은 틀렸다"는 이분법적 흑백논리에 익숙한 독자 중에는 "이것도 성경의 가르침이고, 저것도 성경의 가르침이다"라는 나의 양면적 주장에 동의하지 않는 분들이 적지 않을 것이다.

하지만 나는 성경을 연구하고 가르치는 성경신학자로서 성경의 가르침을, 때때로 그것이 이해가 되지 않고 논리적으로 수긍이 되지 않는다 하더라도, 성경 본문이 말씀하고 있는 그대로 받아들이는 자세를 고수하고 싶다. 로고스이신 하나님의 아들이 인간의 육을 입고 우리의 역사 안에 오셔서 우리와 동일한 언어 및 문화적 환경의 영향 아래 사셨던 것처럼, 영원한 하나님의 말씀(계시)이 우리의 제한된 언어와 역사 및 문화적 환경 아래 주어졌음을 믿기 때문이다.

최갑종 <칭의란 무엇인가> (새물결플러스)

8장

어떤 경우에 용서받을 수 없는 죄를 짓게 되나?

어떤 신학 전통에 믿음을 세우느냐에 따라 신앙의 모습이 완전히 달라진다. 특히 이성주의적이기만 한 신앙은 신비주의적이기만 한 신앙 못지않게 비성경적이다. 살아 계신 하나님을 매일 체험하지 못하고 살다 보면 얼마 못가 신앙의 모양만 갖춘 메마른 지적 회의주의자가 된다.

"또 누구든지 말로 인자를 거역하면 사하심을 얻되 누구든지 말로 성령을 거역하면 이 세상과 오는 세상에서도 사하심을 얻지 못하리라"(마 12:32)

"지저스 크라이스트(Jesus Christ)!" 할리웃 영화에 종종 등장하는 욕설이다. 우리말로 옮기면 "이런 제기랄!" 정도의 말인데, 이 한마디만으로도 하나님의 이름을 망령되이 일컫는 죄라고 할 만하다. 이런 죄도 성령모독죄에 해당할까? 그러나 예수님은 말로 인자를 거역하면 용서받을 수 있지만 성령을 모독하거나 거역하면 영원히 용서받지 못한다고 말씀하신다(마 12:31-32). 도대체 성령모독죄가 어떤 죄이길래 이토록 무서운 경고를 받게 되는 것일까?

의외로 많은 사람들이 자신도 혹시 성령모독죄를 지은 건 아닐까 고민한다. 예수님을 인격적으로 만나고 성령의 은사까지 체험했는데도 나중에 성령의 인도를 거슬러 방탕한 삶을 살았던 이들, 하나님께 실망한 나머지 한때의 치기로 하나님을 원망하고 저주하거나 예수님을 부인한 적이 있는 이들은 실제로 다시 새롭게 될 기회가 없는 건 아닌가 싶어 남몰래 괴로워하기도 한다.

성령의 역사를 귀신의 역사라고 비방하는 죄

현재 복음주의 신학계에서 성령모독죄에 대한 견해는 크게 두 갈래로 나뉜다. 은사중지론을 주장하는 한쪽은 지금은 신자가 용서받지 못할 죄를 짓는 경우는 없다고 말한다. 성령모독죄를 언급하는 마태복음 12장을 비롯한 공관복음서들의 상황은 모두 예수님이 친히 귀신을 쫓아내신 기적에 대해 바리새인들이 귀신의 역사라고 비방한 데서 빚어졌다. 그래서 일차적으로 성령모독죄는 예수님이 직접 이루신 성령의 역사를 귀신의 역사라고 말한 경우에만 해당된다고 본다(마 12:22-30). 예수님 당시에 성령의 능력으로 하나님 나라가 임하는 것을 눈앞에서 보고도 오히려 비방한 것은 하나님 자체를 아예 거부한 용서받지 못할 죄라는 것이다.

그러나 은사지속론을 주장하는 또 다른 한쪽은 지금도 신자들이 성령모독죄를 범할 수 있다고 주장한다. 그들은 성령의 역사로 귀신을 쫓아내고 방언을 하고 병을 고치는 일은 예수님 이후의 제자들도 온 천하에 다니며 복음전파의 사명을 완수해가는 과정에서 예수님과 동일하게 지속적으로 행해왔다고 믿는다(막 16:15-18). 그래서 지금도 이런 역사를 귀신의 역사라고 비방할 경우 성령모독죄가 성립된다고 본다.

어느 쪽이 옳을까? 은사중지론자들은 예수님과 사도 시대에 나타난 기적적인 성령의 역사는 '온전한 것이 올 때'(고전 13:9)인 정경 완성시까지만 행해졌다고 주장한다. 그러나 은사지속론자들은 "너희가 모든 은사에 부족함이 없이 우리 주 예수 그리스도의 나타나심을 기다림이라"(고전 1:7)는 말씀을 들어 온전한 것이 올 때를 예수님의 재림시라고 본다. 물론 은사지속론자들의 주장이 성경적으로나 역사적으로 더 타당하다고 볼 수 있다.

만일 성령모독죄가 예수님 당시만으로 제한되는 죄라면 공관복음서에 빠짐없이 기록될 만큼 심각하고도 비중 있게 강조되지 않았을 것이다. 또한 교회 시대의 모든 신자들에게 성령모독죄처럼 용서받지 못하는 배교의 죄(히 6:4-6)나 '사망에 이르는 죄'(요일 5:16)에 대한 경고 역시 주어지지 않았을 것이다.

은사중지론자들은 예수님의 십자가 사건 이후로는 용서받지 못할 죄가 없기 때문에 성령모독죄 역시 용서받지 못할 죄로 남을 수 없다고 주장한다. 이는 옳은 주장이다. 지금은 신자나 비신자가 세상에서 짓는 어떤 죄도 원칙적으로 용서받지 못할 죄는 없다. 그러나 중요한 한 가지 전제조건이 있는데, 그것은 죄에 대한 회개다. "세례 요한이 광야에 이르러 죄 사함을 받게 하는 회개의 세례를 전파하니"(막 1:4). 죄를 용서받기 위해서는 회개가 필요하며, 복음을 믿기 전에 회개가 선행되어야 한다. "때가 찼고 하나님의 나라가 가까이 왔으니 회개하고 복음을 믿으라"(막 1:15).

용서받을 수 없는 죄 = 회개하지 않는 죄

신자든 비신자든 하나님께 죄를 용서받으려면 반드시 회개가 필요하고, 진정으로 회개하면 어떤 죄든지 용서받을 수 있다. 그렇다면 예수님은 왜 굳이 성령모독죄를 딱 지정해서 그 죄만큼은 영원히 용서받지 못한다고 강조하신 것일까? 회개는 성령의 역사로만 가능한데, 성령모독죄는 바로 그 회개의 역사를 가로막는 죄가 되고, 결국 영원히 용서받지 못할 죄로 남게 되어서다.

지금 예수님은 신자들이 회개하는 모든 모독죄는 용서되지만, 성령모독죄만은 용서받을 수 없다고 말씀하시는 게 아니다. 신자들이 회개하는 모든 모독죄는 용서되지만, 성령모독죄는 그 본질상 회개 자체를 불가능하게 만들기 때문에 용서받을 수 없는 죄라고 말씀하신다. 지금도 예수님의 제자들을 통해 행해지는 성령의 역사를 귀신의 역사라고 비방할 경우 성령모독죄를 짓게 되지만, 이 죄 역시 회개하면 용서받을 수 있다. 그러나 많은 은사중지론자들은 이 죄를 범하고도 신학적인 입장 차이로 인해 회개할 생각조차 하지 않는 경우가 많아 위험을 자초한다.

이러한 좀더 직접적인 성령모독죄뿐만 아니다. 어떤 죄든 우리가 회개하지 못하도록 만든다면 그것은 결과적으로 용서받을 수 없는 죄가 될 수 있다. 죄인이 회개할 수 있는 죄는 용서받을 수 없는 죄가 아니다. 따라서 자신이 용서받을 수 없는 죄를 지은 것은 아닐까 염려하는 사람들은 성령모독죄에 빠진 것이 아니다. 성령모독죄의 가능성이 있다고 성경이 경고해도 아랑곳하지 않는 교만한 태도야말로 위험하다.

결론적으로 용서받을 수 없는 죄는 회개하지 않는 죄라고 말할 수 있다. 지금도 신자들이 직접적인 성령모독죄나 배교의 죄, 사망에 이르는 죄를 조심해야 하지만, 거기서 한 걸음 더 나아가 크든 작든 죄라고 할 수 있는 언행에 대해 그때그때 회개하기를 게을리해선 안 된다. 나중에 마음이 완악해질 만큼 그 죄가 자라 회개에 둔감해져버릴 여지는 충분하다.

넓은 의미의 성령모독죄, 곧 죄를 회개하기를 거부하는 죄를 피하려면 평소에 어떻게 해야 할까? 성령모독죄를 경계하신 예수님은 이어서 열매로 그 나무를 알고, 마음에 가득한 것이 입으로 나오며, 악하든 선하든 사람은 자기 속에 쌓은 것을 바깥으로 드러낸다고 하셨다(마 12:34-35). 외부적인 말로 무언가를 비방하는 것이 문제가 되기 이전에 더 근본적으로는 평소에 믿음 안에서 거룩한 성품이 쌓여져 있는가가 중요하다. 그래서 사람이 내뱉는 무슨 무익한 말도 심문의 대상이 된다. 결국 각자가 자기 삶의 열매로 드러내는 자기 말로 의롭다 함을 받거나 정죄함을 받는다(마 12:36-37).

평소에 마음에서부터 죄를 잘 다스리는 것이 예수님을 진정한 삶의 주인으로 인정하는 거룩한 행실로 쌓여 자연스럽게 말로 예수님을 시인하거나 부인하는 것으로 나타난다. 일상에서 신자가 예수님을 주인으로 모시는 삶을 통해 작은 죄도 멀리하는 삶을 산다면, 자연스럽게 성령을 모독하거나 말로 성령을 거역하는 삶도 멀리하게 될 것이다. 내 안에 계신 성령님이 근심하고 탄식하신다는 것은 아직은 회개할 기회가 있다는 뜻이다. 그러나 그 기회를 지속적으로 무시하게 되면 차츰 성령을 거역하는 죄로 얼마든지 발전할 수 있다.

비신자들의 경우 지금 믿음 안으로 온전히 들어오지 않고 계속 예수님 밖에 머물고자 하는 이들은 다 일종의 성령모독죄에 걸려 있다. 예수님을 믿느냐, 안 믿느냐 하는 문제에서는 오직 성령님만이 사람의 마음을 움직여 회개케 하실 수 있다. 그런데 그분을 거역하여 회개의 기회를 자꾸만 스스로 봉쇄해버린다면, 그러한 불신의 죄야말로 모든 비신자들이 예사로 범하고 있는 성령모독죄다. 결국 모든 사람은 회개하지 않는 죄로 인해 지옥에 떨어진다.

잘 모르면 차라리 침묵하는 게 안전하다

성령모독죄를 신자들에게 적용할 경우에는 일상 속의 죄를 심상히 여겨 성령님의 인도하심에 민감하지 못한 바람에 회개에도 깨어 있지 못하게 되는 삶을 경계해야 한다. 좀더 직접적으로는 성령의 은사를 받은 이들 가운데 나타나는 성령의 역사를 함부로 말로 비방하거나 판단하는 죄 또한 조심해야 한다. 성령님이 행하시는 일의 진정성 여부를 건전하게 분별할 필요는 있지만, 그 일을 귀신의 소행이라고 함부로 단정해서 비방하는 건 지금도 여전히 위험할 수 있다.

그렇다면 실제로 성령 사역을 한다고 하는 이들은 어떤 기준을 가지고 분별해야 할까? 성령 사역 자체는 진실한 경우에도 그것을 행한 사람은 주와의 관계에서 신실하지 못할 수 있다(마 7:22-23). 이 말은 성령 사역자가 신실하지 못하다고 해서 그의 성령 사역까지 함부로 비난할 필요는 없다는 의미도 된다. 물론 인격의 열매가 없이 은사만 남용하면 하나님과 사탄의 역사, 곧 양신 역사가 동시에 나타난다. 이런 면에서 그 사역자가 행하는 성령의 사역이 진실한가의 여부가 사역자의 건강한 영성에 좌우되는 것도 사실이다.

어느 경우든 어떤 영적 현상이 참된 성령의 역사인지에 대한 기준은 성경이다. 성령은 진리의 영이시며 예수님을 드러내신다. 성령 사역자가 특정한 체험에 꿰맞추려고 성경을 자의적으로 해석하거나 그의 인격과 삶에 예수님을 닮은 성령의 열매(갈 5:22-23)와 자기를 부인하는 십자가의 제자도가 드러나지 않는다면 의심할 만하다. 그러나 성령 사역 자체의 신빙성에 대해 잘 모를 경우 함부로 비판하기보다는 차라리 침묵하는 게 안전하다.

"누구든지 형제가 사망에 이르지 아니하는 죄 범하는 것을 보거든 구하라. 그리하면 사망에 이르지 아니하는 범죄자들을 위하여 그에게 생명을 주시리라. 사망에 이르는 죄가 있으니 이에 관하여 나는 구하라 하지 않노라. 모든 불의가 죄로되 사망에 이르지 아니하는 죄도 있도다"(요일 5:16-17).

행믿노트 8

순종의 열매가 없는 믿음에는 구원의 보장도 없다

사데 교회를 향해서 주님은 이렇게 책망하십니다. "내가 네 행위를 아노니 네가 살았다 하는 이름을 가졌으나 죽었느니라"(계 3:1). 이름이 살았다는 것으로 보아 사데교회는 평판이 꽤 좋았던 것 같습니다. 성경학자들은 사데 교회가 한때 놀라운 부흥을 경험한 화려한 과거를 가지고 있었다고 생각합니다. 그들은 오랫동안 그 후광을 즐기고 있었던 모양입니다. 따라서 사람들이 보기에는 살아 움직이는 교회처럼 보였을 것입니다. 열심도 뜨겁고, 봉사도 많이 하고, 예배도 감동적이고 뭐 하나 흠을 잡을 데가 없었을 것입니다.

그러나 이러한 모든 것들은 어디까지나 사람들의 눈에 비치는 허울에 지나지 않았습니다. 불꽃 같은 눈으로 중심을 보시는 주님의 눈에는 불행하게도 그 교회는 행위가 죽어 있었습니다. 행위에서 온전한 것을 찾을 수 없었던 것입니다. 행위가 무엇입니까? 말씀대로 순종하는 삶이요 믿음과 행동이 일치하는 삶입니다. 사데 교회 안에는 몇 사람을 제외하고는 그렇게 사는 사람이 거의 없었다는 것입니다.

저는 사데 교회를 보면서 오늘날의 한국교회를 보는 것 같다는 불안을 감출 수 없습니다. 지금 주님께서 한국교회를 보시고 뭐라고 하실까요? 이름은 살았으나 행위가 죽었다고 책망하지 않으실까요? 사데 교회를 보면서 제가 두려워하는 것이 또 있습니다. 일곱 별을 손에 쥐신 예수님께서 행위가 죽은 교회의 책임을 지도자에게 묻고 계시다는 것입니다. "사데 교회의 사자에게 편지하라." 사자는 교회의 지도자요 목회자를 가리킵니다.

저는 왜 주님께서 목회자에게 책임을 물으시는지 조금은 알 것 같습니다. 수십 년 목회를 하면서 목사의 입장에 서면 이름은 요란하지만 행위가 죽은 교회를 만드는 것은 별로 어렵지 않다는 것을 저는 터득하게 되었습니다. 어떻게 하면 되는지 궁금하십니까? 이렇게 하면 됩니다. 목사가 설교를 하거나 말씀을 가르치면서 복음을 조금씩 변질시키면 됩니다. 그리고 나중에는 복음이 얼마나 변질되었는지조차 모를 정도로 둔감해지면 됩니다. 그러면 교회는 이름은 살아도 행위는 죽어질 수 있습니다.

우리가 아는 바와 같이 복음이란 누구든지 예수님을 믿으면 구원받는다는 기쁜 소식입니다. 그러나 이 복음에는 진리의 양면성이 들어 있습니다. 구원은 믿음으로 받지만 그 믿음의 진가는 순종하는 행위로 검증받아야 한다는 것입니다. 따라서 믿음이 구원의 절대적인 요소라고 한다면 행위는 구원의 필연적인 요소가 됩니다. 우리는 구원받기 위해 순종하는 것이 아니라 구원받았기 때문에 순종하는 것입니다. 그러므로 믿음과 행위는 따로 놓고 생각할 수가 없습니다.

예수님은 이러한 사실을 가리켜서 좋은 나무와 좋은 열매로 비유하셨습니다. 따라서 목회자는 믿음과 순종을 똑같이 가르쳐야 합니다. 믿음으로 구원받는다는 로마서를 설교하였다면 행함이 없는 믿음은 죽은 믿음이라는 야고보서도 진지하게 가르쳐야 합니다.

청중은 원래 귀에 듣기 좋은 말씀을 선호하는 경향이 있습니다. 믿기만 하면 구원받는다고 하면 모두가 "아멘" 합니다. 믿음만 있으면 하늘의 복과 땅의 복을 받는다고 하면 "할렐루야" 하고 열광합니다. 그러나 행함이 따르지 않는 믿음은 거짓 믿음이요 구원도 확신할 수 없다고 하면 얼굴이 금방 굳어져버립니다. 말씀대로 살지 못하는 죄를 지적하거나 책망하면 예배 분위기가 금방 싸늘해져버립니다. 듣기가 싫고 몹시 거북스럽기 때문입니다.

사랑의교회에서 사역할 때 저는 비슷한 반응을 가끔 볼 수 있었습니다. 이런 청중의 반응에 예민해지면서 저도 모르게 그들이 좋아하는 말씀을 일부러 골라서 설교하는 사람으로 바뀌는 것을 보았습니다. 대신 죄라든지, 회개라든지, 순종이라든지, 거룩이라든지 하는 듣기 피곤한 말씀은 할 수 있으면 피하거나, 꼭 말을 해야 한다면 부드럽게 달래듯이 말하고 싶어 하는 유혹에 끌려가는 것을 보았습니다. 저의 이런 모습은 예수님이 절대로 바라는 것이 아니었습니다. 저도 절대로 원하던 것이 아니었습니다.

그러나 실제로는 그러한 일이 강단에서 일어나고 있었고, 그 결과 저도 모르는 사이에 복음을 조금씩 변질시켜가는 설교자가 되고 있었습니다. 이렇게 되니까 교회가 커지면 커질수록 말씀대로 순종하는 행위에는 관심이 없고, 믿음만 가지고 떠드는 값싼 은혜에 안주하는 무리들이 늘어가는 것을 볼 수 있었습니다.

옥한흠 '2007 한국교회 대부흥 100주년 기념대회' 설교

2부

행함 있는 믿음,
율법인가 복음인가?

율법의 완성자이신 예수님을 믿고 의롭다 함 받은 신자는 다시 율법에 매이지 않는다. 포도나무의 가지처럼 예수님 안에 거하는 삶이 자연스럽게 율법을 이룬다. 율법에 매이지 않고 율법을 뛰어넘는 삶이면서도 사랑 하나로 율법을 완성한다(롬 13:10). 율법적인 율법 준수보다 훨씬 더 깊고 섬세하고 차원이 높다.

1장
서기관과 바리새인보다 나은 의, 어떻게 얻을 수 있나?

복음적인 설교와 율법주의적인 설교의 차이는 '내가 하나?'와 '주의 십자가의 은혜로 하나?'의 차이와 같다. "주의 말씀이 이러하니 이렇게 저렇게 살아야 한다"고만 말하면 율법주의적인 설교다. 주의 은혜가 이미 충분하게 주어져 있으니 언제든 그 은혜를 전적으로 덧입는 자는 변화될 수 있다는 게 복음적인 설교다.

"내가 너희에게 이르노니 너희 의가 서기관과 바리새인보다 더 낫지 못하면 결코 천국에 들어가지 못하리라"(마 5:20)

"주님, 저 급한 일 하나도 없습니다. 제게는 주님이 가장 소중합니다. 제가 가진 것은 주님을 사랑하는 마음밖에 없습니다." 마음의 고백을 중시하는 이런 기도를 하나님께서 정말 기뻐하신다는 걸 알았기 때문에 자주 이런 말로 기도한다. 급한 일이 많은 이유는 기도하지 않아서다. 기도로 하나님께 맡기면 급한 일도 급하지 않게 할 수 있도록 도우신다.

아침에 하나님 안에 흥건하게 깊이 잠기는 시간을 갖고 하루를 시작하면 계속 그 기도의 여운이 남아 하루 종일 마음이 평안하고, 주변 환경이 어떠하든 마음의 중심자리가 딱 잡힌다. 그날 묵상한 말씀으로 하나님과 계속 다정한 대화를 나누게 되기도 한다. 그리스도인에게는 날마다 이렇게 주님 안에서 사는 것이 진짜로 사는 것이다.

서기관과 바리새인, 천국에 들어갈 단 두 사람?

그리스도인의 마음이 뿌리에서부터 주님으로 인해 평안으로 채워지지 않으면 늘 겉과 속이 달라 마음에 기쁨이 없다. 겉으로는 주의 일을 한다면서 마음속으로는 내 일을 한다. 결국 예수님이 서기관과 바리새인에게 경고했던 말들이 고스란히 내게도 적용된다. "잔과 대접의 겉은 깨끗이 하되 그 안에는 탐욕과 방탕으로 가득하게 하는도다"(마 23:25). 이렇게 겉과 속이 다른 이중적인 삶을 살게 되면 신자라도 천국에 들어갈 수 없다. "내가 너희에게 이르노니 너희 의가 서기관과 바리새인보다 더 낫지 못하면 결코 천국에 들어가지 못하리라"(마 5:20).

이 말씀에서 '너희 의'는 전통적으로 예수님이 십자가와 부활로 이루신 의라고 해석하는 경향이 많았다. 예수님 당시에 서기관은 최고의 율법 전문가들이었고, 바리새인은 최상의 열심으로 그 율법을 철저하게 준수하려던 사람들이었다. 그래서 당시 유대인들 사이에는 "천국에 단 두 사람만 들어갈 수 있다면, 한 사람은 서기관, 또 다른 한 사람은 바리새인일 것"이라는 말까지 나돌았다. 그 두 유형의 사람들이 가진 의보다 더 나은 의는 예수님이 십자가와 부활을 통해 이루신 의밖에 없다. 그리스도인들은 하나님의 은혜로 율법적인 의와는 차원이 다른 바로 그 예수님의 의를 가진 사람들이어서 누구나 다 천국에 들어갈 수 있다고 가르쳐왔다.

그러나 여기서 '너희 의'는 예수님의 의가 아니라 예수님을 믿는 제자들이 믿음 이후에 가져야 할 참된 의다. 이 말씀을 하고 나서 예수님은 미워하는 것이 곧 살인이며, 음욕을 품는 것이 곧 간음이라고 단언하신다(마 5:21-32). 외적으로 율법의 규정들을 세세히 지키지만 속마음은 참된 의와 거리가 멀었던 서기관과 바리새인의 의보다 더 나은 의를 제자들에게 주문하신 것이다.

'너희 의'는 또한 사도 바울이 "불의한 자가 하나님의 나라를 유업으로 받지 못할 줄을 알지 못하느냐. 미혹을 받지 말라"(고전 6:9)고 신자들에게 권고할 때, 불의한 자로 살지 않는 삶과도 관련된다. 따라서 '너희 의'는 예수님을 믿는 신자가 그분 안에서 신앙생활을 해나가면서 하나님의 법에 순종할 때 이루게 되는 의를 의미한다.

겉과 속이 다르지 않은 신앙을 가지려면

서기관과 바리새인의 삶처럼 겉과 속이 다르다는 것은 외적인 형식은 중시하는데 내적으로 그에 걸맞은 진정성 있는 내용은 없다는 것이다. 예수님 당시 서기관과 바리새인의 의는 형식적이고도 외면적으로 율법을 준수하는 것에 불과했다. 그들은 간음이나 도둑질, 살인, 우상 숭배와 같은 큰 죄를 저지르지 않도록 삼가는 데에는 엄격했다. 그러나 내면의 더러운 생각과 탐욕과 미움, 하나님께 대한 냉담한 마음을 그대로 품고 사는 데에는 양심에 별 거리낌이 없었다.

이런 성향은 매사에 하나님이 아닌 사람에게 보이려고 율법을 지키는 위선적인 삶을 고착화시켰다. "그들의 모든 행위를 사람에게 보이고자 하나니"(마 23:5). 예수님이 제시하신 근원적인 치료 방법은 "너는 먼저 안을 깨끗이 하라. 그리하면 겉도 깨끗하리라"(마 23:6)는 것이다.

서기관과 바리새인의 의보다 더 나은 의는 그리 까다로운 게 아니다. 겉과 속이 다르지 않다는 것은 무엇이든 바깥으로 내보이는 말이나 행동이 마음의 중심에서부터 우러나오게 하는 것을 말한다. 예를 들어, 주일 공예배 자리에 나오면서 정말 하나님을 진정으로 마음으로부터 기쁘시게 해드리려고 나오는 이들이 있는가 하면, 주일이니까 일종의 통과의례로 예배당에 나오는 형식만 갖추고 정작 마음은 없이 의무적으로 예배에 참여하는 이들도 적지 않다. 후자에 속한다면, 거룩한 예배의 장소에 나오는 외적인 행동과 속마음이 엄연히 다른 것이다. 이런 신앙생활의 패턴이 오랫동안 계속되면 나중에는 이것이 문제인지도 모른다는 게 더 큰 문제다.

그렇다면 어떻게 먼저 안을 깨끗하게 하는 것으로 겉과 속을 일치시킬 수 있을까? 해답은 하나님 앞에서 속이 꽉 찬 진실한 기도를 회복하는 데 있다. 예수님의 십자가와 부활 이후 신자들은 이제 내주하신 성령님의 도우심으로 마음으로부터 율법을 지킬 수 있게 되었다. 그런데 지금도 구약시대의 서기관과 바리새인처럼 겉모양 다르고 속마음 다르게 살아가는 신자들이 의외로 많다. 기도와 말씀으로 성령님께 의지하지 않고 그냥 무심코 자기 경험과 생각을 따라 살아가기 때문이다.

그래서 사탄은 항상 그 기도와 말씀이라는 성령님의 은혜와 능력의 보급 통로를 꽉 틀어쥐고 막아선다. 특히 기도를 못하게 막는다. 기도가 말씀에 불을 붙인다. 기도가 없으면 말씀에 대한 지식이 많아도 머리에서 가슴으로 안 내려오고, 손발로도 안 이어진다. 기도를 통해 자라는 주님과의 친밀함이 말씀을 읽을 때 경험하는 깨달음의 깊이를 좌우한다. 이 메커니즘을 가장 잘 아는 사탄이 그래서 필사적으로 기도만은 못 하게 막는다. 30분만 끊김이 없이 쭉 기도할 수 있어도 아주 귀한 건데, 그걸 못 하게 한다. 중도에 졸음이 오게 만들거나 잡념이 들게 하고 희한하게도 딴 일들이 자꾸 끼어들게 만든다.

기도를 통해 마음속 깊은 중심에서부터 하나님의 은혜와 평강으로 채워질 때 비로소 일상에서부터 겉과 속이 다른 서기관과 바리새인의 의보다 더 나은 의로 천국에 넉넉히 들어가는 삶을 누릴 수 있다. 예수님은 율법을 폐지하려고 오신 게 아니라 완전케 하려고 오셨다(마 5:17). 복음은 율법을 완성했다. 그래서 신약시대 성도들은 예수님의 영, 곧 성령님의 도우심과 은혜와 능력으로 외적인 형식만 아니라 그 율법을 세우신 취지와 목적에 맞게 마음으로부터 그리스도의 율법(고전 9:21), 자유의 율법(약 2:12)

을 지켜나가는 거룩한 삶을 살아갈 수 있다.

예수님이 율법을 다 이루신 것을 믿는다면 그 예수님 안에서 신자는 율법을 다 지킨 것으로 간주되는데, 이것을 신학적으로 '칭의'라고 한다. 율법을 다 이루신 예수님의 의가 내 의가 되는 것이다. 신자는 구원받을 때 은혜로 거저 받는 칭의뿐만 아니라 '중생'도 받았다. 칭의가 죄인에서 의인으로 신분이 바뀌는 것이라면, 중생은 그 칭의로 바뀐 의인의 신분에 걸맞게 신자 각자가 실제로 하나님의 법에 순종하며 살아갈 수 있는 능력이 주어지는 것이다. 하나님의 법이 신자의 마음에 기록되고(렘 31:33), 새 영과 새 마음을 받기(겔 36:26) 때문이다.

이제 신약시대의 성도들은 기도와 말씀에 올바로 깨어 있으면 얼마든지 하나님의 말씀에 마음으로부터 순종하며 겉과 속이 같은 거룩한 삶을 살아갈 수 있다. 그러나 칭의와 중생 이후에 지속적으로 말씀에 순종하며 성화를 이뤄가는 문제에서도 신자 각자의 선택과 자유는 끝까지 존중된다.

예수님 안에 거하는 삶 = 율법을 완성하는 삶

하나님의 은혜로 칭의를 받고 중생한 신자라도 시간이 지나 신앙생활에 타성이 생기면 첫사랑이 식는다. 그래서 주의 말씀에 순종하려는 마음이나 능력이 전반적으로 약화된다. 만약 그 상태에서 새롭게 회개하고 돌이키는 일 없이 계속 그대로 살아간다면 그는 천국에 못 들어가게 될 수도 있다. 형식적인 신앙생활에 익숙해져서 마음으로부터 주님을 섬기는 삶을 살지 못해서다.

구원은 예수님과의 친밀한 인격적 관계를 회복하는 것이다. 따라서 예수님 안에 거하느냐, 안 거하느냐가 겉과 속이 같은 신앙의 열매를 거두는 삶의 유일한 관건이다(요 15:5). 예수님 안에 거하는 삶은 예수님을 내 구원자로서뿐만 아니라 내 삶의 주인으로도 믿는 삶이다. 예수님을 구주로도 믿고 주인으로도 믿기 때문에 끝까지 사람의 행위가 아닌 믿음과 은혜로만 구원받는다. 여기서도 주님과 친밀한 교제와 연합의 관계를 통해서만 내 삶이 온전해질 수 있다는 믿음이 중요하다. 믿음이 없으면 내 삶에 이 구원의 진리를 올바로 적용할 수 없다.

이 믿음을 갖는 데 미온적인 채 주님과 친밀하게 연합하는 삶을 지속적으로 게을리할 때 구원에서 떨어져나갈 수 있다. 이것은 율법을 안 지켜서 망하는 것과는 전혀 다른 문제다. 예수님 안에 거하는 것이 복음 안에서 율법을 완성하는 삶의 가장 중요한 방편이다. 이러한 영적 원리를 체득한 성도는 신약시대에도 구원받고 천국에 가려면 예수님도 믿고 구약 율법도 지켜야 한다는 식의 엉뚱한 말에 현혹되지 않는다.

하나님이 사람들에게 요구하시는 거룩함의 표준을 제시한 율법은 그들에게 하나님의 형상을 회복하고 그분을 닮게 하려는 목적으로 주어진 것이기도 했다. 바로 이 율법의 본래 정신과 취지를 따르는 삶이 서기관과 바리새인의 의보다 더 나은 의다. 예수님과의 친밀한 교제를 통해 지속적으로 예수님을 닮아가고 성령 충만함의 은혜를 구하는 가운데 그 성령님의 인도를 따라 살면 자연스럽게 마음으로부터 이루게 되는 의다. 아침마다 마음의 중심에서부터 우러나오는 기도로 하루를 시작할 때 겉과 속이 모두 주의 주권에 진실하게 순종하는 참된 예배자의 삶을 회복할 수 있다.

"너희가 전에는 어둠이더니 이제는 주 안에서 빛이라. 빛의 자녀들처럼 행하라. 빛의 열매는 모든 착함과 의로움과 진실함에 있느니라"(엡 5:8-9).

행믿노트 9

구원받는 믿음은 내가 믿는 주님과 분리될 수 없다

믿음은 예수님과 구분되는 어떤 것이 아닙니다. 하나님이 우리에게 허락하신 새로운 은혜는 예수님을 믿는 것입니다. 우리를 구원하실 분은 오직 예수님이십니다. 믿음 따로 예수님 따로 있는 것이 아닙니다. 그런데도 마치 믿음이 자신을 구원해주는 것처럼 오해하는 사람들이 있습니다. 이처럼 믿음을 강조하는 극단이 구원파 이단입니다. 믿음이란 마음에 예수님을 영접하고, 예수님을 바라보고, 예수님만 의지하는 것입니다. 예수님과 분리된 믿음이 따로 있는 것이 아닙니다.

믿음에 대한 또 하나의 오해는 믿는 사람은 하나님의 말씀을 지키지 않아도 된다는 것입니다. 믿음을 하나님의 말씀과 별개로 여기는 것입니다. 그래서 사도 바울이 안타깝게 반문합니다. "그런즉 우리가 믿음으로 말미암아 율법을 파기하느냐. 그럴 수 없느니라. 도리어 율법을 굳게 세우느니라"(롬 3:31). 율법을 지켜서 의로워지는 것이 아니라 오직 주 예수님을 믿기만 하면 의롭다 함을 받는다고 했는데, 어떻게 믿음이 율법을 굳게 세웁니까? 믿음을 잘못 이해하면 이런 질문이 생깁니다.

성경에는 우리가 믿음으로 구원받는다는 구절이 많이 나옵니다. "네가 만일 네 입으로 예수를 주로 시인하며 또 하나님께서 그를 죽은 자 가운데서 살리신 것을 네 마음에 믿으면 구원을 받으리라"(롬 10:9). 이 말씀에 따르면 분명히 입으로 예수님을 주님으로 시인하고 마음으로 믿기만 하면 구원받는다고 했습니다. 이렇게 되면 예수 안 믿을 사람, 구원 못 받을 사람이 없을 것 같습니다. 그러나 이것은 대단히 심각한 결단을 요구하는 말씀입니다.

그 당시 시대적 배경은 로마제국이었습니다. 따라서 예수님을 주님으로 시인한다는 것은 "예수가 왕인가, 로마 황제가 왕인가?"라는 질문에 답하는 것이며, 그 고백에 따라 삶과 죽음이 갈라지는 것입니다. 예수님을 주님이라 믿으면 죽음을 각오해야 합니다. 목숨을 거는 것입니다. 정말 죽을 각오가 되었습니까? 믿는다는 것은 이처럼 삶을 완전히 바꾸는 것입니다.

"하나님이 세상을 이처럼 사랑하사 독생자를 주셨으니 이는 그를 믿는 자마다 멸망하지 않고 영생을 얻게 하려 하심이라"(요 3:16). 이 말씀은 믿음으로 구원받는다는 유명한 구절이자 복음의 핵심입니다. 이 말씀에서 주목해야 할 부분은 "믿는 자마다"라는 구절입니다. 여기서 '믿는다'는 영어로 'believe in'인데, 믿는 자와 믿는 대상의 관계를 중요시한 구절입니다. 그냥 믿는 것이 아니라 믿는 대상인 예수님께 내 삶 전체를 맡기는 것입니다. 믿기 때문에 예수님을 마음에 주님으로 영접하고, 내 인생의 왕으로 모시고 산다는 의미입니다.

이것이 다시 태어나는 것, 소위 중생(重生)하는 것입니다. 예수님과 온전히 연합해서 예수님의 생명으로 사는 것이며, 바로 '나는 죽고 예수로 사는 것'입니다. 이렇게 믿는 사람마다 영생을 얻을 것이라는 말씀입니다. 이렇게 믿는 자라야 의의 열매를 맺게 되고 이웃 사랑의 열매도 맺게 됩니다. 이런 믿음이 아니라 그저 'believe' 하는 것은 교리적인 지식일 뿐입니다.

구원받는 믿음은 반드시 사랑으로써 역사하는 믿음(갈 5:6)으로 증명됩니다. 믿음은 언제나 순종과 밀접한 연관이 있습니다(롬 1:5). 믿음은 예수님과 우리를 온전히 하나로 묶어주는 끈이기 때문입니다. 하나님의 말씀에 순종하지 않는다면 이유는 오직 하나입니다. 하나님을 믿지 않는 것입니다. 하나님을 사랑하지 않기 때문입니다.

그래서 성경에는 예수님을 믿는 것과 예수님께 순종하는 것을 같은 의미로 번갈아 기록하기도 했습니다. "아들을 믿는 자에게는 영생이 있고 아들에게 순종하지 아니하는 자는 영생을 보지 못하고 도리어 하나님의 진노가 그 위에 머물러 있느니라"(요 3:36). 이제 정말 예수님을 믿고 살아보시기 바랍니다. 믿음은 예수님께 걱정과 근심을 모두 맡기는 것입니다. 예수님을 마음에 왕으로 모시고 오직 주님만 바라보며 주님께 순종하며 사는 것입니다.

이것이 하나님께서 우리에게 열어주신 의롭다 인정받는 길입니다. 이렇게 예수님을 믿기만 하면 하나님은 우리를 예수님의 십자가 피로 말미암아 "너는 깨끗하다, 너는 내 자녀다, 너는 내 축복의 사람이다"라고 말씀해주십니다. 그리고 주님이 우리 안에서 우리를 의롭게 살게 하시고 사랑하며 살도록 만들어주십니다.

유기성 <나는 죽고 예수로 사는 로마서> (규장)

2장

신약시대 복음과 구약시대 율법, 어떻게 조화될 수 있나?

성경 말씀에 따라 하나님을 사랑하는 진실한 마음이야말로 하나님의 자녀 된 증거다. 성령의 역사 없이 자연인은 그 마음을 못 가진다. 주의 자녀 됨의 증거로 이보다 더 복잡한 기준을 내세우면 하나님과의 인격적인 관계를 성숙시키는 데 집중하지 못하고 구원 그 자체를 우상화하기 쉽다.

"오직 강하고 극히 담대하여 나의 종 모세가 네게 명령한 그 율법을 다 지켜 행하고 우로나 좌로나 치우치지 말라. 그리하면 어디로 가든지 형통하리니"(수 1:7)

날마다 성도가 걸어가는 길에는 두 가지 대로가 있다고 한다. '법대로'와 '맘대로'다. 그날그날 주신 말씀을 즐거워하여 주야로, 곧 하루 종일 묵상하는 삶이 시편에 등장하는 주의 백성들의 표준적인 삶이다(시 1:2). 이러한 분명한 삶의 얼개 없이 데면데면 자기 맘대로 사는 삶은 그리스도인의 정규적인 삶이 아니다. 입으로만 "주여, 주여" 하다가 훗날 주 앞에 섰을 때 "내가 너희를 도무지 알지 못하니 불법을 행하는 자들아 내게서 떠나가라"(마 7:22-23)는 상상 밖의 아주 낯선 판결을 받을 수도 있다.

　매일의 말씀 묵상에서 결국 가장 중요한 것이 적용인 이유다. 성경이 기록될 당시 상황과 지금 내 상황을 연결짓는 변함없는 공통점이 적용에 들어 있다. 시대와 상황을 뛰어넘어 주의 말씀의 통치에 날마다 순응하고자 하는 결단이 없다면 '신앙 따로 삶 따로'를 끝내 극복할 수 없다. 그날 묵상에서 적용 한 줄만 딱 건져도 큰 성공이다.

반율법주의는 성경적이지 않다

그런데 구약성경을 읽을 때는 문제가 생긴다. 구약시대의 이스라엘 백성이 준수한 '율법'을 신약시대 성도들도 그대로 다 지켜 적용하며 살아야 하나? 이런 질문이 자연스레 떠오르기 때문이다. 그리스도인들이 사랑하는 시편 1편이나 여호수아 1장에서도 '율법'을 주야로 묵상하고 다 지켜 행하라고 명령한다. "오직 강하고 극히 담대하여 나의 종 모세가 네게 명령한 그 율법을 다 지켜 행하고 우로나 좌로나 치우치지 말라. 그리하면 어디로 가든지 형통하리니"(수 1:7).

이 말씀은 모세가 죽은 후 가나안 정복전쟁을 지휘할 여호수아 개인에게 주어진 것이지만, 성경에 기록되어 신약시대 성도들도 함께 묵상하며 일상에 적용해야 할 현재적인 하나님의 말씀이기도 하다. 예수님을 믿는 신약시대의 성도들도 구약의 율법을 지켜야 한다면 어떻게 얼마나 지킬 수 있나? 이 문제가 풀려야 하나님께서 여호수아에게 주신 명령을 신약시대 성도들은 구체적으로 어떻게 받아들여야 하는지도 풀린다.

하나님은 법으로 온 우주를 다스리시는데, 자연세계 자체도 하나님의 주권적인 의지에 따른 섭리적인 통치 아래 작동한다. 하나님은 자신이 자신에게 법이시다. 하나님은 본성이 완전하시기 때문에 그분의 행동 또한 완전하다. 하나님의 형상으로 지어진 사람 역시 그분의 본성을 따라 살아야 한다. 그래서 하나님은 사람이 성경에 계시된 도덕법에 따라 살기를 요구하신다.

하나님의 법은 의의 완벽한 기준이며 옳고 그름을 판단하기 위한 최상의 규범이다. 죄는 이 법에 대한 불순종이며, 하나님께는 사람이 이 법을 어길 때 그 불법을 벌하실 권능이 있으시다. 그러나 성경에서 직접적으로 하나님의 성품에 근거한 도덕법은 절대적이고 영원하지만, 구약시대 이스라엘의 음식법이나 의식법과 같은 특정 문화적 조건 아래 주어졌던 다른 법들은 역사적인 배경 가운데 주어진 역할이 끝나면 하나님께서 폐지하실 수도 있다.

신약시대 성도들도 도덕법 같은 율법과 율법의 정신은 그대로 따라야 한다. 이것마저 신약시대 성도들과는 무관하다고 주장하는 반율법주의는 성경적이지 않다. 종교개혁은 율법이 아닌 은혜에 기초했지만, 종교개혁자들이 하나님의 율법을 부인한 것은 아니었다. 그들은 그리스도인의 삶에서 율법이 지닌 역할을 여전히 중시했다. 이 문제는 신약성경에서 구약을 인용해 신약시대 성도들의 삶의 표준에 대해 가르치는 경우에 특히 두드러지게 강조된다.

구원받는 믿음에 대한 구약과 신약의 가르침은 같다

대표적인 예로 로마서 10장 8-9절을 들 수 있다. 여기서 바울은 구원받는 성도의 믿음에 대해 구약과 신약이 기본적으로 동일한 진리를 제시한다고 가르친다. 바울은 "오직 그 말씀이 네게 매우 가까워서 네 입에 있으며 네 마음에 있은즉 네가 이를 행할 수 있느니라"(신 30:14)는 구약의 말씀을 그대로 인용해서 그리스도인이 구원받는 데 필요한 믿음의 핵심요건이 무엇인지 전해준다.

"그러면 무엇을 말하느냐. 말씀이 네게 가까워 네 입에 있으며 네 마음에 있다 하였으니 곧 우리가 전파하는 믿음의 말씀이라. 네가 만일 네 입으로 예수를 주로 시인하며 또 하나님께서 그를 죽은 자 가운데서 살리신 것을 네 마음에 믿으면 구원을 받으리라."

여기서 바울은 사람의 입에 있고 마음에 있는 말씀을 행할 수 있는 통로로 두 가지를 든다. 곧 입으로 예수를 주로 시인하는 것과 마음으로 하나님께서 그를 죽은 자 가운데서 살리신 것을 믿는 것이다. 이 두 가지 믿음의 내용은 단순한 것 같지만 구원받는 믿음이란 순종의 행함이 통합된 믿음이라는 중대한 구원의 진리를 드러내준다.

예수님이 나의 주이시라는 고백과 시인은 단순히 지적인 확인을 넘어 일상생활의 차원에서도 구체적인 삶으로 표현되어야 하는 중요한 믿음의 내용이다. 예를 들어, 범사에 감사하는 것도 실은 내 입술로 "좋고 나쁜 나의 모든 각각의 상황에서도 예수님은 여전히 나의 모든 것을 주관하시는 내 삶의 주인이십니다" 하는 신앙고백이다. 이러한 고백과 시인은 하나님 앞에서뿐만 아니라 일상에서 '사람들 앞에서'(마 10:32-33)도 이뤄져야 하며, 결국 그것이 훗날 각 성도가 예수님께 부인받지 않게 해줄 행함 있는 믿음의 삶이 된다.

사도 바울이 로마서를 쓸 당시는 사람들이 로마 황제를 자신들의 주인이요 신으로 믿고 숭배하던 시대였다. 그 당시에 예수를 주(퀴리오스)로 시인한다는 것은 세상에서 출세할 길이 막히고, 기본적인 생존에까지 영향을 미치는 일이었다. 지금도 그러한 영적 긴장은 여전히 필요하다. 그러나 지금은 너무 쉽게 입으로만 "주여, 주여" 하는 데 익숙해 있어 예수님의 주 되심이 오히려 너무 쉽게 무시되곤 한다.

바울은 창세기 15장과 17장에 기록된 구약인물 아브라함의 믿음을 예로 들어 하나님께서 예수님을 죽은 자 가운데서 살리신 것을 마음으로 믿는 것 역시 구원받는 믿음의 주된 요건이라고 제시한다. 아브라함은 백 세나 되어 자기 몸이 죽은 것 같고 사라의 태가 죽은 것 같음을 알고도 믿음이 약해지지 않고 그들의 몸을 통해 아들을 주신다는 하나님의 약속을 믿었다. 아브라함은 이 믿음으로 의롭다 함을 받았다. 이는 신약시대 성도들이 예수님을 죽은 자 가운데서 살리신 하나님을 믿는 믿음과 동일하다(롬 4:18-24).

그러니까 아브라함은 죽은 자와 같은 자신에게 약속의 후손, 곧 구원자 메시아가 자신의 아들을 통해 나올 것까지를 믿었다. 이것이 곧 하나님께서 무덤에 묻혀 완전히 죽은 상태였던 예수님을 살리신 것을 믿는 지금 우리의 믿음과도 통한다. 이러한 부활 신앙이야말로 구원받는 믿음과 직결된다.

바랄 수 없는 중에 주권자 하나님을 바라는 믿음

신약시대 성도들이 지금 아브라함이 가졌던 그 부활 신앙으로 산다는 의미는 무엇일까? 그들 역시 아브라함이 처했던 것 같은 절망적인 상황, 고난과 시험 가운데 아무리 오래 기다려도 기약 없어 보이는 하나님의 약속만 있지 뭔가 눈에 보이게 진전되는 것이 없는 상황, 내가 죽은 것 같은 그 상황 속에서도 "바랄 수 없는 중에 바라고"(롬 4:18) 마침내 때가 되면 자신의 약속에 따라 부활의 은혜와 능력을 보여주실 하나님을 끝까지 굳게 믿고 살아가는 것을 의미한다.

성경에서 마음은 히브리적 관점으로 보면 존재의 중심을 뜻한다. 성경적인 용어로 마음은 단지 감정과 정서의 자리일 뿐만 아니라 지성과 의지의 자리이기도 하다. 그런 만큼 하나님께서 예수님을 죽은 자 가운데서 살리신 것을 마음으로 믿는다는 것은 곧 부활 신앙을 우리의 지성과 의지를 사용해 일상 속에서 실제적인 행함으로 나타내는 거룩한 순종의 삶까지 포함한다.

바울은 믿음의 조상 아브라함의 사례와 더불어 율법이 사람의 입에 있고 마음에 있어 사람이 이를 행할 수 있다고 강조한 신명기 30장의 명령을 종합해 신약시대 성도들이 구원받는 데 필요한 믿음의 표준을 제시했다. 여기에 그들이 구약의 율법을 어떻게 얼마나 지킬 수 있는가에 대한 해답이 담겨 있다. 결국 구약시대에나 신약시대에나 복음의 목적은 사람의 삶 가운데 하나님의 주 되심, 곧 그분의 왕권과 통치를 회복시키는 것이다. "좋은 소식을 전하며 평화를 공포하며 복된 좋은 소식을 가져오며 구원을 공포하며 시온을 향하여 이르기를 네 하나님이 통치하신다 하는 자의 산을 넘는 발이 어찌 그리 아름다운가"(사 52:7, 롬 10:15).

그러나 구약시대에나 신약시대에나 주권자가 되시는 하나님의 말씀을 다 지켜 적용하는 순종의 삶에는 그 말씀을 묵상하는 과정이 필수적이다(수 1:8). 날마다 예수님의 주 되심을 고백하듯 그 말씀을 입으로 반복해서 소리내어 읽고 암송하고 하루 종일 마음으로 되새김질하는 묵상의 과정이 수반될 때만 그 말씀이 내 삶에 녹아들어 내가 그 말씀에 구체적인 순종으로 반응할 수 있게 해준다.

또한 예나 지금이나 그 말씀을 묵상하고 다 지켜 행하기 위해서는 "오직 강하고 극히 담대하여" 좁은 생명길에서 이탈하지 않도록 "우로나 좌로나 치우치지"(수 1:7) 않고 한 길로만 쭉 걸어가야 한다. 오늘날과 같은 세속적 인본주의 시대에 하나님의 말씀을 묵상하고 그대로 순종하며 살아가기 위해서는 세상의 유혹에 쉽게 타협하거나 한눈팔지 않는 강하고도 담대한 용기와 결단이 필요하다.

날마다 "너희가 나를 사랑하면 나의 계명을 지키리라"(요 14:15)는 신약의 명령과 "네 하나님 여호와를 사랑하고 그의 말씀을 청종하며 또 그를 의지하라"(신 30:20)는 구약의 명령에 온전히 순종하며 살아가고자 하는 자는 반드시 영적인 형통함의 복을 누리게 될 것이다.

"우리는 그가 만드신 바라. 그리스도 예수 안에서 선한 일을 위하여 지으심을 받은 자니 이 일은 하나님이 전에 예비하사 우리로 그 가운데서 행하게 하려 하심이니라"(엡 2:10).

행밑노트 10

'값싼 은혜' 교리에 갇혀 성경 놓치지 말아야 한다

오늘날 개신교회 특히 한국교회의 타락은 중세 천주교회의 타락에 버금가는 수준에 이르고 있습니다. 어떤 분은 "역사 이래 지금의 한국교회만큼 타락한 교회가 없었다"고까지 말하고 있습니다. 그래서 우리는 이런 결과가 무엇 때문이며 어디서 오는 것일까에 대해 심각하게 반성해보지 않을 수 없습니다.

이는 목회현장에서만 반성할 일이 아닙니다. 신학적인 반성도 반드시 동반되어야 할 사안입니다. 신학이 교회를 이끌고 있고, 또 신학은 현상을 해석할 의무가 있기 때문입니다. 한국교회는 그동안 거룩한 십자가의 복음을 노점의 싸구려 장사꾼들처럼 값싸게 팔아먹었습니다. 기독교의 핵심적인 메시지는 복음입니다. 복음은 기독교가 가진 영원한 보화요 자랑입니다. 그런데 이 복음을 심각하게 변질시켜버렸습니다.

복음은 먼저 소위 복음주의자들에 의해 변질되고 있습니다. 목사들이 존귀한 복음을 아주 천박하게 만들고 있습니다. 복음을 누구나 손들고 일어나면 받을 수 있는 천국행 공짜 티켓처럼 만들고 있습니다. 때로 교리주의에 빠진 보수주의 신학자들도 여기에 한몫을 더하고 있습니다. 다이내믹한 생명력을 가진 복음을 교리라는 틀 속에 가두어 변론과 비판과 정죄의 도구로 만들어왔습니다.

거기다 복음을 개인주의화하여 신자들로 하여금 하나님 나라에 대해 우맹이 되도록 만들었습니다. 즉 지도자들이 신자들로 하여금 복음 안에 있는 하나님 나라의 의와 사랑에 대한 안목을 열어주지 못해서 구원이란 죽어서 천당 가는 것 정도로 생각하게 만들어버렸습니다. 지금도 보수주의 신학자들은 누가 현실문제나 사회적인 이슈들에 관심만 가져도 좌파니 진보니 하면서 정죄하려 합니다.

현실 사회를 외면하는 종교가 세상에 무슨 유익을 끼칠 수 있겠습니까? 소금과 등불로서의 역할은 어디서 해야 하는 것입니까? 등불을 말 아래 감추어두려는 것일까요? 이런 심각한 상황에서 우리가 종교개혁의 아이콘과 같았던 이신칭의의 교리가 종교개혁 500주년을 맞는 현 시점에서 과연 어떤 의미를 갖는지 다시 한번 살펴보는 것은 아주 당연한 일이 아닐까 하는 생각이 듭니다.

그리고 당연하게 받아들여지고 있는 교리라도 생각 없이 고백하는 것이 아니라 어떤 계기가 있을 때마다 다시 한번 기억하고, 또 이런 신앙고백이 현실생활 속에서 어떤 열매를 맺고 있는지 반성하는 것은 너무나 당연한데 만약 누가 거론하는 것 자체를 금기시한다면 이는 도그마티즘이 아닐까요? 때로 교리주의에 빠진 신학자들을 봅니다. 그들은 신학을 화석화하고 종종 특정 교리를 성경의 진리를 판단하는 시금석처럼 받들고 있습니다.

우리는 이신칭의 교리를 재발견해야 합니다. 이를 위해서는 교리 자체를 논리적으로 변증하려 하지 말고 이 교리가 바탕하고 있는 성경말씀을 다시 한번 깊이 묵상하는 기회로 삼아야 한다고 봅니다. 오늘날 이렇게도 '값싼 은혜'가 활개 치며 팔리고(?) 있는 마당에 이신칭의를 성경에서 다시 한번 확인하는 작업이 왜 불필요한 일이 되겠는가 싶습니다. 논란을 벌이다 보면, 또 제대로 논의를 하려면 적극적인 면뿐 아니라 소극적인 면에서도 상고(詳考)가 필요합니다.

다만 주의해야 할 것은, 교리주의자들이 빠지기 쉬운 함정, 곧 말씀보다 논리를 앞세우는 잘못에 빠지지 않도록 조심해야 한다고 봅니다. 정연한 논리는 이해와 확신에 도움을 주지만, 성경말씀을 교리 속에 가두는 결과를 가져올 수도 있기 때문입니다. 케리그마는 기본적으로 선포하는 것이지 사유하는 것은 아니니까요. 그리고 교리에는 생명이 없어도 말씀에는 생명이 있습니다. 이신칭의 교리를 토론하다 보면 그동안 믿어왔던 내용이 더 빛을 발할 수도 있을 것이고, 이 교리를 왜곡시키거나 잘못된 적용을 한 일이 밝혀진다면 일거양득의 유익이 있을 것입니다.

정주채 코람데오닷컴 2016년 8월 24일 칼럼

3장
십일조, 신약시대 성도들도 꼭 내야 하나?

주의 구원에 대한 감사와 기쁨이 동기가 되지 않은 신자의 모든 행함은 다 율법적이다. 비신자나 이단들의 진짜 같아 보이는 온갖 행함과 구별시켜주는 기준은 주께 대한 참된 믿음과 사랑이다. 그러나 성경은 진실한 신자라도 성령의 은혜 안에 거하지 않으면 진실한 행함이 결여될 수 있다고 가르친다.

"만군의 여호와가 이르노라. 너희의 온전한 십일조를 창고에 들여 나의 집에 양식이 있게 하고 그것으로 나를 시험하여 내가 하늘 문을 열고 너희에게 복을 쌓을 곳이 없도록 붓지 아니하나 보라"(말 3:10)

"지금도 구약시대 율법의 십일조를 지키려면 할례나 안식일, 제사 제도도 같이 지켜야지 왜 돈이 되는 십일조만 지키라고 하나?" 십일조의 당위성이 크게 도전받고 있는 지금, 십일조 반대론자들의 대표적인 항변 중 하나다. 십일조는 율법을 이루신 예수님 이후 시대 성도들의 의무는 아니라는 것이다. 그러나 창조주 하나님을 자기 삶의 주인으로 모시고 사는 그리스도인에게 각자가 얻은 소득의 10분의 1을 하나님의 것으로 돌리는 십일조 신앙은 지금도 기본적으로 마땅하다고 믿는 이들의 반박 또한 만만치 않다.

　무엇보다 하나님께서 "너희의 온전한 십일조를 창고에 들여 나의 집에 양식이 있게 하고 그것으로 나를 시험하여 내가 하늘 문을 열고 너희에게 복을 쌓을 곳이 없도록 붓지 아니하나 보라"고 약속하신 구약성경 말라기 3장

10절 말씀은 그들에게 둘도 없는 강력한 우군이다. 그러나 이 말씀 역시 구약시대 율법 아래 살던 이들에게 주신 말씀이어서 신약시대 성도들과는 무관하다는 주장이 거세다.

'첫 것' 의미하는 1은 나머지 전체를 대표한다

이 반격에 대한 십일조 찬성론자들의 보란 듯한 대응 무기가 바로 신약성경 마태복음 23장 23절이다. 아주 작은 채소류까지 십일조로 바친 당시의 바리새인들에게 "이것도 행하고 저것도 버리지 말아야 할지니라"는 권면으로 십일조의 형식뿐만 아니라 '정의와 긍휼과 믿음'이라는 율법의 본질도 중시하라고 균형을 잡아주신 예수님의 말씀이다.

물론 이 또한 구약시대에 속한 바리새인들에게 주신 말씀이라는 정황상의 한계가 있다. 그래서 십일조의 영적 원리를 주지시키는 데 초점을 둔 이 말씀을 "예수님도 십일조를 하라고 친히 명령하셨다"고 여길 직접적인 근거로 삼기에는 뭔가 2퍼센트 부족하다. 그럴 경우 신약시대 성도들이 정말 구약시대 율법 준수의 일환으로 십일조 헌금을 드리는 격이 될 수 있다.

출구는 하나다. 십일조의 정신과 원리는 구약시대의 율법에 제한받지 않는 보편적인 신앙의 본질에 속하는 것인가를 가려내면 된다. 우선 율법 이전의 아브라함이 예수 그리스도를 상징하는 살렘(예루살렘, 평강) 왕 멜기세덱에게 십일조를 바친 이야기(창 14:17-20)가 대표적인 근거로 사용될 수 있다.

아브라함이 조카 롯을 구출해낸 전쟁에서 얻은 전리품에 대해 멜기세덱은 그 모든 수확이 천지의 주재이신 하나님의 은택에 따른 것이라며 하나님을 찬송한다. 그러자 그 하나님의 은혜에 대한 감사의 표시로 아브라함이 십일조를 드린다. 여기서 모든 시대의 신자가 자기 소득의 십분의 일을 드림으로 자신의 모든 소유가 곧 하나님의 것임을 고백하는 십일조의 기본 정신이 분명하게 드러났다.

히브리인들의 수 개념에서 1은 첫 것을 의미하고, 이 첫 것은 나머지 전체를 대신하고 대표한다. 히브리어로 10이라는 숫자를 가리키는 '에세르'에서 십분의 일을 의미하는 히브리어 '마아세르'가 나왔다. 여기서 10은 '모든 것' 혹은 '완전'을 뜻하고, 1은 그 가운데서 '일부분' 혹은 '대표'를 의미한다. 따라서 십일조는 내 모든 것의 주인이신 하나님께 그 모든 것을 대표하고 대신하는 1을 바침으로써 그 1 외의 모든 것도 하나님의 것이며 하나님의 뜻대로 사용하겠다는 믿음과 헌신과 삶의 예배의 고백을 담아내는 복의 매개체가 된다.

"이스라엘 자손 중에서 사람이나 짐승을 막론하고 태에서 처음 난 모든 것은 다 거룩히 구별하여 내게 돌리라. 이는 내 것이니라"(출 13:2). 십일조의 원리에 따르면, 출애굽 당시 하나님께서 이집트의 장자들을 다 죽이신 것은 이집트의 모든 사람들을 심판하셨다는 의미가 된다.

또한 하나님께서는 독생자 예수님을 장자로 보내셔서 모든 동생들을 대신하고 대표해서 그들 모두의 죄를 용서하기 위한 십일조 헌물이 되게 하셨다. 영적으로 보면 십일조에는 예수님의 구속의 은혜가 녹아 있다. 믿음의 조상 아브라함이 예수님의 살과 피를 상징하는 '떡과 포도주'를 가진(창 14:18) 멜기세덱에게 바친 십일조에는 그 놀라운 구속의 은혜에 대한 감사도 담겨 있었다.

하나님의 주권을 인정하는 산 신앙고백의 상징

"그 땅의 십분의 일 곧 그 땅의 곡식이나 나무의 열매는 그 십분의 일은 여호와의 것이니 여호와의 성물이라"(레 27:30). 이 말씀에 담긴 십일조의 원리는 아브라함이 살던 고대 근동 지역의 이방 세계에도 널리 퍼져 있던 보편적인 관습에 반영되었다. 로마와 그리스를 포함해 고대의 이집트, 바빌론, 앗시리아, 엘람, 페니키아에서는 노략물이나 전체 소유의 십분의 일을 그들의 신들에게나 국가에 바쳤다.

이러한 광범위한 보편성으로 인해 십일조는 첫 사람 아담 때부터 하나님께서 인류에게 가르치신 것이라는 주장도 있다. 오순절 계통의 교회에서는 에덴동산에 있던 각종 나무의 열매는 아담에게 임의로 다 먹으라고 주셨지만 선악을 알게 하는 나무의 열매만은 먹지 말라(창 2:16) 하신 것 자체가 십일조의 정신을 반영한다고 본다. 하나님의 주권적인 명령이 걸려 있는 그 선악과 하나만은 안 따먹는 것으로 하나님이 그들의 삶의 주인이며 주권자가 되신다는 사실을 인정하고 하나님의 명령 전체를 지키며 살겠다는 신앙고백의 상징이 되게 하셨다는 것이다.

그러나 타락한 인류는 이 주권적인 한계선을 무시하고 하나님께 의탁하는 믿음을 저버린 채 각자가 자기 삶의 주인이 되어 살고자 했다. 이러한 타락의 시초를 창세기 4장에 기록된 가인과 아벨의 제사에서도 목격할 수 있다(창 4:1-5).

터툴리안을 포함한 초대교회 시대의 교부들은 가인의 제물이 배척된 이유를 십일조와 결부시켰는데, 히브리서 기자가 아벨이 믿음으로 가인보다 '더 나은 제사'(히 11:4)를 드렸다고 증언한 데 그 근거를 둔다. 여기서 '더 나은'은 헬라어로 '폴뤼스'인데, '양이 많은'이란 뜻을 지닌다. 아벨은 하나님의 명령에 순종해 질적으로 더 나을 뿐 아니라 양적으로도 적정한 양을 채우는 믿음으로 예물을 드렸다고 보았다.

이스라엘의 첫 번째 가나안 정복 전쟁이었던 여리고성 전투에서도 첫 것은 하나님의 것이라는 십일조의 원리가 적용되었다. 하나님께서는 이스라엘 백성이 성 주위를 일곱 번 도는 것만으로 승리를 얻게 하신 여리고를 정복하고 나서 그 안의 것을 하나도 취하지 말라고 명령하셨다(수 6:17). 그러나 여리고성의 재물을 탐낸 아간 한 사람의 불순종으로 이스라엘 백성 전부가 뒤이어진 아이성 전투에서 어이없이 패배하고 말았다. 떡으로만이 아닌 하나님의 입에서 나오는 모든 말씀으로 사는(신 8:3) 주의 백성들에게 이보다 더 생생한 십일조 신앙의 본보기도 드물다.

신약성경은 십일조를 뛰어넘어 각자의 재산을 통용하던 초대교회에 굳이 십일조가 있었다고 따로 명시하진 않지만, 교회사에는 동방 정교회를 포함해 주후 3세기 전후부터 교회에 십일조 제도가 시행되고 있었다는 기록이 나타난다. 서방의 제롬과 어거스틴, 동방의 크리소스톰은 십일조를 옹호한 대표적인 교부들이다.

6세기 말부터는 십일조가 교회의 공식적인 종교회의를 통해 의무화되기도 했고, 교회까지 지배하려던 유럽 국가의 왕들은 십일조를 국법으로 인정했다. 이후 중앙집권화된 가톨릭의 고위층이 각종 헌금을 독식하면서 종교개혁기에는 농민들이 십일조의 개혁을 요구하기도 했다.

루터는 인류사만큼이나 오래되고 교회의 전통으로 시행되어오던 십일조의 폐지는 도둑질이란 표현을 썼고, 칼빈을 포함한 종교개혁자들 역시 십일조를 부정하지 않았다. 다만 당시 십일조를 남용하던 가톨릭과 달리 십일조가 본래 제정된 목적에 맞게 전임 성직자의 생계와 사역과 대외 구제(민 18:21, 신 14:22-29)를 위해 올바로 사용되게 하려고 노력했다.

율법이 아닌 자원적 십일조는 여전히 살아 있다

현실적으로도 지금은 구약시대의 성전이나 레위인들은 없지만 교회의 예배당이나 전임 사역자들은 여전히 존재한다. 신약성경은 그들의 생계를 교인들이 책임져야 한다고 명시하며(마 10:10, 고전 9:13-14), 교회의 예배와 교육과 선교, 구제를 위한 비용을 충당하려면 십일조는 최소한의 기본적인 헌금으로 지정될 만하다. 물론 십일조에 대한 반감은 일리가 있다. 하나님의 주권에 대한 숭고하고도 자유로운 신앙고백으로보다는 율법적인 축복과 저주의 잣대로만 남발한 과거의 왜곡된 관습 탓도 있고, 십일조의 목적에 맞지 않게 교회가 십일조를 남용해온 탓도 있다. 그러나 십일조는 하나님과의 관계에서 성도 각자가 우선적으로 보여드릴 거룩한 믿음의 표현이요 주께 온전히 헌신하는 삶의 유의미한 바운더리다.

율법 이후 복음시대의 헌금의 기준은 '전 재산'(행 4:32), 과부의 두 렙돈처럼(막 12:42) '힘에 지나도록'(고후 8:3), 그리고 '자신의 몸을 하나님이 기뻐하시는 거룩한 산 제물'(롬 12:1)로 드릴 수 있는 것이다. 십일조보다 왜 더 많이 헌금하면 안 되냐며 십일조의 타당성을 따지고 드는 이들은 없다.

신약시대의 십일조는 그나마 최상의 너그러운 은혜. 율법적 십일조는 예수님의 십자가와 부활로 없어졌다. 그러나 예수님이 율법을 폐하지 않고 온전히 성취하시면서 진정한 믿음의 시험대인 자원적 십일조가 여전히 살아 있다. 이 십일조는 어떤 신약교회도 율법적으로는 강요할 수 없지만 더 중한 신앙양심, 자유함의 법이 시험한다. 십일조는 자원하여 드리면 율법이 아니지만 억지로 드리면 율법이 된다. 의식법에서는 자유하지만 탐심을 제거하는 최소한의 도덕적 신앙 원리로는 지금도 살아 있다. 평소 십일조가 부담스러운 사람은 십일조를 하는 게 좋다. 가난하든 부하든 십일조의 정신은 살려야 하고, 십일조를 안 한다고 해서 아버지 하나님이 자녀에게 벌을 준다거나 하시진 않지만 신자로서 물질에 매이지 않는 영적 성숙의 유익이나 "적게 심는 자는 적게 거두고 많이 심는 자는 많이 거두는"(고후 9:6) 실제적인 물질의 복을 스스로 가로막는 결과는 어쩔 수 없이 겪어야 하기 때문이다.

"심는 자에게 씨와 먹을 양식을 주시는 이가 너희 심을 것을 주사 풍성하게 하시고 너희 의의 열매를 더하게 하시리니"(고후 9:10).

행믿노트 11

심판의 근거는 믿음에 관한 내 말이 아니라 내 삶이다

심판의 날은, 말에 대한 날이 아니라, 행위라는 형태를 띤 증거들에 대한 날이 될 것이다. 주장들에 대해서는 신경 쓰지 마라. 기록이 실제로 보여주는 것이 무엇인가? 성경에 있는 심판의 날에 대한 마지막 묘사는 이 점을 모호하지 않게 분명히 한다. "각 사람이 자기 행위대로 심판을 받고…"(계 20:12-13).

바울도 동의한다. "이는 우리가 다 반드시 그리스도의 심판대 앞에 나타나게 되어 각각 선악간에 그 몸으로 행한 것을 따라 받으려 함이라"(고후 5:10). 당신은 "하지만 우리는 행위가 아니라 믿음으로 의롭다 하심을 받았다고 생각했는데요?" 하고 저항할지도 모른다. 당연히 그렇다. 우리는 믿음으로 의롭다 함을 받았다. 그러나 우리는 우리의 행위로 심판을 받을 것이다. 내 설명을 들어보라.

내 죄에 관해 성경이 말하는 것을 내가 받아들일 때, 내가 죄를 회개하고 십자가에서 내 죄를 지신 예수님을 신뢰할 때, 그때 실제로 하나님의 은혜로 믿음을 통해 나와 하나님의 관계가 바로잡힌다. 내 죄들이 용서받았기 때문에 내가 완전히 확신하며 바로 지금 여기에서 아는 것이 있다. 바로 내가 그 마지막 날에 그리스도의 구속받은 백성의 일원으로 그분의 의로우심 가운데 서리라는 것이다. 그래서 나는 그리스도를 믿는 믿음을 통해 하나님의 진노에서 구원받았다. 나는 믿음을 통해 은혜로 의롭다 함을 받았다. 의롭다고 선언된 것이다.

그러나 말했듯이, 심판의 날은 증거에 근거한 하나님의 판결이 내려지는 날이지, 믿음에 관한 주장들을 듣는 날이 아니다. 그렇다면 내 믿음의 증거는 무엇이 될 것인가? 내가 믿음을 가졌다고 단지 말하는 것이 아니라, 내 삶이 보여주는 것이 증거다. 우리의 삶이 우리 믿음의 실재를 증명한다(혹은 경우에 따라서 증명하지 못한다). 나는 증거(내 행위들)에 근거해 심판받을 것이며, 그것들은 내 삶이 그리스도에 대한 신뢰(나의 믿음) 위에 지어졌는지 아닌지를 공공연히, 그리고 의심의 여지없이 보여줄 것이다.

예수님은 이 문제에 대해 그분이 하신 말씀 중 가장 정신이 번쩍 들게 하는 방식으로 가차 없이 말씀하셨다. "나더러 주여 주여 하는 자마다 다 천국에 들어갈 것이 아니요 다만 하늘에 계신 내 아버지의 뜻대로 행하는 자라야 들어가리라…"(마 7:21-23). 이 말씀을 통해 예수님은 중요한 것이 단지 우리가 말하는 것만이 아님을, 또한 우리가 한 것만 중요한 것도 아님을 분명히 하신다. 만일 그것이 아버지의 뜻을 행한 것이 아니라면 말이다.

굉장해 보이는 사역들이 그 자체로는 진정한 믿음의 증거는 아니다. 심판의 날은 결국 판결로 이어질 법정에서의 공방을 위한 때가 아니다. 협상이나 탄원을 위한 때는 더더욱 아니다. 이미 내려져 있을 결정을 하나님이 진술하시고 선언하시는 때이며, 그 결정의 근거가 된, 반박의 여지가 없이 이미 드러난 증거를 공포하는 때다. 그리고 그 증거는 죽음 이전의 우리 삶이 충분히 제공할 것이다.

존 스토트는 이것을 이렇게 정리했다. "심판의 날은 공적인 계기가 될 것입니다. 그것의 목적은 우리의 운명을 결정하는 것이라기보다는 공포하는 것입니다. 그리고 그것을 공포하는 가운데 그 공포의 근거가 된 증거들을 공개하고, 그것을 통해 하나님의 정의를 옹호하는 것입니다."

사실 심판의 과정은 이미 시작되었다. 왜냐하면 지금 여기에서 우리의 삶은 하나님이 계시하신 진리와 하나님이 우리에게 주시는 구원을 거부하고 있는 것이어서 우리가 살아가는 방식으로 그것을 입증하든지, 아니면 우리의 죄에 대한 하나님의 판결을 받아들이고, 구원을 위한 그리스도의 죽으심을 신뢰하고, 그래서 믿음을 통해 하나님의 의로우심 가운데 서 있는 것이든지 - 그래서 우리가 살아가는 방식으로 그것을 입증하든지 - 둘 중 하나이기 때문이다.

심판의 날은 우리가 모든 삶 속에서 했던 선택의 최종적이고, 공적이고, 논쟁의 여지가 없고, 번복할 수 없는 확증이 될 것이다. 그렇기 때문에 그날은 하나님의 완전한 정의를 보여주고 옹호할 것이다. 존 스토트가 이어서 정리했듯이, 우리의 영원한 운명은 삶으로 결정되고 죽음으로 봉인되고 심판의 날에 공포된다.

크리스토퍼 라이트 <크리스토퍼 라이트, 성경의 핵심 난제들에 답하다> (새물결플러스)

4장

신자는 어떻게 하나님 앞에서
행하여 완전할 수 있나?

시대를 초월해 "각 나라 중 하나님을 경외하며 의를 행하는 사람"(행 10:35)을 구원하실 때 하나님은 외모, 곧 유대인이나 이방인, 복음 이전이나 이후 시대 사람 여부로 차별하시지 않는다. 복음 시대에도 신앙고백에 맞게 하나님을 경외하고 의를 행하는 삶이 없이는 구원도 없어야 외모로 차별받지 않는 것이다.

"너희의 대대로 모든 남자는 집에서 난 자나 또는 너희 자손이 아니라 이 방 사람에게서 돈으로 산 자를 막론하고 난 지 팔 일 만에 할례를 받을 것 이라"(창 17:12)

미국에서 공부하며 이민교회를 섬길 때 유아세례식을 맡아 정기적으로 준비하고 진행한 적이 있다. 유아세례는 유아에게도 약속의 자녀로서 하나님 앞에 나아가는 영적 의미가 크지만, 하나님의 자녀를 잠시 청지기로 맡아 믿음의 아들딸로 신실하게 잘 키우겠다는 부모들의 신앙고백이기도 하다. 그래서인지 부모들이 감격하며 하나님께 감사하는 모습에서 늘 특별한 은혜와 감동을 느꼈던 기억이 난다.

　　그러나 전통적으로 유아세례는 반대자들의 공격으로 줄곧 논쟁적이었던 이슈다. 교회사적으로는 재세례파가 특히 유아세례를 완강하게 반대했다. 사실 신약성경에도 유아세례를 명하거나 분명하게 금하거나 하는 말씀이 따로 없다. 유아세례 반대자들에게 세례는 신자들로 이뤄진 공동체의 회원들에게만 베풀어지는 성례다. 따라서 믿음을 발휘할 수 없는 유아들에게는 부적합하다고 본다.

그러나 유아세례 옹호자들은 하나님께서 믿음을 가진 부모의 자손들에게 그들이 개별적으로 믿음을 갖기 전에 할례로 믿음의 표징을 먼저 갖게 하셨다고 주장한다. 실제로 구약시대에 유대인 신생아는 모두 난 지 8일 만에 생식기의 포피를 잘라내는 할례를 받았다. "너희의 대대로 모든 남자는 집에서 난 자나 또는 너희 자손이 아니라 이방 사람에게서 돈으로 산 자를 막론하고 난 지 팔 일 만에 할례를 받을 것이라"(창 17:12).

세례가 구원을 보장하는 '만능 패스'는 아니다

구약시대의 할례는 예수님을 통해 이방인도 구원의 언약에 참여하게 된 신약시대에 세례로 발전했다. 빌립보 감옥 간수의 회심 사건에서 볼 수 있듯 신약성경에 언급된 세례 중에는 "온 가족이 다 세례를 받은"(행 16:33) 경우도 등장한다. 그 온 가족에는 유아나 어린아이들도 포함되어 있었을 것이다. 유아세례가 '유아할례'의 연장선상에 있다는 근거가 된다. 교회사에서도 2세기 중반에 이미 유아세례에 대해 언급한 기록들이 남아 있다. 유아세례는 초기부터 교회의 보편적인 관행이었다고 볼 만하다.

물론 할례나 세례의 의식 자체가 구원의 효력을 가진 것은 아니었다. 유아세례 역시 성인들의 세례와 같이 언약의 표징으로 주어졌다. 그 의식 자체가 무조건 구원을 보장해주는 특효를 가진 '만능 패스' 같은 건 아니다. 할례나 세례가 구원의 언약을 유효하게 하려면 하나님의 말씀에 신실하게 순종하는 삶이 통합되어야 한다. 이는 하나님께서 아브라함에게 처음으로 할례의 명령을 내리시면서 "너는 내 앞에서 행하여 완전하라"(창 17:1)고 말씀하신 때부터 강조된 중요한 구원의 진리였다.

하나님께서 믿음의 조상 아브라함에게 처음부터 주신 약속은 그의 후손들이 번성할 것과 가나안땅을 얻게 된다는 것이었다(창 12:1-3). 하나님은 이 약속을 필요할 때마다 거듭 상기시키셨다(창 13:14-17, 15:1-7, 17:1-8, 18:18-19, 22:15-18). 아브라함과 후손들에게 약속하신 가나안땅은 천국을 상징하고, 이 약속은 아브라함의 씨(갈 3:16)로서 메시아로 오신 예수 그리스도의 구속 사역으로 성취되었다. 아브라함에게 주신 후손에 대한 약속(창 22:18)은 구원자 메시아를 보내시겠다는 약속이었다.

따라서 아브라함과 그의 후손들이 할례를 통해 참여하게 된 언약은 결국 구원의 언약이며, 하나님의 신실한 백성으로서 하나님을 그들의 하나님으로 삼고 살아가겠다는 약속이다(창 17:8). 언약의 표징(창 17:11)으로서 후손을 생산할 자신들의 생식기에 새겨진 할례의 표식을 볼 때마다 대대로 하나님께서 아브라함과 맺었던 언약을 떠올리면서 "내 앞에서 행하여 완전하라"는 명령에도 충실하게 따라야 했다.

아브라함 역시 자신의 후손들이 번성하며 가나안땅을 얻게 된다는 하나님의 약속에 대해 처음부터 자신의 고향과 친척과 아버지의 집을 떠나는 순종으로 응답했다(창 12:4-5). 이후에도 하나님께서는 언약의 성취를 약속하실 때마다 믿음과 순종이 통합된 아브라함의 삶을 칭찬하시고 독려하셨다.

"내가 그로 그 자식과 권속에게 명하여 여호와의 도를 지켜 의와 공도를 행하게 하려고 그를 택하였나니 이는 나 여호와가 아브라함에게 대하여 말한 일을 이루려 함이니라"(창 18:19). "또 네 씨로 말미암아 천하 만민이 복을 받으리니 이는 네가 나의 말을 준행하였음이니라"(창 23:18). "이는 아브라함이 내 말을 순종하고 내 명령과 내 계명과 내 율례와 내 법도를 지켰음이라"(창 26:5).

언약을 배반하면 베어지고 쪼개어진다는 경고

할례는 하나님의 명령에 순종하겠다는 결단까지도 포함하는 의식이었다. 그렇게 할 때 약속된 후손과 땅을 통해 구원이 이뤄진다. "할례를 받지 아니한 남자 곧 그 포피를 베지 아니한 자는 백성 중에서 끊어지리니 그가 내 언약을 배반하였음이니라"(창 17:14)는 하나님의 경고는 동물들의 중간을 쪼개는 의식으로 아브라함과 맺은 언약에서 이미 예고되었다(창 15:9-17).

이러한 의식은 "내가 언약을 지키지 않는다면 이렇게 쪼개어지게 될지어다"라는 자기 저주의 맹세를 포함하며, 할례도 마찬가지다. 할례를 받는다는 것은 "내가 하나님께 대한 믿음과 순종에 충실하지 않게 된다면, 내가 나의 포피를 베었던 것처럼 하나님의 검이 나와 내 자손을 베어버리소서"라고 말하는 것과 같다.

따라서 할례를 통해 아브라함의 언약에 참여한 백성은 할례를 구원받은 백성의 특권으로만 여긴 채 마냥 손 놓고 사는 백성이 아니다. '천국행 티켓도 땄고 할례와 같은 효력의 세례도 받았으니 나는 이제 천국에 들어가기만 하면 된다'는 생각에 안주할 수 없다. 믿음의 조상 아브라함이 하나님께 받은 "너는 내 앞에서 행하여 완전하라"는 명령이 지금 그들에게도 유효해서다.

물론 여기서 완전하라는 명령은 정말 완전하신 하나님처럼 문자 그대로 완전하라는 것과는 구별된다. 신적인 완전은 무한성을 가지는 반면 인간에게 요구되는 완전은 완전을 지향하는 유한적일 수밖에 없는 노력을 가리킨다. 그렇게 완전을 지향하는 방향을 갖고 살아가는 그 자체를 완전하다고 봐주신다. 하나님께서는 인간이 완전하게 된 결과를 요구하시지는 않지만, 인간이 완전하게 되도록 노력할 것을 엄숙히 요구하신다. "그러므로 하늘에 계신 너희 아버지의 온전하심과 같이 너희도 온전하라"(마 5:48)는 예수님의 명령도 마찬가지다.

그러나 성도 각자에게 이러한 삶은 결코 단번에 이뤄지진 않는다. 아브라함도 마찬가지였다. 땅과 후손에 대한 하나님의 구원의 언약을 믿고 의롭다 함을 받은 그 또한 한동안 약속의 자녀 이삭보다 육신의 자녀 이스마엘에 끌리는 육신적인 삶을 사는 시간들을 거쳐야 했다(창 16:1-16). 생물학적으로는 후손을 낳을 가망이 전혀 없이 무력한 나이인 99세가 되어서야 비로소 "나는 전능한 하나님이라. 너는 내 앞에서 행하여 완전하라"는 하나님의 말씀과 함께 할례를 명령받고, 구속사를 이을 상속자 이삭을 약속받았다.

자신의 육신적인 겉사람을 베어버리고 오직 전능하신 하나님께만 의지하여 사는 삶을 상징하는 할례는 물세례와 같이 예수님과 함께 죽고 예수님과 함께 살아야 하는 신약시대 성도들의 참된 신앙의 여정과 빼닮았다. 난지 8일 만에 받는 할례는 안식 후 첫 날(마 28:1), 곧 여덟째 날에 다시 사신 예수님의 부활을 상징하기도 한다.

여덟째 날 부활하신 예수님의 새 생명의 능력으로 성도가 하나님 앞에서 행하여 완전할 수 있는 길은 오직 혼적인 자아에 속한 자신의 겉사람을 잘라내버리는 진정한 할례의 삶에서만 가능하다. 그렇게 하나님께서만 내 안에 더욱 충만해지시고 나는 죽어 무력해지고 연약해져야만, 내가 아닌 하나님의 성품과 영광만을 드러내는 참된 예배자의 삶을 살아갈 수 있다.

예수님과 함께 죽는 마음의 할례

예수님이 자신의 죄를 대신해 십자가에서 죽으셨다는 것만 믿으면 구원을 다 받은 줄 알고, 자신 또한 그 예수님과 함께 십자가에서 죽어야 한다는 것은 믿지 않는 신자들이 많다. "무릇 그리스도 예수와 합하여 세례를 받은 우리는 그의 죽으심과 합하여 세례를 받은 줄을 알지 못하느냐"(롬 6:3)라는 바울의 말이 매일의 일상에서 체험되지 않고, '마음의 할례'(신 10:16, 30:6, 렘 9:26, 겔 44:9, 롬 2:29) 없이 여전히 육신을 따라 목이 곧은 채 살아가는 신자들 또한 적지 않다.

이스라엘 역사에서 실제로 할례를 통해 하나님께만 의지하는 것으로 참된 신앙의 승리를 거둘 수 있다는 영적 진리가 잘 드러난 사건이 하나 있다. 여호수아가 이끄는 이스라엘 백성의 군대가 가나안땅을 정복하기 위해 여리고성을 무너뜨려야 했을 때 이스라엘 남자들이 다 할례를 받고는 하나님 앞에서 아무것도 할 수 없는 무력한 존재로 누워 하나님만 바라보아야 했던 사건이다.

그때 그들은 하나님의 임재와 만나가 있는 광야로 나와서도 육신적인 노예의 삶에 매여 줄곧 세상이 주는 쾌락을 구했던 '애굽의 수치'가 마침내 굴러가는 길갈('굴러가다'라는 의미의 히브리어)의 은혜를 경험하게 된다 (수 5:9). 그 이후 그들은 하나님의 전적인 도우심으로 거대한 여리고성을 정복할 수 있었다.

지금과 같은 마지막 때에도 하나님은 성도들이 참된 할례로 날마다 길갈의 은혜를 누리기 원하신다. 마지막 때의 여러 징조들을 통해 애굽과 같은 세상에서 즐기던 것들을 내려놓고 하나님만 바라보고 하나님만으로 기쁨과 만족을 얻는 삶에 올인하기를 바라신다. 이 거룩한 요청에 올바로 응답할 때 "내가 약한 그때에 강함이라"(고후 12:10)고 했던 바울의 고백대로 비로소 성도로서 각자가 하나님 앞에서 행하여 완전해질 수 있는 온전한 믿음의 은혜와 능력을 공급받게 될 것이다.

"만일 우리가 그의 죽으심과 같은 모양으로 연합한 자가 되었으면 또한 그의 부활과 같은 모양으로 연합한 자도 되리라"(롬 6:5).

행밀노트 12

구원의 본질은 죄로부터 해방되는 것이다

오늘날 교회의 문제점은 무엇인가? 복음 아닌 복음을 전하고 있다는 것이다. 즉 구원의 방법이 잘못 제시되고 있다는 것이다. 복음을 전하는 대부분의 사람들은 지옥의 형벌을 모면하고 천국에 들어가려면 "그리스도를 구원자로 영접해야 한다"라고 말한다. 그러나 그런 가르침은 잘못된 것이다. 그것은 진수에서 벗어난 껍데기만 남은 복음에 불과하며, 복음이라고 할 수 없다. 왜냐하면 그리스도를 주님으로 인정하지 않은 채 구원자로만 영접할 수는 없기 때문이다.

　구원 신앙을 갖기가 어렵다는 말을 들으면 깜짝 놀랄 사람들이 적지 않을 것이다. 오늘날 거의 모든 곳에서, 심지어 정통주의자로 불리는 사람들조차 구원이 매우 쉽고 간단한 것처럼 말하기 때문이다. 그들은 요한복음 3장 16절을 믿고 그리스도를 구원자로 영접하면 그것으로 구원이 이루어진다고 말한다. 물질 또는 아내나 남편을 의지하듯 그리스도를 의지하면 그것으로 족하다는 것이다. 올바른 믿음의 대상을 의지하는 것 외에 죄인이 할 일은 아무것도 없다는 논리다. 사람들이 이 시대의 통속적인 '복음'을 이토록 열렬히 환영하는 이유는 무엇으로부터 구원받아야 하는지를 모르는 데 있다.

　구원 신앙은 "그리스도께서 나를 위해 죽으셨다"라는 사실을 믿는 것 이상의 의미를 지닌다. 즉 자신의 마음과 삶을 그리스도의 통치에 온전히 복종시키는 것을 포함한다. 또한 구원 신앙은 하나님의 구원이 법적 차원뿐 아니라 경험의 차원까지 지니며 칭의는 물론 중생과 성화까지 포함한다는 사실을 인정한다. 안타깝게도 오늘날 이러한 구원 신앙을 소유한 사람은 많지 않다. 그리스도께서 우리를 지옥에서뿐 아니라 죄와 자기 고집과 자기 만족으로부터 구원하시기 위해 오셨다는 이야기에 선뜻 구원을 원할 사람도 많지 않을 것이다.

　찰스 스펄전은 마태복음 9장 12절을 본문으로 한 설교에서 이렇게 말했다. "많은 사람들이 구원에 관한 설교를 들을 때, 그 구원이란 지옥으로부터의 구원을 의미한다고 생각한다. 물론 그렇다. 하지만 구원은 그 이상의 의미를 지닌다. 구원의 본질은 죄로부터의 해방이다. 그리스도께서 인간을 구원하셨다는 것은 그분이 죄에서 우리를 구원하여 거룩하게 만드시고, 새사람으로 거듭나게 하셨음을 뜻한다.

여전히 죄 가운데 머물러 있으면서 '나는 구원받았다'고 주장할 수 있는 사람은 아무도 없다. 죄 가운데 살고 있는데 어떻게 죄에서 구원받았다고 할 수 있겠는가? 이는 물에 빠진 사람이 더 깊은 곳으로 가라앉으면서 구조되었다고 말하는 것과 같으며, 동상에 걸린 사람이 혹독한 겨울바람에 얼어가면서 추위로부터 벗어났다고 말하는 것과 같다."

그리스도의 구원을 원하면서도 거룩한 마음과 의로운 삶을 열망하지 않는 사람은 스스로 자신을 속이는 것이다. 이런 사람은 영원한 형벌에 대한 두려움과 양심을 무마시킬 정도의 신앙만 유지한 채 안일한 마음으로 세속의 삶을 고집하며 자기 만족을 채우기 위한 구원을 추구한다. 그리스도의 구원을 현재의 삶에 적용한다는 것은 그분의 거룩하고 고귀한 기준을 좇아 살겠다는 굳센 결심이다. 또한 이는 자신의 전적 무능력을 의식하고 의를 간절히 갈망하면서 날마다 그분을 바라보며 필요한 은혜와 힘을 구하는 것을 의미한다.

아더 핑크 <아더 핑크의 구원 신앙> (생명의말씀사)

5장

구원의 좁은 문,
왜 들어가기를 힘써야 하나?

좁은 생명길에 참여하려는 이들이 정말 적다. 왜 그런가 했더니 구약과 신약성경 전체에서 '남은 자'가 적다고 이미 기록되어 있어서다. 이 땅에서 아주 작은 자로 살아도 남은 자로 사는 것이 가장 크게 사는 길이다. 주께서 맡기신 일도 중도에 세상 일처럼 전락되기가 너무 쉬워서 생명길은 끝까지 좁다.

"좁은 문으로 들어가기를 힘쓰라. 내가 너희에게 이르노니 들어가기를 구하여도 못하는 자가 많으리라"(눅 13:24)

"천성을 향한 좁은 길은 겨우 한 사람씩만 걸어갈 수 있을 만큼 좁다랗게 나 있었고 좌우로는 천길 낭떠러지가 있었다." 천국이나 지옥에 갔다왔다는 이들이 곧잘 하는 말이다. 그들의 간증을 전하는 그대로 다 믿진 않는다. 다만 성경적인 내용과 일치하는 부분들에 대해서만 나름의 영적인 교훈을 취해 거룩한 삶에 늘 깨어 있고자 할 뿐이다. 천국 입성자가 정말 적다는 건 성경적인 근거가 있는 말일까? 좁은 문, 좁은 길을 강조하신 예수님의 말씀대로만 보면 꽤 유력한 근거가 있다.

　예수님은 "좁은 문으로 들어가라. 멸망으로 인도하는 문은 크고 그 길이 넓어 그리로 들어가는 자가 많고 생명으로 인도하는 문은 좁고 길이 협착하여 찾는 자가 적음이라"(마 7:13-14)고 경고하셨다. "찾는 자가 적음이라"는 말씀에서 '적다'는 의미의 헬라어 '올리고스'는 긍정적으로 '조금 있는'

의 의미도 있지만, 부정적으로 '수가 많지 않은', '거의 없는'의 뜻도 지닌 단어다. 영어 성경에서 전자의 입장을 살린 NIV는 "only a few find it"으로, 후자에 강조점을 둔 킹 제임스 성경(KJV)과 NASB는 각각 "few there be that find it", "there are few who find it"으로 번역했다.

세계 최대 종교인 기독교, 가장 넓은 구원의 문?

천국 입성자가 현실적으로 정말 적어서인지 예수님은 이렇게도 경고하셨다. "좁은 문으로 들어가기를 힘쓰라. 내가 너희에게 이르노니 들어가기를 구하여도 못하는 자가 많으리라"(눅 13:24). 여기서 '힘쓰라'는 말의 헬라어 '아고니제스데'는 투기장이나 운동 경기에서 전력 투구하는 모습을 묘사하는 말이다. 이 단어의 헬라어 어근과 "믿음의 선한 싸움을 싸우라. 영생을 취하라"(딤전 6:12)는 말씀에 나오는 '싸우라'는 단어의 헬라어 어근이 다 '아고니조마이'로 똑같다. 믿음으로 한 걸음씩 걸어가는 구원의 여정 가운데서는 처음부터 끝까지 믿음의 선한 싸움 없이는 영생을 취하기 위한 구원의 좁은 문을 통과하기 어렵다는 의미다.

예수님은 이러한 경고를 비신자가 아닌 신자들에게 던지셨다. 예수님께 "주여, 구원을 받는 자가 적으니이까"(눅 13:23)라고 물었던 '어떤 사람'은 당시에 예수님을 따르던 신자였다. 그 당시 유대인들은 아브라함의 혈통을 가진 선민인 자신들은 거의 다 구원받는다고 믿었다. 그런데 예수님이 오셔서 서기관과 바리새인들의 위선을 질타하시고, 하나님의 말씀에 순종하지 않으면 누구를 막론하고 참된 구원을 받을 수 없다고 가르치시다 보니 이런 질문이 불거질 만했다.

마태복음 7장 13-14절 이후의 말씀은 그 이전까지의 산상수훈을 마무리하는 결론에 해당한다. 이 결론부에는 서로 다른 대비를 통해 예수님을 따르는 신자들이 미래에 받을 최종 심판에 초점을 맞춘 네 가지 경고가 담겨 있다. 두 가지 길(마 7:13-14)에 이어지는 두 종류의 나무들(마 7:15-20)과 두 종류의 제자들(마 7:21-23), 두 가지 건축법(마 7:24-27)에 대한 경고다. 여기서 거짓 선지자들을 삼가야 할 부류나 "주여, 주여" 하면서도 주님과의 친밀한 관계 없이 온갖 화려한 은사와 능력을 행했던 자들, 예수님의 말씀을 듣고도 그대로 행하지 않아 모래 위에 집을 지은 자들은 다 비신자가 아닌 신자들이다.

보통 좁은 길과 달리 넓은 길은 예수님을 외면하는 많은 세상사람들이 가는 길이라고 여기기 쉬운데 실상은 그렇지 않다. 현재 전 세계 인구의 약 80퍼센트가 종교를 가지고 있다. 이 중에서 천주교인과 개신교인이 약 25억 명, 이슬람교인이 약 18억 명, 힌두교인이 약 11억 명, 그리고 불교인이 약 5억 명 정도 된다. 종교별 인구 분포로만 보면 기독교에 속했다는 사람들이 가장 많다. 따라서 타종교와 비교할 경우 기독교라는 외적 종교의 형식을 취하는 선택은 가장 넓은 문이다. 기독교인이 된 이후 주의 말씀에 따라 진정한 내적 변화를 경험하고 참된 구원의 여정을 걸어가느냐가 좁은 문 신앙의 관건이다.

예수님 믿고 좁은 문 들어서기, 예수님 따라 좁은 길 걸어가기

이 사실은 예수님 당시의 이스라엘에서 실제로 좁은 문이 지니고 있었던 형태와 기능에도 상징적으로 잘 담겨 있다. 그 당시의 마을과 도시들은 보통 성으로 둘러싸여 있었고, 성 바깥은 사람이 살지 않는 산이나 강, 사막 같은 지역으로 사람의 생존 자체가 어려운 환경이었다. 예수님이 달란트를 남기지 못한 불충한 종을 성 바깥 어두운 데(마 25:30)로 내쫓는다는 말씀은 그가 받을 엄중한 심판의 성격을 잘 드러낸다.

그 성의 중앙에 있는 커다란 출입문은 낮에만 열려 있고 밤에는 닫혔다. 문이 열려 있는 동안 성 안으로 들어가지 못하면 짐승이나 도적들에게 상해를 당할 수도 있었다. 성문이 닫힌 후 성 안에 들어가려는 이들을 구제해 주려고 성문 옆에 작은 쪽문을 두었는데, 이 문은 커다란 짐승 한 마리만 겨우 통과할 정도로 작았다. 적들이나 도적 떼들이 한꺼번에 몰려들지 못하도록 막기 위해서였다. 그래서 그 좁은 문으로는 반드시 한 사람씩만 경비병의 심문을 거쳐 통과할 수 있었다.

또한 이 문을 통과하려면 각자의 짐들을 다 내려놓고 수색을 받아야 했다. 지금도 영적으로 구원의 좁은 문이신 예수님을 영접해 생명을 얻으려면 각 죄인이 자신의 능력이나 수단으로 생명에 속한 가치를 얻으려는 시도를 다 내려놓아야 한다. 그것이 구원의 좁은 문으로 들어가는 첫 발걸음에 꼭 필요한 태도다. 그런데 문제는 그다음이다. 그 구원의 좁은 문에 들어서면 곧바로 좁은 길이 계속 쭉 이어져 있어서다. 그 좁은 길을 끝까지 잘 걸어가야 실제로 영생을 누릴 천국의 문까지 무사히 통과할 수 있다.

그러나 전통적인 복음주의 신앙은 좁은 문이신 예수님을 믿고 그 문 안으로 들어가는 일회적인 사건만으로 천국행 티켓을 따낼 수 있다는 소유의 개념으로 구원의 여정을 이해했다. 그러다 보니 구원은 일회적인 소유의 문제가 아니라 지속적인 관계의 문제라는 사실을 간과해왔다. 그러나 한 번 결혼의 언약을 맺은 부부는 그 후에도 인격적인 부부관계를 지속해나가야 결혼 본래의 목적에 맞다.

예수님은 자신을 '양의 문'(요 10:7)이라고도 표현하셨지만, 아버지께로 가는 유일한 길이라고도 표현하셨다(요 14:6). 문과 달리 길은 한 번 들어서면 그 길을 이탈하지 않고 지속적으로 쭉 걸어가야 길의 본래 용도에 맞다. 참된 기독교 신앙의 여정에서 그 길은 혼자서 가는 길이 아니다. 각자의 구원자가 되시는 예수님과 친밀한 연합의 관계를 맺고 일마다 때마다 그분과 동행하는 길이다. 좁은 문 들어서기와 좁은 길 걸어가기, 예수님 믿기와 예수님 따라가기가 일치해야 한다는 게 기독교 신앙의 정석이다.

'좁은 문'(마 7:13, 눅 13:24)에서 '좁다'는 말의 헬라어는 고난과 박해를 의미한다. 그래서 사도 바울도 제자들에게 "우리가 하나님의 나라에 들어가려면 많은 환난을 겪어야 할 것이라"(행 14:22)고 말했다. 구원의 좁은 문을 통해 좁은 길에 들어선 것만으로 하나님의 나라에 들어가는 구원의 여정이 다 끝난 게 아니라는 가르침이다.

반면에 멸망으로 인도하는 문은 크고 그 길이 넓다는 말씀에서 이 '넓다'는 말의 헬라어 '유뤼코로스'는 '육신적으로 편하다'는 의미를 지닌 말이다. 사람들의 육체적 소욕에 걸맞은 길인데, 그 길 끝에는 예수님이 안 계신다. 예수님을 믿을 뿐만 아니라 그 믿음 때문에 예수님의 말씀에 순종하는 삶에는 각 신자의 육신적인 소욕을 물리치는 영적 고난의 싸움이 반드시 수반된다. 영국의 유명한 설교자 마틴 로이드 존스는 거짓 선지자들의 대표적인 특징 중 하나가 바로 이 고난을 거쳐야 하는 구원의 길이 좁다는 사실을 강조하지 않는 것이라고 말했다.

신앙 여정에 기쁨이 없다면 좁은 길 위에 있지 않다

신앙생활을 해나갈수록 '야, 이거 구원받는 게 쉽지 않구나' 하고 느낀다면, 좁은 길을 가고 있다는 증거다. 신앙생활이 마냥 쉽고 즐겁고 세상에 한 발 예수님께 한 발 내딛고 사는 게 아주 자연스러워 신앙 양심의 가책도 별로 못 느끼며 잘 살아가고 있다면, 열심히 넓은 길을 걸어가고 있는 중이다.

"주인이 일어나 문을 한 번 닫은 후에"(눅 13:25), 곧 때가 다 지나 문이 닫히고 나면 "들어가기를 구하여도 못하는 자가 많으리라"(눅 13:24)는 경고는 지금도 살아 있다. 구원의 기회를 놓치고 나면 "우리는 주 앞에서 먹고 마셨으며 주는 또한 우리를 길거리에서 가르치셨나이다"(눅 13:26)라는 변명에서 알 수 있듯, 종교적인 교회생활의 형식만 갖추는 데 그쳤던 신앙생활은 구원의 여정에 아무런 효력도 없다는 실상이 자명해질 것이다.

오늘날 구원의 좁은 문, 좁은 길에 대한 지식은 많아도 주의 말씀에 순종하는 삶으로 그 구원의 여정에 실제로 들어가기를 힘쓰는 이들은 많지 않다. 물론 이 길은 내 힘만으로는 갈 수 없는 길이다. 주님의 은혜에만 의지할 때 그 좁은 길의 여정에서 날마다 주님이 친히 주시는 평안 가운데 온전히 기뻐하며 감사할 수 있다. 아무리 힘든 여건에서 좋은 사역을 많이 한다해도 정작 그 자신이 주님과의 친밀한 관계 안에서 기쁨을 누리지 못한다면 좁은 길 위에 있지 않다.

주의 말씀에 대한 순종 여부에 따라 삶과 죽음으로 종착점이 나뉜다는두 갈래의 길 사상은 구약과 신약 전체에 일관되게 흐른다. "내가 너희 앞에 생명의 길과 사망의 길을 두었노라"(렘 21:8). 순종이 삶의 패턴이 된 복있는 사람의 길이냐, 불순종에 익숙해진 죄인의 길이냐가(시 1:1-3) 결국생명과 복을 받을지, 사망과 저주를 받을지를 결정짓는다(신 30:19-20).

출애굽은 칭의로 하나님과 인격적 관계를 맺은 과거의 구원, 광야 여정은성화로 그 관계 안에 지속적으로 머무는 현재의 구원, 가나안 입성은 영화로 그 관계가 마침내 완성되는 미래의 구원을 상징한다. 신랑 되신 예수님과의 언약 관계에 따른 전적인 주의 은혜로, 신부의 신실한 믿음의 표현인순종으로 이 땅에서 좁은 길의 광야 여정을 끝까지 충성되이 걸어가는 자들만이 그 길 끝에서 천국 입성의 복된 영광을 누리게 될 것이다.

"나는 선한 싸움을 싸우고 나의 달려갈 길을 마치고 믿음을 지켰으니 이제 후로는 나를 위하여 의의 면류관이 예비되었으므로 주 곧 의로우신 재판장이 그 날에 내게 주실 것이며 내게만 아니라 주의 나타나심을 사모하는 모든 자에게도니라"(딤후 4:7-8).

성화 없는 구원은 넓은 길로 가는 반쪽짜리 구원이다

예수님은 주님이시다(고전 12:3). 이것은 기독교의 유일하고, 중심적이며, 근본적이고, 구별이 되는 신조이다. 또한 참된 그리스도인 모두가 반드시 고백해야 하는 가장 핵심적인 고백이다(롬 10:9). 생활 방식과 가치 체계, 언어, 태도로는 주님이신 그리스도께 굴복하기를 완강히 거부하면서도 참된 그리스도인이 될 수 있다는 신념은 반박할 가치조차 없다. 이런 생각은, 초대 교회 교부들에서 시작해 개신교 종교개혁 시대를 거쳐 그 후 최소한 3세기 반 동안 나온 신뢰할 만한 기독교 교리서나 경건서에서는 찾아볼 수조차 없다.

현재 복음주의자들 사이에서 주재권 없는 구원 교리가 상당한 영향력을 미친다는 사실은 현대 복음주의 운동의 천박함과 영적 빈곤을 그대로 드러낸다. 현대의 복음 전도 방식이 낳은 가장 유해한 부산물 중 하나는 각 사람의 죄의 실상을 직면하지 못하는 복음이다. 가장 보수적인 교회들조차도 거듭났다고 주장하지만 이방인처럼 사는 사람들로 넘쳐난다.

현대 교회는 구원은 단지 영원한 생명을 얻는 일일 뿐, 꼭 죄인이 죄의 굴레에서 해방되는 것은 아니라는 개념을 가지고 있다. 우리는 하나님은 그들을 사랑하시며 그들을 위해 놀라운 계획을 가지고 계신다고 말한다. 그러나 그것은 절반의 진리에 불과하다. 하나님은 죄를 미워하시며 회개하지 않는 죄인을 영원한 형벌로 벌하신다. 이런 사실을 언급하지 않거나 감춘다면 완전한 복음 제시라고 할 수 없다. 개인의 죄의 심각성을 설명하고 지적하지 않는 메시지는 문제가 있는 복음이다. 그리고 죄로 물든 삶의 방식을 고치고 죄인의 마음을 변화시키지 않는 '구원'은 어떤 것이든 하나님이 말씀하시는 구원이 아니다.

구원에 관한 한, 죄는 결코 사소한 문제가 아니다. 죄가 문제 그 자체이다. 사실상 기독교 메시지의 특징은 죄를 용서하고 정복하는 예수 그리스도의 능력이다. 복음에 관한 모든 사실 가운데 우리를 사로잡는 죄의 굴레가 깨뜨려졌다는 소식보다 더 놀라운 것은 없다. 이 진리가 기독교 메시지의 심장이요 생명이다. 이것을 배제한 메시지는 예수님이 전한 복음이라고 할 수 없다.

예수님이 선포하신 복음은 제자도로의 부르심이요 굴복적인 순종으로 그를 따르라는 부르심이었지, 단순히 결신을 하거나 어떤 기도를 하라는 호소가 아니었다. 예수님의 메시지는 사람들을 죄의 속박에서 해방시켰지만, 다른 한편으로는 그들의 위선을 지적하고 정죄했다. 어느 모로 보나 기쁜 소식이었지만 결코 '쉬운 믿음'(easy-believism)은 아니었다. 성경은 우리가 믿음 안에 있는가 자신을 시험해보라고 한다(고후 13:5). 베드로는 "그러므로 형제들아, 더욱 힘써 너희 부르심과 택하심을 굳게 하라"(벧후 1:10)고 했다.

각기 다른 길을 가는 두 집단이 있다. 마태복음 7장 13절은 넓은 문으로 들어가는 무리에 대해 "그리로 들어가는 자가 많다"고 하고, 좁은 문으로 들어가는 무리에 대해 "찾는 자가 적다"고 한다(14절). 비극적인 사실이지만, 종교 생활을 하는 사람들 다수는 천국이 아니라 지옥으로 가고 있다. 심지어 구약에서도 참된 신자들은 다수가 아니라 남은 자에 불과했다.

마태복음 22장 14절에서 예수님은 "청함을 받은 자는 많되 택함을 입은 자는 적으니라"고 하셨다. 누가복음 12장 32절에서 예수님은 제자들을 보시며 "적은 무리여 무서워 말라"고 하셨다. 이 구절에서 '적은'으로 번역된 말은 '미크론'으로, 여기서 아주 작은 것을 의미하는 '마이크로'라는 접두사가 나왔다. 마태복음 13장 32절에서 가장 작은 씨에 속하는 겨자씨를 말할 때도 이 단어가 사용되었다.

믿음을 가진 남은 자는 항상 적은 무리로, 자신의 인간적 무능함을 알지만 기꺼이 비용을 치를 각오를 하고 하나님의 능력으로 수고하는 소수의 사람들을 의미한다. 나머지 사람들은 넓은 길로 간다. 그러나 다수가 옳은 경우는 별로 없다. 넓은 길은 인간의 관점에 근거한 자연스러운 선택이다. 이 길을 가는 데는 자기를 부인하거나 십자가를 지지 않아도 된다. 단 한 가지 문제는 그 자연스러운 길이 재앙으로 끝난다는 것이다.

존 맥아더 <주님 없는 복음> (생명의말씀사)

6장
어린아이와 같지 않으면
왜 천국에 들어갈 수 없나?

어린아이 같지 않으면 천국이 부끄럽게 여겨지고 나이브하게만 보인다. 이 땅에서 주의 일을 하는 것만 뭔가 더 있어 보이고, 천국에 대해 관심 갖는 것은 뭔가 모자라 보인다. 그러나 둘 다가 똑같이 좋아야 천국 백성답다. 이 땅에서 섬기는 모든 것의 실체가 이미 천국에 다 존재하기 때문이다.

"내가 진실로 너희에게 이르노니 누구든지 하나님의 나라를 어린아이와 같이 받아들이지 않는 자는 결단코 거기 들어가지 못하리라"(눅 18:17)

요즘 한국 사회에서 결혼한 젊은 부부가 아이를 낳지 않는 주된 이유는 세 가지다. '일과 육아를 병행하기 어려워서', '경제적 부담이 너무 커서', 그리고 '나를 위한 삶을 살고 싶어서'다. 수도권 거주에 필요한 경제력을 갖추려는 젊은 부부들이 아이들 양육에 소요되는 비용을 부담스러워하면서 저출산이 큰 사회 문제로 대두되고 있다. 인구 소멸이 염려될 만큼 심각한 한국 사회의 저출산 문제는 의외로 모든 지방의 균형 발전을 이루는 국가 정책이 근본적인 해법이란 목소리도 이제는 제법 설득력 있게 들린다.

예전에도 한국에선 한때 "애들은 가라!"는 말이 유행했다. 애초부터 '돈이 안 되는' 아이들은 호객 행위의 대상이 아니어서다. 대부분의 고대 문화에서도 아이들은 가족에게 보탬이 될 만큼 육체적으로 강해지기 전까지는 부담으로 간주되었다.

어린아이는 세상의 모든 작고 평범한 사람들의 전형

예수님 당시에도 어린아이들은 사회에서 소외되고 천대받는 계층이었다. "사람들이 예수께서 만져주심을 바라고 자기 어린 아기를 데리고 오매 제자들이 보고 꾸짖거늘"(눅 18:15). 단적으로 이 대목만 봐도 당시 분위기를 짐작할 수 있다. 제자들은 예수님이 성인들 대상의 사역을 하시는 데 어린아이들이 방해가 된다고 여겼던 것 같다.

그러나 예수님은 오히려 어린아이를 가까이 두시면서 제자들이 예상치 못한 중요한 교훈을 전하셨다. "내가 진실로 너희에게 이르노니 누구든지 하나님의 나라를 어린아이와 같이 받아들이지 않는 자는 결단코 거기 들어가지 못하리라." 보통 어린아이와 같아야 한다고 하면 그들의 순수성이나 의존성 같은 기본적인 덕목을 먼저 떠올리기 쉽다. 그러나 하나님의 나라를 어린아이와 같이 받아들이는 삶은 그보다 훨씬 더 구체적이고도 실천적이다.

어린아이들을 무시한 당시 제자들의 모습은 그들에게 스스로 중요한 사람, 큰 자가 되고자 하는 욕심이 많았던 탓이다. 이 사건 이전에 "제자 중에서 누가 크냐 하는 변론이 일어나니"(눅 9:46) 예수님께서 어린아이 하나를 데려다가 이미 그들에게 이렇게 말씀하셨다. "누구든지 내 이름으로 이런 어린아이를 영접하면 곧 나를 영접함이요 또 누구든지 나를 영접하면 곧 나를 보내신 이를 영접함이라. 너희 모든 사람 중에 가장 작은 그가 큰 자니라"(눅 9:48).

자신들의 스승이 몸소 겪어야 할 임박한 십자가 고난에 초점을 두고 계신 상황에서(눅 9:44) 제자들은 눈치없이 누가 더 탁월한 위치에 오르는가를 놓고 분위기에 안 맞는 논쟁을 벌이고 있었다. 제자들이 예수님의 사명이나 하나님 나라의 법도에 그때까지도 여전히 무지했다는 증거다. 그래서 어린아이 하나를 데려다가 어린아이를 영접하는 겸손한 삶이 참된 하나님 나라 백성의 삶이라고 가르치셨다.

여기서 어린아이는 사회적으로 보잘것없는 사람, 도움을 필요로 하는 모든 연약한 사람을 대표한다. 상처받고 병든 사람들, 가난한 사람들, 죽음을 앞둔 노인들, 사회적으로 별 영향력이나 매력이 없는 모든 작고 평범한 사람들이다. 그러나 지금도 교회든 개인이든 크고자 하는 욕심을 가지면 가장 두드러지게 나타나는 증상이 바로 주변에 있는 작은 자들이 안 보인다는 것이다. 결국 양과 염소로 나뉘는 심판의 자리에서 염소로 판명될 길을 걸어가게 된다. "이 지극히 작은 자 하나에게 하지 아니한 것이 곧 내게 하지 아니한 것이니라"(마 25:45).

실은 큰 자가 되려는 교만이 모든 행위를 사람에게 보이고자 했던 서기관과 바리새인들로 하여금 겉과 속이 다른 자기 의에 빠지게 했다(마 23:5, 25-26). 내가 지금 내 주위의 어린아이와 같이 하찮게 여겨질 만한 작은 이웃들을 예수님으로 알아보지 못하고 그들을 예수님을 영접하듯 섬기지 못하고 있다면, 하나님 앞에서 어린아이와 자신을 동일시하신 예수님처럼 어린아이와 같은 겸손한 자로 아직 살지 못하고 있다는 증거다. 그래서 예수님은 좀더 분명하게 이렇게 단언해두셨다. "너희가 돌이켜 어린아이들과 같이 되지 아니하면 결단코 천국에 들어가지 못하리라"(마 18:3).

겉과 속이 같은 '어린아이 같음'은 영의 특성과 일치한다

첫 사람 아담의 타락 이후 세상은 더 커지고 더 강해지는 삶을 추구한다. 그러나 타락질서에서 구속받은 주의 제자들은 그와는 정반대로 한없이 낮아지는 삶을 추구함으로써 주의 나라의 통치를 이 땅에 구현해나가야 할 자들이다. 그리고 이것이 바로 "어린아이와 같이 하나님 나라를 받아들이는"(눅 18:17) 삶과 직결된다. 하나님 나라는 피조물의 삶을 다스리시는 하나님의 통치다. 그 나라를 어린아이와 같이 받아들인다는 것은 하나님의 통치에 전적으로 순종하며 살아가는 것을 의미한다. 그 순종의 핵심에 예수님을 영접하듯 어린아이를 영접하여 섬기는 삶이 있다. 이런 삶을 살려면 모든 신자는 반드시 어린아이와 같은 신앙의 특성을 지녀야 한다.

어린아이의 가장 큰 특성은 자기를 낮추는 겸손이다. "누구든지 이 어린아이와 같이 자기를 낮추는 사람이 천국에서 큰 자니라"(마 18:4). 그래서 어린아이는 단순하며, 수용성이 좋고, 배우기를 잘 하며, 하나님께 전적으로 잘 의탁한다. 어린아이 같음을 외적인 차원에서 실천하려면 반드시 내적으로도 어린아이 같아져야 한다. 사람이 구원받지 못하는 주된 이유는 교만해서다. 첫 사람 아담의 옛자아의 본성을 그대로 갖고 하나님께 의존하지 않고 독립적으로 살아가고자 해서다. 그 육신의 소욕을 제거하고 영의 특성을 가져야 어린아이 같아질 수 있다. 구원의 과정은 주의 말씀에 따라 겉사람을 버리고 속사람이 날로 더욱 새로워져가는 것이기도 하다(고후 4:16).

속사람, 곧 영의 특성이 어린아이 같음의 특성과 일치한다. 겉사람, 곧 육신의 소욕이 깨어지고 속사람이 겉사람을 통제할 정도로 강건해지면, 겉과 속이 일치된 어린아이 같은 신앙을 견지할 수 있다. 기도와 말씀으로 성령 충만해져 일상의 삶에서도 속사람의 특성을 반영하는 어린아이 같은 자들만이 천국에 들어갈 수 있다. "너희가 육신대로 살면 반드시 죽을 것이로되 영으로써 몸의 행실을 죽이면 살리니"(롬 8:13).

겸손은 영의 가장 주된 특성이다. 자기, 곧 겉사람을 부인하고 날마다 자기 십자가를 지고 예수님의 뒤를 따르게 하는 동력 또한 겸손이다. 참된 겸손은 반드시 주의 말씀의 권위에 대한 순종으로 표현된다. 하나님은 신자의 겉사람을 통해서 이웃에게 영향을 끼치게 하신다. 그래서 겉사람이 속사람과 대립하지 않고 적절하게 통제받을 때 겉사람은 속사람이 사용하기에 적합한 통로가 된다. 이렇게 겉과 속이 일치된 상태는 육신, 곧 겉사람이 깨어져야만 가능하다. 겉사람이 속사람의 통제를 받으려면 속사람인 영 안에 계신 하나님의 영, 곧 주의 말씀에 겉사람이 순종해야 한다. "내가 너희에게 이른 말은 영이요 생명이라"(요 6:63).

겉사람이 깨어져야 속사람이 드러난다

겉과 속이 같다는 건 겉사람이 깨어짐으로 속사람이 출구를 얻어 바깥으로 드러나게 된다는 것이다. 그럴 때 하나님의 일이 나를 통해 드러나 "하나님의 영으로 인도함을 받는"(롬 8:14) 하나님의 자녀로 살아갈 수 있다. 나의 지정의는 나의 몸을 통해야만 외부로 전달될 수 있다는 이치와 비슷하다. 속사람의 통제를 받지 않는 육신적인 일은 아무리 그럴듯해보여도 하나님께서 받으실 수 없다. 사람이 보기에는 번듯하고 멀쩡해도 영이신 하나님을 기쁘시게 해드릴 수 없는 일들이 많다. 주의 일을 많이 감당한 줄 알고 마지막 날 주 앞에 섰는데 뜻하지 않게 '불법'이라는 선고를 받을 신자들이 많은 이유다(마 7:21-23).

　주의 말씀에 대한 어린아이 같은 순전한 순종으로 겉사람과 속사람이 일치될 때까지 하나님은 계속 나의 겉사람을 길들여나가신다. 때로 고통과 낙심과 힘든 여건들을 허락하셔서 영으로써 육의 행실을 죽이게 하신다. 이 은혜의 손길에 계속 저항할수록 신앙생활은 점점 더 힘들어진다. 빨리 굴복해서 이 과정을 단축시킬수록 시간 낭비를 줄인다. 신자의 모든 환경에는 때마다 육신을 처리하시고 다스리시려는 하나님의 뜻이 담겨 있다고 해도 과언이 아니다.

　어린아이처럼 단순하게 하나님의 말씀에 순종하는 것이 하나님께 의지하는 것이다. 예를 들어, 거짓말을 안 하면 손해볼 게 뻔한데도 정직하게 사는 것으로 하나님 말씀에 순종하면, 거짓말해서 세상에 의지한 대가로 받는 좋은 것들을 포기하는 것인데, 바로 그것이 하나님께만 의지하는 삶이다. 어린아이 같은 신앙이 없이는 이런 바보 같아 보이는 삶을 살 수 없다.

어린아이 같은 신앙으로 이 땅에서 하나님 나라를 받아들인 사람들이 죽어서도 천국에 간다. 어린아이와 같이 되어야 천국에 들어간다는 말씀은 내 이웃의 소자들을 섬기는 실제적인 삶을 기준으로 삼는다. 그냥 막연히 추상적이거나 낭만적으로 어린아이처럼 순수하고 천진난만하게 살아가면 된다는 말씀이 아니다. 천국에 들어가려면 어린아이처럼 겸손하게 말씀의 권위 앞에 철저히 자기를 낮추어 순종하는 신앙이 필수적이다. 그러한 신앙으로 살아갈 때 어린아이처럼 가장 낮은 자의 모습으로 이 땅에 성육신하신 예수님을 영접하는 삶을 통해 이 땅에서 하나님 나라를 계속 확장해갈 수 있다.

성육신하신 주님처럼 낮고 겸손한 자로 살아가지 못하면서도 이 땅에서 자꾸 영향력 있는 사람이 되려고만 한다면, 그 자체가 꽤 위태로운 시험일 수 있다. 결국 천국에서 가장 작은 자로 전락할 가능성이 높다. 하나님께서 맡겨주신 작은 자의 자리에서 크고 작은 모든 일을 주께 하듯 하며, 크고 작은 모든 사람을 주를 대하듯 하는 삶이야말로 하나님 나라에서 큰 자로 인정받게 해줄 겸비한 십자가 제자도의 미덕이다.

"또 누구든지 제자의 이름으로 이 작은 자 중 하나에게 냉수 한 그릇이라도 주는 자는 내가 진실로 너희에게 이르노니 그 사람이 결단코 상을 잃지 아니하리라"(마 10:42).

행믿노트 14

싼값에 신자가 되려는 세속주의는 항상 존재했다

당시 믿음을 들고 하나님의 사람 루터가 나타났다. 그는 믿음을 가지고(정말 이것은 믿음을 요구했으니까) 혹은 믿음에 의해 정당한 권리로 믿음을 세웠다. 그의 삶은 행위를 표현했다. 이것을 망각하지 말자. 그는 말했다. "사람은 오직 믿음으로만 구원을 얻는다." 대단히 위험한 일이었다. 루터에게 얼마나 위험한 일인지, 나는 루터가 야고보 사도를 내동댕이쳐야 한다고 했던 것보다 더 강한 표현을 알지 못한다. 사도에 대한 루터의 존경심을 기억하라. 믿음의 권리를 회복시키려고 이처럼 감히 그랬다는 것을 상상하라!

그런데 어떤 일이 일어났는가? 틀림없이 '그리스도인'이라고 불리기를 원하지만 될 수 있으면 싼값에 그리스도인이 되기를 바라는 세속주의(secular mentality)는 언제나 존재했다. 이 세속주의는 루터를 잘 알고 있었다. 세속주의는 루터가 하는 말을 듣고 있었고, 자칫 제대로 듣지 못할까, 안전을 위해 다시 또 들었다. 세속주의자들은 이렇게 빈정거렸다. "훌륭해! 대단한 거야. 루터는 '오직 믿음뿐이다'라고 했지. 그는 자신의 삶을 행위로 표현하고 있다고 말하지 않았어. 그는 죽었고, 더 이상 실현될 수도 없지. 이제 우리가 그의 말, 그의 교리를 가져 오자. 우리는 행위에서 해방되었다. 오래 사시라, 루터 양반!"

"여자, 와인, 노래를 사랑하지 않는 자는 평생 바보가 될 것이다." 세속주의자들은 말했다. "이것이 루터의 삶의 의미야. 이 하나님의 사람은 시대의 요구에 따라 기독교를 개혁할 수밖에 없었지." 이처럼 사람들이 세속적으로 루터를 망령되게 일컫지 않더라도, 인간은 행위(works)와 관련하여 공로(merit)를 얻기 원하든가, 믿음과 은혜가 강조되어야 할 때 행위에서 자유롭기를 바라는 경향이 있다. 하지만 하나님의 피조물인 '합리적인 인간'은 스스로를 속이지 않는다(갈 6:7). 그저 시장바닥을 헤매는 촌뜨기가 아니다. 스스로 알아차린다.

인간은 말한다. "그래, 양자택일이야. 행위가 되어야 한다면 좋아. 그러나 행위에서 비롯되는 합법적 이익을 요구해야지. 그래야 행위는 공로가 되는 거야. 그것이 은혜가 되어야 한다면 좋아. 나는 행위에서 자유롭게 되기를 요구해야 해. 행위이면서 은혜여야 한다면 그것은 광기야."

그렇다. 이것이 진짜 광기이자 진정한 루터주의(Lutheranism)일 것이다. 이것이 기독교의 요구조건이다. 당신의 삶은 가능한 한 맹렬하게 행위를 표현해야 한다. 그 때 한 가지가 더 요구된다. 당신은 겸손하게 고백해야 한다는 것이다. "내가 구원받은 것은 그럼에도 불구하고 은혜입니다." 기독교는 어떠한가? 삶은 가능한 한 맹렬하게 행위를 표현해야만 한다. 그리고 한 가지 더 요구한다. 구원받은 것은 은혜라고 겸손하게 고백해야 한다.

사람들은 공로에 대한 중세시대의 오류를 혐오한다. 그러나 이 문제를 더 깊숙이 들여다보면, 지금은 중세시대에서보다 행위가 곧 공로라는 훨씬 더 큰 개념을 갖고 있다는 것을 알 수 있다. 그들은 행위에서 자유롭게 되기 위해 은혜를 적용시켰다. 그들은 행위를 제거했기 때문에, 행하지도 않는 행위를 공로로 간주하는 유혹에 빠질 수 없었다. 루터는 행위에서 '공로'를 제거하고자 했고, 그것을 약간 다르게 적용시켰다. 즉 진리의 증인이 되는 것이다. 세속주의자들은 루터를 확실하게 알아차렸기에 행위를 포함한 공로를 함께 없애고 말았다.

쇠얀 키르케고르 <키르케고르의 자기 시험을 위하여> (샘솟는 기쁨)

7장

야곱은 사랑하고 에서는 미워하신 하나님, 공평한가?

칼빈주의는 아담의 타락 이후 모든 사람은 하나님께로 돌아가는 구원에 관한 한 어떤 의지도 행사할 수 없는 시체와 같다고 본다. 알미니안주의는 그 의지가 하나님의 도움을 받으면 반응할 수는 있는 병든 상태라고 본다. 하나님께서 개인에게 주신 자유에 책임을 물어 정당하게 심판하려면 적어도 이 부분은 후자가 맞다.

"야곱이 떡과 팥죽을 에서에게 주매 에서가 먹으며 마시고 일어나 갔으니 에서가 장자의 명분을 가볍게 여김이었더라"(창 25:34)

"에서는 야곱의 형이 아니냐. 그러나 내가 야곱을 사랑하였고 에서는 미워하였으며"(말 1:2-3). 이 말씀을 불편해하는 사람들이 많다. 공평하신 하나님께서 친히 편애를 당연시하는 듯한 말씀을 남기셨다고 느껴서다. 그러나 에서와 야곱이 이삭의 아내 리브가의 뱃속에 있을 때 하나님께서는 이미 이와 비슷한 뉘앙스의 말씀을 하셨다. "큰 자가 어린 자를 섬기리라"(창 25:23). 이 말을 에서보다 야곱을 더 사랑한 리브가가 야곱에게 전해주지 않았을까? 그때부터 야곱은 형 에서에게서 장자권을 넘겨받으려고 호시탐탐 기회를 노렸던 건 아닐까?

에서는 독립적인 들사람 사냥꾼으로 바깥으로 나도는 것을 좋아했고, 야곱은 조용한 사람으로 장막에 거하는 스타일이었다(창 25:27). 어느 날 에서가 사냥으로 잡은 게 없어 심히 지친 상태로 집에 돌아왔을 때 마침 야곱은 맛있는 팥죽을 쑤고 있었다. 에서가 팥죽을 달라고 하자 야곱은 대뜸 장자의 명분부터 먼저 달라는 파격적인 조건을 내걸었다. "지금 내가 배고파 죽을 지경인데 그까짓 장자권이 뭔 소용이야?" 이렇게 장자권을 밥보다 못하게 여긴 에서는 팥죽 한 그릇과 장자권을 맞바꿔치기해버렸다. "야곱이 떡과 팥죽을 에서에게 주매 에서가 먹으며 마시고 일어나 갔으니 에서가 장자의 명분을 가볍게 여김이었더라"(창 25:34).

야곱은 정말 꾀 많고 약아빠진 사람이었나?

기독교인들에게 보통 아브라함의 손자, 이삭의 아들 야곱의 캐릭터는 꾀 많고 약아빠진 이미지다. 그러나 통념과는 달리 성경은 그렇게 딱 꼬집어 명시하고 있지는 않다. 우선 적어도 창세기 25장 27-34절에 기록된 팥죽 사건에 등장하는 야곱만 해도 그렇다. 그는 여기서 '조용한 사람'(창 25:27)으로 묘사된다. '조용한'이란 형용사의 히브리어 '탐'은 '순전한', '온전한'이란 뜻을 지닌다. 욥기 1장 1절에서 욥을 가리켜 '온전하다'고 할 때도 이 단어가 사용되었다.

에서와 야곱이 15세가 될 때까지 그들의 친할아버지인 믿음의 조상 아브라함이 생존해 있었다(창 25:7, 26). 아브라함은 두 손자에게 하나님께서 자신의 가문에 주신 장자권의 중요성에 대해 반복적으로 일러주었을 것이다. 아브라함 가문의 장자권은 단지 유산을 누가 더 많이 상속받을 것인가에 대한 문제만이 아니었다. 누가 하나님의 백성이 되며 하나님이 누구와 함께하실 것인가의 문제였다.

훗날 율법에서도 모든 첫 태생은 하나님의 것으로 명시되었다(출 13:2, 34:19). 이스라엘 민족 전체가 열방 가운데서 하나님이 택하신 제사장 나라요 하나님의 소유가 된 거룩한 백성으로서의 장자였다(출 19:5-6). 신약시대에 예수님을 믿고 구원받은 성도들 역시 "택하신 족속이요 왕 같은 제사장들이요 거룩한 나라요 그의 소유가 된 백성"(벧전 2:9)으로서 모두 장자권자들이요, "하늘에 기록된 장자들의 모임"(히 12:23)의 일원이다.

이 장자권에는 하나님께서 아브라함에게 주신 구원자 메시아의 출현과 그를 통한 구속의 언약을 대대로 계승해나가는 복이 포함되어 있었다. 야곱과 달리 에서는 이 모든 장자권에 관한 교훈을 한 귀로 듣고 한 귀로 흘려버린 것 같다. 게다가 이삭과 리브가는 가문의 장자권이 에서가 아닌 야곱에게 있다는 하나님의 말씀을 마음에 두고, 야곱이 언제 어떻게 형에게서 장자권을 양도받게 되는지를 눈여겨보았을 법하다.

이삭이 나이 많아 늙어 눈이 어두운 채로 장자 에서를 축복하려다가 리브가의 계략으로 야곱을 축복하게 된 사건(창 27:1-29)은 우연만은 아니다. 야곱에 대한 하나님의 장자권 약속을 알고 있던 리브가와 이삭의 섭리적인 '공모 사건'일 수 있다. 이 이야기에는 하나님께서 야곱과 같은 모든 죄인을 예수님 안에서 용납해주신 구원의 은혜가 생생하게 녹아 있기까지 하다. 이 사건에서 이삭은 하나님, 예수님은 아버지 이삭이 에서에게 사냥해서 가져오라고 명한 동물 대신 리브가가 야곱에게 잡아오라고 명한 염소 새끼들의 가죽옷으로 상징된다.

개인적 구원의 선택과 공적 사역의 선택은 다르다

리브가는 그 가죽옷을 야곱에게 입혀 눈이 어두운 이삭이 차자인 그를 털북숭이 장자 에서로 착각하게 만들어 그에게 장자가 받을 복을 얻도록 마음껏 축복하게 했다. 하나님께서 예수님 안에서 구원받은 성도 각자를 예수님으로 짐짓 착각해주신 채로 그들의 허물을 예수님의 의로 가려주시고 그들에게 구원의 복을 쏟아부어주신 것과 비슷한 그림이다.

"음성은 야곱의 음성이나 손은 에서의 손이로다"(창 27:22). 야곱이 태어날 때부터 그에게 주어질 장자권의 약속을 익히 알고 있던 이삭이 고의로 속아주는 듯하며 외친 이 한마디보다 더 극적이고도 함축적인 구원의 복음이 또 있을까 싶다. 예수님이 나 대신 피 흘리시고 살이 찢기셔서 친히 장만해주신 그 대속적인 구원의 가죽옷은 하나님께서 친히 동물을 잡아 아담과 하와에게 입혀주신 바로 그 태곳적 가죽옷이다(창 3:21).

그러나 이 엄청난 구원의 예표가 되는 축복의 사건에서도 그 복을 받은 당사자 야곱을 꾀 많고 약삭빠른 간교한 사람으로 몰아세우기는 어렵다. 그 모든 일을 감독한 사람은 야곱이 아니라 리브가였기 때문이다. 물론 그 리브가를 사용하셔서 야곱이 장자권을 갖게 하시고, 실제로 장자의 복까지 받게 하신 분은 하나님이시다. 그렇다면 에서를 미워하고 야곱을 사랑하신 하나님은 불공평하신 분인가?

애초부터 하나님께서 야곱을 선택하신 것은 그가 에서보다 더 간교해서도, 더 경건해서도 아니었다. 그것은 하나님의 주권적인 선택에 따른 것일 뿐이었다. 그러나 이 선택은 야곱이나 에서의 구원에 대한 것은 아니다. 하나님의 구속사의 통로가 될 장자권이 어디로 계승될 것인가를 정하는 공적인 사역에 대한 것이었다. 개인적인 구원의 선택과 공적인 사역의 선택을 혼동하면 혼선이 생기고, 하나님의 공평하심을 의심하게 만드는 신학적 문제가 발생한다.

하나님께서 에서보다 야곱을 더 사랑하셨다는 것은 구원과는 상관없이 구속사의 계보에서 쓰임받는 각 개인이나 민족의 특정 역할을 중시한 사역적 예정이었다. 개인의 구원이 아닌 이러한 사역적 예정은 하나님의 무조건적 선택에 따른다. 예루살렘 성전 재건을 위해 고레스를 예정했다는 말씀(사 44:28)이나 예수님이 제자들을 가리켜 "너희가 나를 택한 것이 아니요 내가 너희를 택하여 세웠나니"(요 15:16)라고 말씀하신 부분도 마찬가지다. 예레미야나 바울의 선택 역시 그들의 구원이 아닌 특별한 사역에 대한 예정이었다(렘 1:5, 갈 1:15-16).

이스라엘 백성을 선민으로 택한 것 또한 그들을 제사장 나라로 삼아 모든 열방이 구원에 이르도록 하는 데 축복의 통로로 삼기 위한 것일 뿐 그들 모두를 무조건 구원받도록 예정하신 것은 아니었다. 토기장이가 하나는 '귀히 쓸' 그릇을, 하나는 '천히 쓸' 그릇을 만들 권한이 있다는 말씀(롬 9:21)도 같은 맥락에서 이해된다. 하나님께서 바로를 완악하게 하신 것(롬 9:18) 역시 그가 구원받지 못하도록 완악하게 하신 것이 아니다. 출애굽 사역과 관련된 특정 역할로 그를 세우신 과정의 연장선상에서 행하신 일이었다(롬 9:17).

에서, 구원을 경시한 모든 불경건한 신자들의 전형

더구나 야곱은 사랑하고 에서는 미워했다는 하나님의 말씀은 단순히 인간적인 관점에서 이해할 말씀이 아니다. 하나님은 결코 부정적이고 사악하거나 경멸이나 복수심이 담긴 증오심을 드러내시지 않는다. 말라기 1장 2-3절에서 하나님은 야곱이 독특한 소명을 가지고 있음을 언급하실 뿐이다. 야곱이 장자의 복을 받게 되면 에서를 포함한 모든 열방이 결국 그 복을 통해 영적인 혜택을 얻게 된다.

여기서의 하나님의 사랑과 미움은 어떤 복된 사역을 위해 한 사람을 선호하거나 제외하기로 결정하신 행위에 지나지 않는다. 그래서 인간의 성품이나 행위와는 관계없이 적용된다. 하나님은 야곱이 출생하기 전에 그를 선택하셨다(창 25:23, 롬 9:11). 따라서 이 말씀을 하나님의 편애나 편파성을 입증하는 증거로 간주하려는 것은 부당하다.

하나님의 전적인 은혜로 장자의 복을 받았지만, 그 이후 야곱은 아무런 물적 재산도 물려받지 못한 채 자신이 얻게 된 영적 장자권을 지키기 위해 고향을 떠나 외숙부의 집에서 오랜 세월 동안 험난한 성화의 여정을 걸어가야 했다. 야곱은 흔히들 생각하는 것처럼 간교하거나 약삭빠르기만 한 인물이 아니었던 것 같다. 팥죽 한 그릇으로 형에게서 장자권을 양도받은 사건도 어디까지나 에서의 동의 아래 이뤄진 정당한 거래였다. 팥죽 한 그릇에 장자권을 동생에게 팔아넘겨버린 에서의 육신적인 가치관이 문제였을 뿐이다.

신약시대로 보면 에서는 구원받고 장자의 권세를 가진 신자로 출발해서는 장자권의 영적 가치를 경홀히 여긴 불순종의 삶으로 인해 구원을 잃어버린 모든 불경건한 신자들의 전형이라고 볼 수도 있다. 야곱은 구원의 장자권이 지닌 엄청난 영적 가치를 깨닫고 전적인 은혜로 얻은 그 장자권을 지키기 위해 언약의 말씀에 순종하는 믿음의 삶을 살아가는 모든 신실한 신자들의 전형이다.

"모든 사람으로 더불어 화평함과 거룩함을 따르라. 이것이 없이는 아무도 주를 보지 못하리라"(히 12:14)고 경고한 히브리서 기자는 이어서 "한 그릇 음식을 위하여 장자의 명분을 판 에서와 같이 망령된 자가 없도록 살피라"(히 12:16)고 권면한다. 신약시대의 모든 성도들에게 에서처럼 결정적인 순간에 넘어지지 않도록 평소의 일상에서 습관적으로 육신의 소욕을 따라 사는 삶을 극히 경계하라는 것이다.

"내가 이르노니 너희는 성령을 따라 행하라. 그리하면 육체의 욕심을 이루지 아니하리라. 육체의 소욕은 성령을 거스르고 성령은 육체를 거스르나니 이 둘이 서로 대적함으로 너희가 원하는 것을 하지 못하게 하려 함이니라"(갈 5:16-17).

이중예정론의 딜레마가 풀려야 성결한 삶이 열린다

"하나님께서는 모든 사람이 죄 가운데 죽었으므로 몸소 그 마른 뼈들에게 '살아나라'고 말씀하실 것이나, 다른 자들에 대해서는 그런 말씀을 하지 않으시는 것이며, 그 결과 어떤 뼈들은 살아날 것이고, 다른 뼈들은 그대로 사망 가운데 거할 것 – 즉 어떤 뼈들은 구원받음으로 하나님을 영화롭게 할 것이나, 다른 뼈들은 멸망당함으로 하나님을 영화롭게 하리라는 것 – 만을 영원히 예정하셨습니다."

이것이 당신이 말하는 '은총에 의한 선택'이 아닙니까? 그러므로 당신이 어떤 이름을 붙여 부르든지간에 – 곧 '선택'(election)이든, '탈락'(preterition)이든, '예정'(predestination)이든, '영원한 멸망'(reprobation)이든 – 그것은 결국 같은 말입니다. 이 모든 술어들이 뜻하는 것은 분명히 '하나님의 영원하고 불변적이며 불가항력적인 결정에 의하여, 인류의 일부는 틀림없이 구원받는 반면에, 나머지는 틀림없이 저주받는 바, 구원으로 예정된 사람 중의 누구라도 저주받게 된다거나, 반대로 저주받기로 예정된 사람 중의 누구라도 구원받게 되는 일은 불가능하다'는 것입니다.

그런데 만약 이것이 사실이라면, 설교하는 것이 모두 다 헛된 일이 됩니다. 이미 택함받은 사람들에게는 설교가 필요 없습니다. 설교를 듣게 되든 아니든 간에, 틀림없이 구원받을 것이기 때문입니다. 따라서 '영혼을 구원하기 위함'이라는 설교의 목적이 그들에게는 공허한 것이 됩니다.

또한 택함받지 못한 사람들에게는 설교가 소용없습니다. 그들이 구원받는 것은 불가능하기 때문입니다. 설교를 듣게 되든 아니든 간에, 그들은 틀림없이 저주받을 것입니다. 따라서 설교의 목적이 그들에게도 마찬가지로 공허한 것이 됩니다. 그렇다면 당신이 설교를 듣는 것이 헛된 것만큼이나 우리가 설교를 하는 것도 헛된 일인 것입니다. 이것이 바로 예정의 교리가 하나님께서 세우신 교리가 아니라는 명백한 증거입니다. 그것은 하나님의 규례를 헛된 것으로 만드는 까닭입니다. 하나님께서 하나님 스스로에게 대적하여 나뉘실 수는 없는 일입니다.

둘째로 그것은 하나님께서 정하신 규례의 목적이라 할 수 있는 성결을 직접적으로 소멸시킵니다. 내가 말하는 것은 '그 교리를 믿는 자는 거룩하게 되지 못한다'는 것이 아니라(왜냐하면 하나님께서는 여하한 실수에 불가피하게 말려드는 사람에게도 인자함을 보여주시기 때문입니다), 그 교리 자체가 - 즉 모든 사람은 영원 전부터 택함을 받거나 택함을 받지 못한 상태에 있으므로, 택함받은 자는 필연적으로 구원받고, 그렇지 못한 자는 필연적으로 저주받는다는 교리가 - 성결을 소멸시키는 뚜렷한 경향을 띠고 있다는 말입니다.

왜냐하면 그 교리는 성결함을 따르고자 하는 맨 처음 동기들을 전적으로 없애버리기 때문입니다. 그 동기들은 성경에 자주 나타나는 바, 장래의 상급을 바라고 심판을 두려워하는 것, 즉 천국의 소망과 지옥에 대한 두려움인 것입니다. 그러나 "그들은 영벌에, 의인들은 영생에 들어가리라"(마 25:46)는 말씀도 자기 운명이 이미 정해졌다고 믿는 자에게는 인생의 싸움을 경주하게 할 아무런 동기가 되지 못합니다.

자기가 영생이든 사망이든 둘 중의 하나로 이미 판결이 났다고 믿는다면 성결을 이루기 위해 애쓴다는 것이 불합리한 일이 될 것입니다. 당신은 이렇게 말할 것입니다. "하지만 그 사람은 자기가 영생으로 예정되었는지 사망으로 예정되었는지 모릅니다." 그래서 어쨌다는 말입니까? 그것이 문제에 도움이 되지 않습니다.

예를 들어, 병든 사람이 자기가 반드시 죽게 되거나 반드시 다시 회복되거나 둘 중에 하나로 정해진 것을 안다고 합시다. 그렇다면 그 두 가지 경우 중에 실제로 어느 것으로 정해져 있는지는 모른다고 해도, 그가 여하한 의료 조치를 받는다는 것은 불합리한 일이 될 것입니다.

그는 아마도 이렇게 말할 것입니다(나는 육적으로나 영적으로 병에 걸린 사람이 이렇게 말하는 것을 들은 적이 있습니다). "내가 살아나도록 정해져 있다면, 살게 될 것이고, 죽도록 정해져 있다면, 죽게 되겠지요. 그러니 그것에 대해 나 자신을 닦달할 필요가 없습니다." 이렇듯 예정론은 성결함으로 들어가는 입구를 닫아버리고, 경건하지 못한 자들로 하여금 여태껏 해오던 것을 그만두고서, 성결함으로 들어가도록 분투하는 일을 막아버리는 것이 됩니다.

존 웨슬리 <웨슬리 설교 전집 4> (대한기독교서회)

8장

하나님은 왜 지금도
나와 일대일로만 씨름하시나?

기독교 신앙은 자기 개발이 아니다. 내 자아를 부인하고 내 안에 사시는 예수님을 얼마나 온전히 드러내느냐의 씨름이다. 복음의 은혜를 토대로 삼지 않는 자기 열심으로는 한 걸음도 제대로 내딛을 수 없다. "나는 날마다 죽노라"(고전 15:31)는 고백은 매일의 그 온전한 한 걸음씩만이 진짜 신앙이라는 뜻이다.

"야곱은 홀로 남았더니 어떤 사람이 날이 새도록 야곱과 씨름하다가 자기가 야곱을 이기지 못함을 보고 그가 야곱의 허벅지 관절을 치매 야곱의 허벅지 관절이 그 사람과 씨름할 때에 어긋났더라"(창 32:24-25)

유튜브에서 천하장사 이만기와 신예 씨름꾼 강호동이 맞붙어 보기 좋게 강호동이 승리하는 장면을 본 적이 있다. 이 씨름에서 18세 나이의 강호동은 힘이 좋고 다양한 테크닉을 구사할 뿐만 아니라 순간적인 상황 판단 능력도 뛰어난 것 같았다. 결국 이만기를 제치고 결승에 올라 44회 전국장사씨름대회 우승으로 백두장사가 되었다. 이만기가 강호동을 나이 어린 신출내기라고 해서 봐줬을 리는 없다. 강호동은 어디까지나 당당하게 실력만으로 겨루어 승리를 거둔 게 분명해 보였다.

    그러나 하나님과 사람 간의 씨름에서는 어떨까? 창세기에 보면 하나님이 야곱과 씨름하다가 "자기가 야곱을 이기지 못함을 보고 그가 야곱의 허벅지 관절을 치매"(창 32:25)라는 말씀이 나온다. 당연히 하나님은 사람과 씨름해서 질 리가 없는 분인데, 왜 이런 어색한 표현이 등장할까? 하나님이 사람과 씨름을 했다는 것 자체도 낯설기는 마찬가지다. 그런데 하나님은 야곱에게 한술 더 떠 "네가 하나님과 및 사람들과 겨루어 이겼음이니라"(창 32:28)고 말씀해주신다. 사람이 하나님과 겨루어 이긴다는 게 도대체 무슨 뜻일까?

야곱은 이스라엘의 대표, 이스라엘은 모든 인류의 대표

이 진귀한 씨름이 벌어진 장소는 갈릴리 호수와 사해 사이에 있는 얍복강 나루터다. 야곱은 형 에서에게서 장자권의 축복을 빼앗은 후 외숙부 라반의 집으로 도망가 20년 동안 일했다. 거기서 처자와 재물을 많이 얻어 집으로 돌아가는 길에 형의 보복이 두려워 가족과 재물을 먼저 보내놓고 강 건너편에 홀로 남았다. 바로 그때 사람의 형체로 나타나신 하나님이 야곱과 밤새도록 씨름을 벌이신다. 이 씨름은 야곱의 간절한 기도를 상징한다고 보기도 하지만, 문자 그대로 씨름이라고 보는 게 문맥에 더 맞다.

그렇다면 하나님은 왜 야곱과 씨름하셨고, 야곱은 이 씨름에서 무엇을 얻었을까? 하나님 앞에서 야곱은 이스라엘의 대표이고, 이스라엘은 모든 인류의 대표다. 야곱에게나 이스라엘 민족에게 일어난 일은 다 모든 사람, 특히 모든 신자 각자의 삶에 일어나는 일들을 예표한다. 얍복강 나루터에서 야곱이 하나님과 벌인 이 씨름도 모든 시대의 각 신자가 반드시 경험해야 할 일이다.

하나님과 야곱의 씨름 사건은 성경 전체에서 가장 신비스럽고 놀라운 사건들 중 하나다. 이 사건의 역사성을 의심한 이들이 여러 반론을 제기했다. 천사가 꿈에 나타났다는 현몽설, 야곱이 무아지경 속에서 비현실적으로 씨름이 이뤄졌다는 환상설, 야곱 자신의 영혼 속에서 이뤄진 씨름이라고 보는 영적 투쟁설, 단순히 지어낸 이야기에 불과하다는 신화설까지 다양하다.

그러나 이 씨름 사건의 역사성은 내용과 문맥 자체가 뒷받침할 뿐만 아니라 '얍복'이라는 강 이름도 히브리어 이름 야곱과 '씨름하다'라는 뜻의 히브리어 어근 '야바크'와 연관시켜 후대 사람들이 붙인 이름인 데서 자연스럽게 입증된다. 이 사건으로 허벅지 관절이 어긋난 야곱은 실제로 다리를 절었다. 이 때문에 후대 이스라엘 사람들에게 허벅지 관절에 있는 둔부의 힘줄을 먹지 않는 관습이 생겼다(창 32:32). 이 음식 규정은 모세 오경에는 없지만 탈무드에는 '신성한 율법'에 속한다고 기록되어 있다.

후대의 호세아 선지자도 하나님과 겨루어 이긴 야곱의 씨름에 대해 언급했다. 특히 그는 야곱이 "하나님과 겨루되 천사와 겨루어 이기고"(호 12:3-4)라는 표현으로 야곱과 씨름한 존재가 구약성경에 '여호와의 사자'라는 이름으로 활동하신 성육신 이전의 예수님이라는 사실을 시사한다. 모리아산에서 아브라함이 이삭을 바치려 할 때나 시내산에서 모세가 떨기나무의 불꽃을 보고 다가올 때 그들에게 나타나신 분이 바로 이 여호와의 사자 예수님이셨다고 보기도 한다.

하나님을 이긴다는 것의 진짜 의미

이 씨름 사건의 객관적인 역사성이 분명하다면, 하나님께서 지금도 모든 신자 각자와 씨름하시는 분이라는 사실도 분명하다. 지금도 야곱처럼 하나님 외의 자기 소유에 집착하던 삶의 허망함을 깨닫고 암울하고 두려운 밤에 홀로 남겨진 이들에게 하나님은 일대일로 씨름을 걸어오신다. 인생의 중요한 시험과 문제들은 결국 다 홀로 경험하고 홀로 답을 찾아야 한다. 다른 사람들의 간증은 참고사항으로 도움이 되지만, 나 역시 그 간증대로 하나님 앞에서 실제로 체험하지 않으면 끝내 내 것이 되진 않는다. 영적인 진리의 문제들 가운데는 공동체에서 풀어내야 할 것도 있지만 처음부터 끝까지 하나님과 나 사이의 일대일 관계에서 풀어내야 할 것도 있다. 하나님과의 씨름은 이 과정의 필수 코스다.

씨름은 두 사람이 샅바를 넓적다리에 걸어 서로 잡고 몸 전체의 근육과 갖가지 기술을 고루 사용해 상대를 땅에 넘어뜨리는 경기다. 서양의 레슬링, 일본의 스모, 몽골의 부흐를 비롯해 세계 각지에 씨름과 비슷한 경기가 존재한다. 영어로 'wrestle'로 번역된 '씨름하다'라는 말은 원어적으로 '껴안듯이 꽉 붙들고 늘어지다', '단단히 달라붙다'라는 의미다. 그래서 씨름의 일상적인 의미는 '무엇을 이루려고 끈기 있게 노력하는 일' 또는 '어떤 대상을 극복하거나 일을 이루기 위해 온 힘을 쏟거나 끈기 있게 달라붙음'이다.

모든 신자 각자에게 홀로 있는 시간은 하나님과 독대하여 교제하는 시간이지 단순히 고독을 즐기는 시간이 아니다. 찬양과 기도, 말씀 묵상으로 하나님을 예배하고 나를 더 깊이, 새롭게 발견하는 시간이다. 이때 반드시 필요한 태도가 바로 씨름이다. 하나님만을 구하고 바라보려면 나를 사랑하고 세상에 의지하려는 나의 온갖 육신적인 이기심과 치열한 샅바 싸움을 벌여야 한다. 이때 이 씨름의 상대역인 하나님은 하나님이시면서 동시에 나 자신의 완고한 육신적인 모습을 직면하게 하시는 대역이기도 하다.

"기도를 시작하고 5분만 지나면 더 이상 할 말이 없다"거나 "하나님만 높이는 찬양을 드릴 때나 하나님의 세미한 음성을 들어야 할 묵상의 시간에도 내 생각과 염려가 많다"는 신자들이 적지 않다. 이들에게 하나님만을 온 마음과 뜻과 정성과 힘을 다해 사랑하는 일은 처절한 씨름의 과정 없이는 불가능하다. 그러나 도무지 씨름하려 하지 않거나 최소한의 고민도 없는 경우가 많다. 아무런 씨름도 없이 그냥 쉽게 자연적인 상태에서, 육신적인 본성 그대로 하나님을 만나거나 기도와 찬양이 열리거나 주의 세미한 음성을 들을 방도는 없다.

하나님만이 내 삶의 가장 소중한 복이 된다는 것을 깨닫고 야곱처럼 "당신이 내게 축복하지 아니하면 가게 하지 아니하겠나이다"(창 32:26)라고 간구하는 필사적인 태도 없이는 하나님을 이길 수 없다. 하나님의 얼굴만을 구하며 이전에 하나님 외의 다른 소유에 의지하던 모든 것을 내려놓고 오직 홀로 이 씨름에 집중할 때 하나님께서 나에게 "내가 졌다"고 말씀해주신다.

사람이 하나님을 이겼다는 건 하나님이 친히 정하신 게임의 룰을 통해 하나님께 마땅히 받아 누려야 할 복을 받았다는 것이다. 실은 더 힘이 센 하나님께서 사람에게 져주시는 거지만, 아버지가 보기에 합당하다고 여겨서 자녀의 요청을 들어주셨다는 것과 같다. 지금도 하나님과 겨루어 이기려면 하나님께서 정하신 영적인 복을 받는 믿음과 순종의 법도를 그대로 따라야 한다.

자기 육신을 신뢰하는 자는 천국에 못 들어간다

하나님과 겨루어 이기려면, 육신적인 힘의 중추라고 할 만한 허벅지 관절이 어긋나기까지(창 32:25) 자기 부인의 십자가 제자도에 충실하고, 인간적인 측면에서는 교활하고 욕심 많은 자를 의미하는 '야곱'이라는 육신의 옛이름을 토해내며(창 32:27) 진실하게 회개하는 과정이 필요하다.

그럴 때 실제로 하나님은 야곱에게 새이름 '이스라엘'을 주시면서 하나님과만 겨루었는데 사람들과도 겨루어 이겼다고 말씀해주신다(창 32:28). 지금도 각자의 '브니엘'(하나님의 얼굴, 창 32:30)에서 오직 하나님의 얼굴만을 먼저 온전히 구하는 영적 씨름에서 승리할 때 일상에서 이웃 사랑의 영역에서도 승리를 거둔다는 뜻이다. 야곱이 가나안땅으로 들어가기 직전에 경험한 이 씨름 사건은 모든 시대의 각 신자들 또한 하나님이 아닌 자기 육신을 신뢰하는 모습으로는 천국에 들어갈 수 없다는 진리를 드러내준다.

스포츠 중에서 특히 씨름은 복식이 없고 단식뿐이다. 하나님께서 연약한 나와 일대일로 직접 샅바를 메고 씨름해주시는 분이라는 사실이 얼마나 황송하고 감사한가! 서로 동등한 조건에서 맞잡고 힘을 겨루는 씨름처럼 하나님께서는 내 체급과 힘과 기량에 맞춰주시면서 씨름해주신다. 기도와 찬양, 말씀이 좀 부족해도 다시 일어설 수 있도록 때로 오랫동안 기다려주신다.

나에게 필요할 때마다 모종의 여지를 주시려고 때로 밀리거나 당겨주시기도 하고, 가끔은 얼토당토않은 '기 싸움'의 무모함을 자각하게 하시려고 한동안 가만히 계셔주시기도 한다. 이 모든 상호소통의 역동적인 씨름의 여정은 기꺼이 몸을 낮추시고 연약한 죄인인 나에게까지 자신을 맞춰주신 여호와의 사자 예수님의 성육신의 불가사의한 신비가 없었다면 불가능했을 것이다.

"우리의 씨름은 혈과 육을 상대하는 것이 아니요 통치자들과 권세들과 이 어둠의 세상 주관자들과 하늘에 있는 악의 영들을 상대함이라. 그러므로 하나님의 전신갑주를 취하라. 이는 악한 날에 너희가 능히 대적하고 모든 일을 행한 후에 서기 위함이라"(엡 6:12-13).

믿음의 선한 싸움을 포기하면 영생을 얻지 못한다

어떤 사람이 참으로 전적으로 순종적이라는 평가를 받기 위해서는 그의 순종은 금지의 명령에만 집중해서는 안 된다. 즉 전반적으로 악한 행동을 피하는 것 또는 행함으로 짓는 죄를 피하는 것에만 집중해서는 안 된다. 행함의 죄뿐만 아니라 믿음의 적극적인 명령에도 전적으로 순종해야 한다. 행하지 않음으로써 짓는 죄 또는 태만의 죄 역시 행함으로 짓는 죄만큼 하나님의 명령을 어기는 것이다. 마태복음 25장에서 그리스도는 왼편에 있는 사람들이 태만의 죄 때문에 영원한 불로 들어가도록 저주를 받는다고 말씀하신다.

사람들이 참된 그리스도인이 되기 위해서는, 자신들이 헌신하고 있는 일과 같이, 그리고 자신들의 생계를 꾸려가기 위한 사업과 같이, 신앙생활과 하나님에 대한 섬김을 아주 진지하고 부지런하게 행하는 것은 필수적이다. 모든 그리스도의 사람들은 선한 일을 할 뿐만 아니라, 선한 일을 열심히 행한다(딛 2:14). 누구도 한번에 두 주인을 섬길 수는 없다.

하나님의 참된 종들은 하나님을 섬기기 위해 자신을 포기한다. 그리고 하나님을 섬기는 일을 그들의 온 마음을 쏟고 온 힘을 다해야 할 일로 삼는다. "오직 한 일을 하노라"(빌 3:13). 효과적인 부르심을 받은 그리스도인들은 나태해지라고 부름을 받은 것이 아니라, 하나님의 포도원에서 일하기 위해 부름을 받았으며, 온종일 힘든 봉사를 하도록 부름을 받은 것이다. 모든 참된 그리스도인들은 이 소명에 순응하며 그리스도인의 일을 행한다.

신약성경의 도처에서 그리스도인의 일은 사람들이 힘을 다해 가장 진지하게 감당해야 하는 경주, 씨름, 격투 등과 같은 운동에 비유된다. 모든 참된 그리스도인은 예수 그리스도의 선하고 충성된 군사들이며 믿음의 선한 싸움을 한다. 왜냐하면 그렇게 하는 사람만이 영생을 얻을 것이기 때문이다. 허공을 치는 것같이 싸우는 사람은 승리의 면류관을 얻지 못한다.

경주하는 모든 사람이 다 끝까지 달리더라도, 오직 한 사람만이 상을 얻는다. 그리고 경주에서 태만하고 나태한 사람은 상 받고 싶어하는 자처럼 달리지 않는다. 천국은 침노하는 자의 것이다. 진지함과 간절함이 없이는 생명에 이르는 좁은 길을 끝까지 갈 수 없다. 따라서 그 길이 인도하는 영광스러운 생명과 행복의 상태에 도달할 수가 없다. 진지한 노력 없이는 가파르고 높은 시온산을 올라갈 수 없다. 따라서 시온산 위에 있는 하늘의 도성에 도달할 수도 없다.

지속적인 노력 없이는 우리가 헤엄치고 있는 빠른 시냇물을 거슬러 그 상류에 있는 생명수 샘에 도달할 수 없다. 믿지 않는 자들에게 다가오고 있는 그 두려운 일들을 피하기 위해, 그리고 인자 앞에 설 자격이 있다고 평가받기 위해 우리는 깨어서 항상 기도해야 한다. 우리는 완전한 패배를 피하기 위해, 그리고 마귀의 불화살로 완전히 파멸하는 것을 피하기 위해 하나님의 전신갑주를 입고, 모든 일을 행한 후에 굳게 서야 한다.

우리는 상을 얻기 위해 뒤에 있는 것은 잊어버리고 앞에 있는 것을 잡으려고 푯대를 향해 우리 주 예수 그리스도 안에서 하나님이 위에서 부르신 부름의 상을 위해 좇아가야 한다. 하나님께 신앙을 고백하는 종들이 하나님을 섬기는 데 게을리하는 것은 공공연한 반역만큼 저주스러운 것이다. 왜냐하면 게으른 종은 악한 종이며, 바깥 어두운 데로 쫓겨나, 하나님의 공공연한 원수들과 함께 거하게 될 것이기 때문이다(마 25:26-28). 게으른 자들은 믿음과 오래 참음으로 말미암아 약속들을 기업으로 받는 자들을 본받는 자들이 아니다.

조나단 에드워즈 <신앙감정론> (부흥과개혁사)

3부
행함 있는 믿음,
일상에서 어떻게 일궈갈까?

영적인 믿음이나 깨달음만으로 구원을 얻는다는 가르침은 일종의 이원론이다. 영혼은 아름답고 선하지만 육체는 악하다면서 영적인 믿음이나 지식만 중시하고 몸을 거룩한 산 제물로 드리는(롬 12:1) 일상의 삶은 경시하기 쉽다. 영혼육이 행함 있는 믿음 안에 조화롭게 통합된 성경적 구원은 영육일원론이다.

1장

말씀을 심지 않고
어떤 열매를 기대할 수 있을까?

주의 사랑이 내 마음에 더 깊이 부어질수록 주의 말씀이 내 안에서 더 많이 풀어진다. 성경은 살아 계신 하나님의 마음이 부어진 책이어서 그분의 마음과 잘 통해야 잘 열린다. 성경을 이해하고 해석하는 길에도 성전뜰과 성소, 지성소가 있다면 학문적인 이해는 중요하지만 지성소용은 아니다.

"내가 게으른 자의 밭과 지혜 없는 자의 포도원을 지나며 본즉 가시덤불이 그 전부에 퍼졌으며 그 지면이 거친 풀로 덮였고 돌담이 무너져 있기로 내가 보고 생각이 깊었고 내가 보고 훈계를 받았노라"(잠 24:30-32)

미국에서 공부할 때 가족과 함께 가끔 캘리포니아 중동부에 자리한 세쿼이아 국립공원에 갔다. 이 공원은 지름 10미터에 높이가 수십 미터에 이르는 큰 나무들이 많은 곳으로 유명하다. 한번은 거기서 큰 나무 하나가 쓰러져 있는 걸 보았다. 나무에는 여기저기 불에 타다 만 흔적들이 시꺼멓게 남아 있었다. 바로 그때 성령님의 음성이 들리는 듯했다. "주 앞에 서는 날 너의 모습이 이렇게 되지 않도록 조심해라!" 외양이 아무리 크고 화려해도 금, 은, 보석이 아니라 불에 타버릴 재질을 가졌다면 한순간에 결국 다 무너져 버리고 만다(고전 3:10-15).

물론 이 심판은 문맥상 교회의 사역자들에게만 해당되지만, 좀더 넓게 보면 주 앞에 서는 날 주께서 원하시는 열매를 거두지 못한 것으로 판명될 많은 신자들의 삶에도 간접적으로나마 의미 있는 경고가 된다. 하나님의 말씀으로 심지 않는 하루하루의 삶의 열매가 어떠할지에 대해 영적 경각심을 갖고 주 앞에 서게 될 날을 미리 깨어 대비하게 해주기 때문이다.

하나님께서 성경에 정해두신 파종과 수확의 원칙을 무시한 삶으로 얻은 열매는 마지막 날 안 좋은 열매로 판명날 수 있다. 사도 바울이 "사람이 무엇으로 심든지 그대로 거두리라. 자기의 육체를 위하여 심는 자는 육체로부터 썩어질 것을 거두고 성령을 위하여 심는 자는 성령으로부터 영생을 거두리라"(갈 6:7-8)고 말한 그대로다.

내 안에 있는 가시덤불, 거친 풀, 무너진 돌담

잠언 24장 30-32절에는 솔로몬이 게으른 자의 밭과 지혜 없는 자의 포도원을 지나면서 목격한 광경이 인상적으로 묘사된다. 가시덤불이 그 전부에 퍼졌고 지면은 거친 풀로 덮였고 돌담은 무너져 있었다. 성경에서 밭이나 포도원이 등장하면 대부분 사람의 마음을 가리킨다.

사람 자체가 땅의 흙으로 지어졌고(창 2:7), 하나님은 그에게 땅을 경작할 책임을 주셨다(창 2:15). 그러나 아담이 주권자 하나님께 반역하고 타락하자 땅은 가시덤불과 엉겅퀴를 내는 곳으로 변했다(창 3:18). 이 반전의 그림은 포도원을 허는 작은 여우를 경계하는 일(아 2:15)이나, 극상품 포도나무를 심었지만 들포도를 맺은 이스라엘 백성을 향한 책망에서 더 구체화된다(사 5:2).

예수님은 말씀은 다 받았지만 열매 맺지 못한 길가와 돌밭, 가시떨기에 대해 경고하셨다(마 13:18-22). 포도나무 가지에 열매가 없으면 불에 던져 사른다고 하셨다(요 15:6). 히브리서 기자 역시 땅이 그 위에 자주 내리는 비를 흡수하고도 합당한 채소 대신 가시와 엉겅퀴를 내면 그 마지막은 불사름이 된다고 경고했다(히 6:7-8). 그러나 주야로 말씀을 묵상하는 복 있는 사람은 시냇가에 심은 나무처럼 철마다 열매를 맺는다(시 1:1-3).

성경 전체의 맥락을 고려하면, 이 잠언 말씀은 사람의 마음밭의 상태에 대한 상징적인 묘사라고 볼 수 있다. 솔로몬은 그 마음밭이 제멋대로 어질러져 있는 광경을 접하고는 "내가 보고 생각이 깊었고 내가 보고 훈계를 받았노라"(잠 24:32)고 말한다. 그는 단순히 보는 데서 그치지 않고 생각이 깊어지는 단계, 곧 깊은 묵상의 단계로까지 나아간다.

"생각이 깊었고"라는 구절에서 '깊었다'는 말의 히브리어는 '쉬트'인데, 이 단어는 '(마음을) 두다', '숙고하다', '고찰하다'라는 뜻이 있다. 사물이나 상황을 그냥 보고 지나치지 않고 거기에 생각이 고정되고 머물러 깊이 관찰하고 돌아본다는 뜻이다. 묵상에서 중시하는 이러한 되새김질이 있을 때 비로소 훈계를 받게 된다. 솔로몬의 지혜는 이러한 묵상의 습관에서 비롯되었다고 해도 과언이 아니다.

말씀 묵상은 하나님의 말씀으로 내 마음밭을 조명하는 것이다. 그 조명을 통해 주의 말씀대로 살지 못해 생겨난 가시덤불과 거친 풀, 무너진 돌담을 보고 깊이 생각하는 것이다. 그리고 거기서 주의 훈계를 받는 것이다. 따라서 말씀을 묵상할 때 우선해야 할 것은 내 안의 문제들을 말씀으로 조명해 내는 일이다. 거친 풀이나 가시덤불, 무너진 돌담은 모두 내 안의 어두운 죄와 상처, 연약함이다. 이런 것들로 인해 하나님과의 친밀한 관계가 막힌다. 그래서 일상 속에서 실제적이고도 구체적인 믿음을 발휘하지 못하게 한다.

묵은 땅을 갈고 가시덤불에 파종하지 말라

내 안의 어둠에 익숙해지는 만큼 자유로워진다. 어둠에 익숙해진다는 건 그 어둠을 하나님의 말씀으로 조명해 빛 가운데로 드러낸다는 것이다. 물론 그 어둠을 바로잡는 빛, 곧 하나님이 어떤 분이신가를 알아야 올바른 훈계를 받을 수 있다. 그래서 말씀 묵상에서 가장 중요한 기준점은 크게 두 가지다. 그날 내게 주신 말씀에서 내가 회개하고 바로잡아야 할 문제들을 찾고, 그것을 바로잡을 기준이 되시는 하나님이 어떤 분이신가를 찾는 것이다.

날마다 묵상할 본문 말씀을 읽다가 특히 눈에 띄고 마음에 와닿는 말씀에 집중하는 가운데 거기서 내 마음밭의 거친 풀과 가시덤불, 무너진 돌담을 깊이 들여다본다. 거기서 하나님이 어떤 분이신가를 찾아 그분의 성품을 닮아가는 삶으로 변화되길 결단한다. 이것이 말씀 묵상의 큰 틀이다.

예를 들어, 한 중풍병자를 그의 친구 네 사람이 예수님이 계신 곳의 지붕을 뚫고 달아 내린 사건(막 2:3-12)을 묵상하게 되었다고 해보자. 이 말씀에서 하나님은 뚫릴 만한 지붕 밑에 계시는 분이다. 여기서 내 문제는 그 사실을 불신한 채 지붕을 뚫을 엄두조차 내지 않는 것이라고 묵상할 수 있다.

이렇게 묵상에서 하나님이 누구신가를 찾고, 그것을 기준으로 내 마음밭의 문제들을 바로잡고자 할 때, 곧 하나님의 성품을 통해 얻은 훈계를 내 삶에 적용하고자 할 때 자연스럽게 말씀대로 순종하는 삶의 초점이 그분을 더 깊이 알아가는 데 맞춰진다. 그때 마지못해 순종하는 율법적인 신앙에서 벗어나 참된 예배로 나아갈 수 있다. 예배(worship)는 하나님의 하나님 되심의 가치(worth)를 있는 그대로 대우하고 존중해드리는 것(ship)이다. 말씀에 순종하는 삶은 어느새 무한히 존귀하신 하나님을 내 삶의 주인이요 주권자로 인정하며 그분의 선하심과 위대하심을 더 깊이 알아가고자 소원하는 예배로 자라간다.

이렇게 말씀을 기준으로 내 삶의 문제와 하나님의 어떠하심을 묵상할 때 그 말씀이 내 마음밭에 제대로, 곧 법대로 심겨진다. "묵은 땅을 갈고 가시덤불에 파종하지 말라"(렘 4:3)고 했다. 내 마음밭에 얽혀 있는 문제나 연약함, 상처와 같은 죄의 걸림돌과 이물질들을 주의 말씀으로 기경하고 제거한 후 주의 성품을 좇아 살아가고자 할 때 비로소 하나님의 말씀이 내 마음 밭에 올바로 심겨져 성령의 9가지 열매(갈 5:22-23)를 맺는 삶으로 나아갈 수 있다. 그러한 열매가 훗날 주 앞에 설 때 진짜 열매로 인정받게 된다. 하나님께 속한 열매는 하나님의 것으로만 맺을 수 있다.

애초부터 성경을 주신 목적이 하나님이 누구신지를 알려주시려는 데 있다. 물론 우리에게 구원을 주시고 성화의 삶을 살게 하시려는 것(딤후 3:15-17)도 주된 목적이다. 그러나 그 또한 하나님이 어떤 분이신지가 올바로 전제되어야 한다. 신약시대는 만인제사장 시대다. 누구든지 성경을 통해 하나님을 직접 만날 수 있고 개인적으로 그분을 더 깊이 알아가는 친밀한 교제를 나눌 수 있다. 말씀을 묵상하는 이유는 하나님이 누구신지를 알려주는 그 말씀으로 내 삶의 문제들을 잘 관찰해서 '교훈과 책망과 바르게 함과 의로 교육함'(딤후 3:16)의 인도를 받기 위해서다.

그렇게 하지 않으면 성도 각자에게 개인적으로 주시는 주의 음성을 듣거나 여러 상황에 따른 그분의 뜻을 제때 제대로 분별하기 어렵다. 하나님을 아는 사람이 있고, 하나님에 관한 지식을 배운 사람이 있다. 묵상을 통해 주의 음성을 듣는 훈련이 이뤄지면 단순히 하나님에 관한 지식에서 더 나아가 하나님을 알고 그분의 마음에 익숙해진다. 그때 그분의 말씀의 빛으로 내 안의 문제들을 조명하는 일도 차츰 더 수월해진다.

성숙한 신자는 마음이 행복하고 넉넉한 신자다

내가 신앙생활에서 하나님께 내어드리는 모든 섬김의 영역은 하나님께서 내게 주신 말씀에 기준을 둔 것이어야 한다. 말씀을 올바로 심지 않으면 믿음을 올바로 세울 수 없다. 그냥 다른 사람들이 하니까 나도 따라 하고, 체면상 안 하면 안 될 것 같아 눈치 보며 순종하는 삶이 될 수 있다. 훗날 주님 앞에 설 때 분명한 신앙의 기준을 보여드릴 수 없는 삶이다.

매일의 일상에 그때그때 꼭 필요한 주의 말씀을 심어나갈 때 내 삶의 모든 영토에 하나님의 주권을 선포하고 확장해가는 하나님 나라의 당당한 국민으로 살아갈 수 있다. 또한 그 파종의 첫 번째 열매로 내 마음에 기쁨과 평안, 자유함과 감사를 수확하게 된다. 성숙한 신자는 무엇보다 마음이 행복하고 넉넉한 신자다.

묵상하는 삶의 중요성을 강조한 솔로몬은 결론적으로 의미심장한 말 한마디를 덧붙인다. "네가 좀더 자자, 좀더 졸자, 손을 모으고 좀더 누워 있자 하니 네 빈궁이 강도같이 오며 네 곤핍이 군사같이 이르리라"(잠 24:33-34). 상황을 파악했다면 이제 하나님의 말씀으로 나를 부지런히 돌아보는 삶에 깨어 있어야 한다는 뜻이다. 육체적인 게으름은 영적인 게으름을 낳는다. 여전히 "좀더 자자, 좀더 졸자" 하며 게으름을 피우면 영적으로 무지하고 빈궁해져서 풍성한 열매가 없는 삶을 살게 된다는 경고다.

일상적인 회개의 삶을 위해서는 찬양과 감사, 회개, 중보, 간구의 순서로 진행하는 매일의 골방 기도도 중요하지만 말씀 묵상 역시 똑같이 중요하다. 칼빈은 "하나님을 아는 참된 지식은 순종을 통해 온다"고 말했다. 말씀을 묵상할 때마다 자신의 죄를 회개하고 하나님의 거룩하신 성품을 따라 살고자 결단하며 그대로 순종하는 사람은 날마다 말씀의 반석 위에 결코 무너지지 않을 든든한 집을 짓는 지혜로운 사람과 같다.

"우리가 선을 행하되 낙심하지 말지니 포기하지 아니하면 때가 이르매 거두리라"(갈 6:6).

행믿노트 17

구원의 여정에 하나님의 일과 내 일을 구분할 수 있나?

과거에 입장이 다른 그리스도인들은 두 가지 패러디를 만들어 서로 비난했습니다. 이 두 패러디는 진리를 더욱 분명히 드러내주지요. 그중 한편의 그리스도인은 다음과 같이 주장한다는 비난을 받았습니다. "오로지 중요한 건 선한 행위이다. 최고로 선한 행위는 사랑이다. 최고의 사랑은 돈을 바치는 것이다. 돈을 바치기에 최고로 좋은 곳은 교회다. 그러니 우리에게 1만 파운드를 내라. 그러면 우리가 당신의 뒤를 봐주겠다." 물론 이 헛소리에 대한 대답은 "그런 동기로 베푸는 선행, 천국을 돈으로 살 수 있다는 생각으로 베푸는 선행은 선행이 아니라 장삿속 투기일 뿐"이라는 것입니다.

반면에 또 다른 한편의 그리스도인들은 이렇게 주장한다는 비난을 받았지요. "오로지 중요한 건 믿음이다. 따라서 믿음만 있다면 무슨 짓을 하든 상관없다. 친구여, 마음껏 죄를 짓고 즐겨라. 그래도 그리스도께서는 하등 문제 삼지 않을 것이다." 이 헛소리에 대한 대답은 "당신이 믿음이라고 부르는 것이 그리스도의 말씀에 조금이라도 주목하는 일과 아무 상관이 없다면, 그것은 믿음이 아니라 - 그리스도를 믿거나 신뢰하는 것이 아니라 - 그에 대한 몇몇 이론을 머리로만 받아들인 것일 뿐"이라는 것입니다.

성경은 한 놀라운 구절 안에 이 두 가지를 통합함으로써 문제를 마무리짓습니다. 그 구절의 전반부는 "두렵고 떨림으로 너희 구원을 이루라"(빌 2:12)고 되어 있습니다. 이것만 보면 마치 모든 것이 우리와 우리의 선행에 달려 있는 것 같습니다. 그런데 후반부는 이렇게 이어집니다. "너희 안에서 행하시는 이는 하나님이시니"(빌 2:13). 이 구절은 마치 하나님이 모든 것을 하시므로 우리는 아무 할 일이 없다고 말하는 것 같습니다. 이렇게 모순되게 보이는 구절들이야말로 기독교에 거부감을 느끼게 하는 부분이 아닌가 싶습니다.

그러나 저는 이 사실이 당황스럽긴 해도 전혀 의외로 느껴지진 않습니다. 여러분도 알다시피 우리는 지금 하나님과 인간이 함께 일할 때 정확히 어디까지가 하나님의 일이고 어디까지가 인간의 일인지 칼로 자르듯 철저하게 구분하려 들고 있습니다. 물론 처음에는 두 사람이 함께 일할 때처럼 "그는 이 일을 하고 나는 저 일을 한다"고 말할 수 있을 것 같은 생각도 들지요.

그러나 이런 생각은 금방 무너지고 맙니다. 하나님은 그런 분이 아닙니다. 그는 여러분 밖에 계실 뿐 아니라 여러분 안에도 계시는 분입니다. 설사 하나님의 몫과 인간의 몫이 무엇인지 이해할 수 있다 해도, 그 내용을 인간의 언어로 적절하게 표현할 수 있다고는 생각지 않습니다. 그런데도 그것을 억지로 표현하려다 보니 교파마다 제각기 다른 주장을 하게 된 것이지요.

그러나 여러분은 선행의 중요성을 크게 강조하는 교회도 믿음의 필요성을 이야기하며, 믿음을 크게 강조하는 교회 또한 선행을 권면한다는 사실을 발견할 수 있을 것입니다. 제가 할 수 있는 이야기는 여기까지입니다. 기독교가 처음에는 온통 도덕 얘기만 하고 의무와 규칙과 죄와 덕에 관한 말만 하는 것 같아도, 결국은 이 모든 것을 통해 도덕 너머의 것으로 우리를 이끌어간다는 데에는 모든 그리스도인들이 동의하리라 생각합니다.

C. S. 루이스 <순전한 기독교> (홍성사)

2장
입술의 열매,
무엇으로 심고 거둘까?

혀는 작아도 정말 몸 전체를 더럽힌다. 내 입에서 모든 종류의 불평, 험담만 없애도 교회에서 웬만한 훈련을 몇 년 동안 받는 것보다 낫다. 내 말이 곧 내 육신이어서 십자가를 통하지 않고는 내 말 하나 내가 못 잡는다. 언제 누구와 무슨 대화를 하든 내 말이 하나님 앞에서 어떠한지 의식되길 구한다.

"너희 말이 내 귀에 들린 대로 내가 너희에게 행하리니"(민 14:28)

특정한 말을 들려주면서 물의 구성 입자가 달라지는지의 여부를 관찰하는 실험이 진행된 적이 있다고 한다. 그 결과로 좋거나 나쁜 말, 사랑이나 미움이 담긴 말이 공기에 특정한 진동을 일으켜 그 진동이 가까운 데 있는 물의 분자를 파괴하거나 조화롭게 배열시키기도 한다는 보고가 나왔다. 인체의 70퍼센트가 수분이니까 내가 나 자신에게 어떤 말을 하고, 이웃에게 어떤 말을 듣고 사는가는 우리 몸의 건강에도 큰 영향을 끼치게 될 것 같다.

하나님께서도 신자들의 언어생활을 중시하시며 그들의 말에 민감하게 반응하신다. "너희 말이 내 귀에 들린 대로 내가 너희에게 행하리니"(민 14:28)라는 말씀은 우리의 말이 하나님의 행하심과 밀접하게 연관된다는 사실을 잘 보여준다. 여기서 '너희 말'은 출애굽 후 광야생활의 여정을 힘들어하는 이스라엘 백성들의 원망과 불평을 가리킨다. 이는 그들의 삶에서 생기는 어려운 일이나 상황에 대해 무심코 늘어놓게 되는 단순한 불평과는 다르다. 하나님께 대한 믿음이 필요한 상황에서 그 믿음을 저버린 채 그냥 입에서 나오는 대로 쏟아놓는 불평이나 원망은 하나님께 대한 불신과 같다.

때로 믿음으로 말하는 것이 행함의 순종보다 앞선다

하나님께 대한 신자들의 원망은 그분께 대한 비방이나 다름없다. 말로 내뱉는 원망과 불평의 죄를 피하려면 무엇보다 지금 각자가 처한 상황만 보는 데서 벗어나 믿음의 눈을 뜨고 믿음의 말을 할 수 있어야 한다. 이러한 믿음의 말은 하나님과의 관계뿐만 아니라 이웃과의 관계를 건강하게 유지하고 성숙시키는 데도 기본적으로 꼭 필요하다.

믿음은 바라는 것들의 실상이요 보이지 않는 것들의 증거다(히 11:1). 우리의 삶에도 눈에 보이는 현실이 있고, 눈에 보이진 않지만 바라는 것들의 실상이 있다. 그런데 사람들은 보통 눈에 보이는 현실만을 보고 말하는 데 익숙하다.

예를 들어, 부모가 자녀를 바라볼 때 그 자녀의 '현실'이 있고, 부모가 믿음 안에서 그 자녀에게 '바라는 것들의 실상'이 있다. 부모는 지금 자녀가 비록 부족한 가운데 있다 하더라도 그 자녀가 훌륭하게 되기를 바란다. 믿음으로 말한다는 것은 바로 이런 상황에서 "우리 애는 도대체 커서 뭐가 될지 걱정이야"라는 식으로 자녀의 '현실'만 탓하기보다 믿음 안에서 부모가 자녀에게 '바라는 것들의 실상'을 말하는 것이다.

한국에서 부모 세대는 특유의 한 많은 정서와 문화적 분위기로 인해 자식들에게 믿음이 결여된 말을 심심찮게 예사로 퍼붓곤 했다. "넌 뭐 제대로 하는 게 하나도 없냐? 네가 세 끼 밥 챙겨 먹고 하는 게 뭐야?" 이런 불평과 불신의 말은 자녀에게 평생 상처로 남을 수 있다. 이런 말 대신 믿음의 말, 격려하고 칭찬하는 말을 자주 해준다면 자녀들의 인생이 크게 달라질 것이다.

이러한 믿음의 말의 원리는 하나님께 대한 우리의 태도에도 마찬가지로 적용된다. 광야의 여정에서 내뱉은 이스라엘 백성들의 원망과 불평은 그들을 가나안땅에 들이시겠다는 하나님의 약속에 대한 신뢰로 믿음의 역사를 이뤄가야 하는 과정을 어그러뜨린 명백한 불신의 말이었다. 지금 우리의 믿음의 여정에도 날마다 늘 신실하게 함께하시는 하나님의 동행과 인도를 별 생각 없이 무시한 채 쉽게 원망하고 불평할 때 우리 또한 동일한 불신의 죄를 짓게 된다.

믿음을 가진 사람은 그 믿음을 행함뿐만 아니라 말로도 나타낼 수 있어야 한다. 믿음으로 말하는 것이 행함의 순종보다 선행되어야 할 때도 많다. 신자들도 예수님을 믿기 전에는 눈에 보이는 현실만 보이는 대로 말하는 데 익숙했다. 그러나 가나안땅 정탐 보고에서 여호수아와 갈렙이 믿음으로 말한 것처럼, 예수님을 믿은 후에는 바라는 것들의 실상을 믿음으로 말하는 법을 배우게 된다. 그것이 믿음으로 사는 삶의 중대한 기초라는 사실을 알게 되어서다. 그렇게 믿음으로 말하면 얼마 지나지 않아 '바라는 것들의 실상'이 신자의 삶에서 실제로 '현실'이 된다.

지금도 말을 통해 창조의 역사가 이뤄진다

하나님은 말씀이시고(요 1:1), 말씀이신 그 하나님의 형상으로 지어진 우리의 본질도 사실은 말이다. 하나님은 말씀을 통해 창조의 역사를 이루셨다. 창조된 모든 세계는 보이지 않는 하나님의 말씀으로 이루어졌다. 무에서 유를 창조해내는 일에 말씀이 얼마나 중요한 역할을 하는지를 그 창조의 역사로 보여주신 것이다.

말씀이신 하나님의 형상을 따라 지어진 우리 또한 각자의 삶 가운데서 말을 통해 창조의 역사를 이루어가도록 설계되어 있다. 우리가 각자의 삶에서 어떤 말을 하느냐에 따라 그에 걸맞은 입술의 열매를 맺게 되는 이치는 본래부터 하나님께서 정하신 창조의 법칙에 속한다.

성경은 여러 대목에서 이 입술의 열매, 말의 열매에 대해 강조한다. 악인은 입술의 허물로 그물에 걸리고, 사람은 입의 열매로 복록에 족하다(잠 12:13-14). 사람은 입에서 나오는 열매로 배부르게 되고, 혀를 쓰기 좋아하는 자는 혀의 열매를 먹는다(잠 18:20-21). "그가 저주하기를 좋아하더니 그것이 자기에게 임하고 축복하기를 기뻐하지 아니하더니 복이 그를 멀리 떠났으며"(시 109:17). 입술의 열매를 창조하시는 하나님의 섭리가 우리의 모든 말의 배후에 작용하기 때문에 말 역시 "심는 대로 거두는"(갈 6:7) 법칙의 지배를 받는다.

지금도 믿음의 말을 하면 믿음의 열매를 맺고, 불신의 말을 하면 불신의 열매를 거둔다. 현재의 내 여건만 보면 어떤 이유로든 불평할 수 있다. 그러나 그 현재의 실상을 보는 데만 얽매이지 않고 주님을 향한 믿음 안에서, 하나님께서 그분의 나라를 위해 내게 약속하신 것으로서 내가 바라는 것들의 실상을 믿음으로 바라보며 미리 감사하며 소망을 품고 나아가면 반드시 믿음의 열매를 거둔다. 하나님께서 내 입술로부터 그 믿음의 말을 들으신 대로 그대로 내게 행해주실 것이기 때문이다.

가나안땅을 보고 와서 여호수아와 갈렙은 "우리가 곧 올라가서 그 땅을 취하자. 능히 이기리라"(민 13:30)고 말했다. 그러나 다른 열 명의 정탐꾼들은 하나님과 함께한 자신들을 가리켜 메뚜기 같다고 자조하며 불평했다(민 13:33). 여호수아와 갈렙은 그들이 바라는 것들의 실상을 보고 그 땅을 취할 수 있다는 믿음의 말을 전했다. 그러나 다른 정탐꾼들은 가나안땅에서 눈에 보이는 대로의 현실만 보는 데 그쳤다. 하나님의 약속에 대한 믿음 안에서 그들이 바라는 것들의 실상은 보지 못했다.

지금 천국 입성을 앞두고 거룩한 믿음과 순종의 삶을 훈련하는 신자들도 날마다 맞닥뜨리는 세상의 권세와 위용 앞에서 각자의 부족한 처지나 장애물들만 보면 스스로 메뚜기 같다고 여길 수 있다. '이렇게 살아서 내가 천국 갈 수나 있을까?' 하는 의심마저 들면서 삶의 환경이 힘겨울 때마다 습관적으로 종종 불평하고 염려한다면 어떻게 될까? 하나님께서 우리를 불러주셨을 때 각자에게 "믿음의 결국 곧 영혼의 구원을 받음이라"(벧전 1:9)는 말씀으로 구원의 여정에서 하나님의 신실한 인도를 받게 해주신다는 약속도 함께 주셨다는 것을 불신하는 모습과 똑같다.

이제는 그러한 염려나 의심이 찾아들 때마다 오히려 그것을 기도제목으로 바꾸어 하나님의 약속을 굳게 신뢰하는 믿음의 말로 간구할 수 있어야 한다. 나의 연약함을 콕 집어 그것을 빌미로 자주 불신과 원망 가운데 빠트리려는 사탄의 세력에 대해 여호수아와 갈렙처럼 "그들은 우리의 먹이라"(민 14:9)고 담대히 선포할 수 있다면, 하나님께서 나의 그 말이 자신의 귀에 들린 대로 내게 행해주실 것이다.

내 삶은 이제까지 내가 심어온 내 말의 열매다

바라는 것들의 실상을 믿음의 눈으로 보지 못하면 적들이 실제보다 더 크게만 보이는 착시 현상이 생긴다. 실제로는 그렇게 큰 거인이 아닌데도 실상보다 훨씬 더 커 보이고, 믿음으로 보면 내 형편이 결코 작거나 미약하지 않은데도 내 눈길은 내내 그저 초라한 메뚜기 같아 보이는 데만 머문다. 때로 자신의 한계를 스스로 제한하는 말은 겸손의 표현 같고 욕심 없는 말 같지만, 뒤집어서 보면 불신이 담긴 표현이기 십상이다. 신자들마저 자주 겸양의 태도와 믿음 없음의 태도를 혼동하는 경향이 많다.

"항상 낙심하라. 쉬지 말고 원망하라. 범사에 불평하라. 이는 너희 자신의 육신 안에서 너희를 향한 사탄의 뜻이니라." 데살로니가전서 5장 16-18

절 말씀을 '사탄의 뜻' 버전으로 바꾸면 이런 말이 된다고 한다. 다시 듣기 싫을 만큼 섬뜩한데도 실생활에서는 어쩌면 **꽤** 자연스럽고 친숙한 명령이 되어 있는 경우도 드물지 않다. 우리의 장래는 지금 우리가 취하는 언어생활에 달려 있다고 해도 과언이 아니다. 지금 나의 삶은 이제까지 내가 심어 온 나의 말의 열매다.

하나님은 말로 세상을 창조하셨지만 사탄은 말로 세상을 파괴시키려 한다. 궁극적으로 말은 의식적인 훈련뿐만 아니라 기도와 말씀을 통한 성령 충만의 은혜로 지켜진다. 믿음의 기도야말로 내 삶에 최상의 입술의 열매를 거두게 하는 일이며, 주의 말씀을 즐거워하여 하루 종일 되새김질하고 읊조리는 것으로 내 입술을 지키는 것 역시 내 마음밭을 최상의 옥토로 만드는 귀중한 복의 통로가 된다.

"누추함과 어리석은 말이나 희롱의 말이 마땅치 아니하니 오히려 감사하는 말을 하라"(엡 5:4).

행밀노트 18

선행 없는 믿음, 선행 없이 유지되는 칭의는 없다

우리가 사람이 행위로 말미암아 의롭다 하심을 얻는 것이 아니며, 선행이 공로가 되어 구원을 얻는 것이 아니라고 가르치자, 일부 불경한 자들은 우리가 선행을 완전히 부인하여 선행을 추구하는 자들을 현혹시키고 있다고 비방하고, 또한 우리가 의롭다 하심이 값없는 죄 사함에 있다고 가르치는 것을 두고 의로 향하는 길을 너무 쉽게 만든다고 비방하기도 하며, 또한 우리가 이렇게 사람들을 현혹시켜서 이미 죄를 향하여 너무 많이 기울어져 있는 사람들을 더욱더 죄를 짓도록 꾀인다고 비방하기도 한다.

그들은 믿음으로 말미암아 의롭다 하심을 얻는다는 가르침이 선행을 무너뜨린다고 주장한다. 그러나 믿음을 높임으로써 오히려 행위가 장려되고 격상된다면 어찌할 것인가? 우리는 선행이 없는 믿음이나 선행이 없이 유지되는 칭의는 꿈도 꾸지 않는다. 다만 여기서 중요한 것은, 믿음과 선행이 반드시 서로 굳게 결합된다는 것을 인정하면서도, 우리는 여전히 칭의의 기초를 선행이 아니라 믿음에 둔다는 사실이다. 이렇게 하는 데 대해서는, 우리의 믿음이 지향하며 또한 믿음의 모든 능력이 비롯되는 그리스도께로 돌아가면 곧바로 설명되는 것이다.

그렇다면, 어째서 우리가 믿음으로 말미암아 의롭다 하심을 얻는 것일까? 그것은 오직 그리스도의 의로 말미암아서만 하나님과 화목되는데 우리가 그 그리스도의 의를 믿음으로 붙잡기 때문이다. 그러나 그리스도의 의를 믿음으로 붙잡음과 동시에 반드시 거룩함도 함께 붙잡게 되는 법이다. 왜냐하면 그리스도께서 "우리에게 지혜와 의로움과 거룩함과 구원함이 되셨기" 때문이다(고전 1:30).

그러므로 그리스도로 말미암아 의롭다 하심을 얻은 사람은 반드시 동시에 거룩하게 되는 것이다. 이 은혜들은 영원히 뗄 수 없는 끈으로 서로 엮어져 있기 때문에, 주께서는 그의 지혜로 조명하시는 자들을 또한 구원하시고, 구원하시는 자들을 또한 의롭다 하시고, 의롭다 하시는 자들을 또한 거룩하게 하시는 것이다.

그러나 지금 문제가 되고 있는 것은 의와 거룩함뿐이므로, 그것들을 주목하기로 하자. 우리는 그것들을 서로 구분하기도 하겠지만, 그리스도께서는 그들을 서로 분리시킬 수 없도록 친히 자기 속에 지니고 계신다. 여러분, 그리스도 안에서 의에 이르기를 바라는가? 그러면 먼저 그리스도를 소유해야 한다. 그러나 그를 소유하면 동시에 그의 거룩하심에 참여하는 자가 된다. 왜냐하면 그는 여러 조각으로 나뉘어지는 분이 아니시기 때문이다(참조. 고전 1:13).

그러므로 주께서는 자기 자신을 주시지 않고 이런 은혜들을 누리도록 하시는 법이 없기 때문에, 결국 두 가지 은혜를 동시에 다 주시는 것이요, 그중 어느 하나라도 나머지 하나가 없이는 절대로 얻을 수가 없는 것이다. 그러므로 우리가 의롭다 하심을 받을 때에 행위도 함께 받으나 그러면서도 칭의가 행위로 말미암는 것이 아니라는 사실이 얼마나 참된 진리인지가 분명해진다. 우리가 그리스도 안에 참여함으로써 의롭다 하심을 받는데, 그리스도 안에 참여하는 데에는 거룩함이 의로움에 못지않게 포함되어 있기 때문이다.

죄 사함의 가치는 너무도 크고 귀하기 때문에 사람이 아무리 선한 것으로 갚으려 해도 갚을 수가 없고, 그렇기 때문에 값없는 선물로밖에는 그 은혜를 받을 길이 없다. 우리에게는 물론 죄 사함이 값없이 주어지는 것이다. 그러나 그리스도께는 그렇지 않다. 그는 그의 지극히 거룩하신 피로 값을 주고 정당하게 그것을 사신 것이다. 그 피 외에는 그 어떠한 대속물로도 하나님의 그 엄중하신 심판을 만족시킬 수가 없었던 것이다. 사람들이 이러한 사실을 가르침 받으면, 그들은 자기들이 죄를 지을 때마다 그리스도께서 그의 고귀한 피를 흘리지 않도록 막을 방도가 자기들에게는 없다는 것을 깨닫게 된다.

더 나아가서, 우리는 우리 인간이 너무도 추악하여 이 지극히 순결한 피의 샘 외에는 그 더러움을 씻을 데가 없다고 가르친다. 그러니 이런 가르침을 받는 자들이야말로 인간의 선행을 통해서 정결케 된다는 가르침을 받는 사람들보다도 죄를 훨씬 더 두렵게 생각하지 않겠는가? 하나님에 대해서 조금이라도 의식이 있다면, 한 번 깨끗이 씻음받은 후에 다시 진흙탕 속에 들어가 뒹굴며 할 수 있는 만큼 이 샘의 순결함을 더럽히고 어지럽히는 일을 얼마나 두려워하겠는가?

존 칼빈 <기독교강요> (크리스챤 다이제스트)

3장
사소해 보이는 죄로
실족하지 않으려면?

죄는 나의 결심이나 의지만으로는 못 끊는다. 그 죄가 주는 만족보다 하나님이 더 좋아야 끊어진다. 하나님이 더 좋으려면 기도 가운데 그분을 깊이 만나고 누려야 한다. 결국 기도의 자리에 애써 나아가는 내 의지와 하나님의 주권적 은혜가 성화를 이뤄간다. 성화의 키워드는 주님과의 연합과 동행이다.

"여호수아가 기생 라합과 그의 아버지의 가족과 그에게 속한 모든 것을 살렸으므로 그가 오늘까지 이스라엘 중에 거주하였으니 이는 여호수아가 여리고를 정탐하려고 보낸 사자들을 숨겼음이었더라"(수 6:25)

"나 도서관 갔다올게요." 자녀가 교회 다니는 걸 싫어하는 부모에게 이렇게 말하고 예배에 참여하는 경우가 있다. 좋은 목적으로 타인을 배려하기 위한 이런 경우의 거짓말을 보통 '선의의 거짓말'이라고 한다. 상대방을 기분 좋게 해주려고 선물이 마음에 들지 않는데도 "마음에 쏙 들어요. 센스가 있네요"라고 마음에도 없는 칭찬을 해주거나, 실은 만나기 싫은 건데 상대방이 상처받을까봐 괜히 "나 약속 있어요", "나 바쁜 일 있어요"라고 다른 이유를 대는 경우도 마찬가지다.

성경은 이런 선의의 거짓말을 정당하다고 용인해줄까? 복음주의자들 중에는 용인한다고 보는 이들도 있고, 그렇지 않다고 보는 이들도 있다. 전자에 속한 이들이 대표적으로 내세우길 좋아하는 실제 사례가 바로 라합의 거짓말이다. 여리고성을 정복하려고 여호수아가 보낸 두 명의 정탐군을 자기 집에 숨겨놓고도 여리고 왕이 보낸 병사들에게는 자기 집에 왔다가 다시 나갔다고 천연덕스러운 거짓말로 둘러댄 대목이다(수 2:1-6). 명백한 거짓말이긴 하지만 자기 유익이 아니라 타인의 유익, 이웃의 생명을 구하기 위한 선의의 거짓말에 속한다.

사소해 보이는 선의의 거짓말, 정당화될 수 있나?

라합은 그 일로 신약성경에서 믿음으로 순종한 사람이요(히 11:31) 행함 있는 믿음의 본(약 2:25)이 된다는 칭찬을 받았다. 또한 여리고성이 멸망당할 때 라합과 온 가족은 그 성에서 유일하게 실제적인 구원을 받는 엄청난 특혜도 누렸다. "여호수아가 기생 라합과 그의 아버지의 가족과 그에게 속한 모든 것을 살렸으므로 그가 오늘까지 이스라엘 중에 거주하였으니 이는 여호수아가 여리고를 정탐하려고 보낸 사자들을 숨겼음이었더라"(수 6:25). 성경이 정탐군을 숨겨준 라합의 행동을 큰 보상이 주어질 만큼 잘한 일로 인정했다는 것은 그녀의 거짓말도 암묵적으로 용인해준 것이라고 볼 만하다.

라합의 거짓말이 타당했다고 보는 이들은 무엇보다 여리고성을 정복하는 전쟁을 수행하는 중에 벌어진 당시의 정황을 고려해야 한다고 본다. 보통 전쟁 중에는 몰래 정보를 수집하는 첩보활동을 하고 적진을 교란시키려고 라합의 거짓말 같은 속임수를 사용하는 것이 정당하게 용인된다. 여호수아도 적군 몰래 숨어 있는 매복을 명령했다(수 8:4). 전쟁에 가담한 나라들은 전쟁 중에 필요한 경우 의도적으로 적군을 유인해서 혼란에 빠뜨리는 전술을 펼친다. 이걸 갖고 거짓말했다고 나무랄 사람은 없다.

이런 경우는 마치 스포츠 경기에서 게임의 정당한 룰의 하나로 일종의 속임수를 사용해서 승리를 쟁취하려는 상황과 비슷하다. 축구 선수들은 공을 이리저리 굴리면서 가능하면 상대방을 따돌리고 속여 헷갈리게 하려고 노력한다. 이걸 갖고 거짓말을 한다고 이의를 달 사람은 없다. 때에 따라 용인된 위장 전술을 구사하는 것은 재미와 승리를 목적으로 하는 운동 경기에서는 일종의 룰처럼 정당하게 받아들여진다.

라합은 전쟁 중이었다고 볼 수 있는 이스라엘과 여리고성의 대치 국면에서 이스라엘의 하나님을 하늘과 땅의 유일한 주권자로 믿고 그분이 이미 여리고성을 무너뜨릴 계획을 갖고 계신 것을 알게 되었다(수 2:9-11). 그녀가 그 하나님께 대한 순수한 신앙에서 이스라엘에 유리하도록 여리고성의 병사들에게 거짓말을 한 것은 정당한 행동으로 인정해줄 만하다.

성경이 선의의 거짓말을 정당한 것으로 용인해준다고 보는 또 다른 근거는 십계명에서 거짓말을 금하고 있는 이홉 번째 계명의 내용에 있다. 하나님께서는 모세에게 그냥 "거짓말하지 말라"고만 말씀하시지 않았다. 그 거짓말의 대상을 지정하시면서 "네 이웃에 대하여 거짓 증거하지 말라"(출 20:16)고 말씀하셨다. 여기서 "네 이웃에 대하여"라는 말씀을 "네 이웃을 해하려고"라는 의미로 해석하기도 한다.

그래서 이 계명은 이웃을 속여서 그 이웃을 해롭게 할 목적으로 거짓말하지 말라는 뜻이지 어떤 상황에서도 절대로 거짓말하지 말라는 의미는 아니라고 본다. 결국 이웃을 해롭게 하지 않는 선의의 거짓말은 십계명에서 금하는 거짓말에는 속하지 않는다고까지 여긴다. 이런 거짓말은 세상에서도 악의 없는 '하얀 거짓말'(white lie) 또는 '직무상의 거짓말'이라고 일컬어 부정적으로 안 본다.

목적이 정당하면 수단도 정당해야 한다

위급한 상황에서 주권자 하나님께서 세우신 계획을 수행하려는 정탐군들을 보호하려고 그들을 잡으러 온 군인들을 속인 라합의 행위는 정당할 뿐만 아니라 오히려 하나님의 뜻을 수행하는 데 동참한 행동이라고 할 만하다. 신약시대의 성도들도 하나님의 계명을 문자적으로만 해석해서 현실적으로 어려움을 당하는 이웃을 문자적으로 거짓말하는 죄를 짓지 않겠다고 해서 마냥 외면하려고만 해서는 안 된다. 하나님의 계명을 균형 있게 이해하고 순종하는 삶을 통해 진정으로 이웃을 돕고 하나님의 온전한 뜻을 이루기 위해 노력해야 마땅하기 때문이다.

지금 우리 삶 속에서도 때때로 선의의 거짓말이 필요한 상황이 있다. 교회 공동체 안에서도 선의의 거짓말이 덕을 세우는 데 지혜롭게 활용되어야 할 측면 또한 무시할 수 없다. 그러나 대부분의 상황에서 어떤 형태로든 거짓말은 잘못되거나 남용되기 쉬워서 거기에는 반드시 진리의 확고한 기준이 필요하다. 신자는 손쉽게 선의의 거짓말에 기대려 하기보다 성경과 양심을 통해서 성령님의 목소리를 민감하게 먼저 분별하려는 신중한 태도를 항상 중시해야 한다.

무엇보다 성경은 선의의 거짓말이든 뭐든 어떤 형태의 거짓말도 정당하다고 용인해주지 않는다고 보는 것이 더 안전하고 현실적이다. 아무리 선한 목적을 위한 거짓말이라도 하나님은 그 거짓말 자체를 인정하시진 않는다. 하나님의 섭리 안에서 라합의 거짓말로 두 정탐군은 들키지 않고 도망갈 수 있었다. 그러나 그러한 선한 결과만으로 라합의 속임수 자체가 정당화되는 것은 아니다. 목적이 정당하면 수단도 정당해야 한다는 게 성경의 원칙이다.

성경의 한 본문이나 사건은 항상 성경 전체의 메시지에 비추어서 해석하고 평가해서 받아들여야 한다. 어떤 형태로든 거짓말이 정당화될 수 있는가 하는 문제에서 성경은 전반적으로 찬성하고 있지 않다. 여호수아 2장에 나오는 라합과 관련된 이야기 역시 윤리적인 특정 규범을 제시하려는 것이 아니다. 단순히 실제로 일어난 어떤 사건에 대해 묘사하고 그 정황을 알리는 데 초점이 있다. 따라서 라합의 행위에서 윤리적인 일반 원리를 이끌어내려는 시도는 무리하다.

여호수아 2장의 문맥을 살펴보면, 라합은 이스라엘의 하나님을 믿게 되기 전까지 오랫동안 가나안땅에 살던 이방 사람들의 좋지 않은 풍습에 젖어 있었던 것 같다. 그래서인지 예기치 못한 위기상황을 맞았을 때 그냥 자신이 꼭 필요하다고 생각되는 기준을 따라서 전혀 주저함 없이 거짓말을 내뱉은 듯한 분위기도 감지된다.

그러나 정말 라합이 성경 속의 진실하신 하나님을 제대로 깊이 알고, 또 이스라엘 백성이 모세를 통해 받은 십계명 중 아홉 번째 계명에 속하는 거짓말 금지 명령이 얼마나 중요한 계명인지를 알았더라면 그렇게 쉽게 거짓말을 했을까 싶다. 그럴 의향이 있었다면 굳이 거짓말을 하지 않고도 전능하신 하나님의 도우심을 구할 수 있는 다른 방책을 찾아보려고 했을 수도 있다.

주의 성산에 거할 자의 첫 번째 자격 요건

지금과 같은 마지막 때는 작은 거짓말을 포함해서 사소하다고 여기는 죄에 대해서도 민감하게 삼가야 할 때다. 작은 거짓말도 중대한 거짓말과 비슷하게 심각한 죄가 될 수 있다고 느껴야 하는 이유가 있다. 그렇게 안 하면 매사에 죄가 없다고 여겨 진실한 회개의 필요성 또한 내내 못 느낄 수 있기 때문이다. 하나님은 이스라엘 백성들이 예배 현장에 와서 기도할 때 그들의 손에 피가 가득한 것을 보시고는 그들의 기도를 안 듣겠다고 말씀하셨다(사 1:15). 이 말씀에는 죄를 지은 당사자들이 정작 자신들이 무슨 죄를 지었는지는 잘 모른다는 사실이 암시되어 있다.

실제로 죄를 지을 때마다 피가 손에 조금씩이라도 엉기게 된다면 못 알아챌 리 없다. 그러니까 하나님께서 지금 기도를 듣지 않으시겠다고 할 만큼 심각하게 여기시는 죄는 사람들이 보통 잘 의식하지 못하는 작고 사소한 죄들이다. 평소에 자신이 손해를 안 보거나 불리한 상황에서 벗어나려고 단순히 자기 이익을 위해 거의 반사적으로 거짓말하는 데 익숙한 사람들이 적지 않다. 그들은 일상 속에서 작고 사소한 거짓말도 예사로 하게 되기 쉽다. 바늘 도둑이 소 도둑 되고, 작은 거짓말이 나중에 큰 거짓말이 된다. 포도원을 허는 작은 여우를 경계하듯(아 2:15) 평소에 이런 작은 죄도 용납하지 않아야 큰 죄도 미리 예방할 수 있다.

하나님께서는 '믿지 아니하는 자들'과 거의 동급으로 '거짓말하는 모든 자들'을 정죄하신다(계 21:8). 주의 장막과 성산에 거할 자의 첫 번째 자격 요건으로 "정직하게 행하며… 그의 마음에 진실을 말하는"(시 15:2) 자를 꼽으신다. 융통성 없고 고지식하게, 무조건 경직되게 원칙만 중시하는 꼰대처럼 살라는 말이 아니다. 작은 거짓말도 피하려 하면서 최대한 사실 그대로 말하되 선의의 거짓말을 할 때보다 더 지혜롭고 따뜻하게 상대방을 배려해줄 수 있는 그런 방식으로 진실을 말하고자 하는 습관이 몸에 배게 해야 한다는 것이다.

바로 그렇게 대수롭지 않게 보이는 작고 사소한 죄들을 삼가며 매일의 일상에서 성령님께서 민감하게 자각하게 해주시는 대로 정직하게 말하고 행할 때 비로소 "뱀같이 지혜롭고 비둘기같이 순결한"(마 10:16) 참 제자의 삶에 온전히 헌신할 수 있다.

"지극히 작은 것에 충성된 자는 큰 것에도 충성되고 지극히 작은 것에 불의한 자는 큰 것에도 불의하니라"(눅 16:10).

예수를 주로 영접해야 내 죄를 덮어주는 구주가 되신다

나이가 들수록, 그리고 하늘나라가 가까워질수록 내 마음에 근심이 더해지는 이유는 많은 사람이 자신을 그리스도인이라고 밝히지만 진정한 그리스도인이라는 증거를 거의 제시하지 못하기 때문이다. 자신이 지옥에서 벗어나 천국에 속한 사람이라고 생각하지만 실제로는 그렇지 않은 수많은 사람이 있을 수 있다고 생각하면 내 슬픔이 커진다. 이 사람들에게는 그리스도께서 변화의 중심에 계시지 않고 사고와 감정의 가장자리에 계신다.

우리가 구원을 얻으려면 예수님을 구주로 믿어야 할 뿐만 아니라 주님으로 복종해야 하는가? 이런 접전 가운데서 출판된 가장 중요하고 성경적인 견해를 담은 책이 존 맥아더의 <주님 없는 복음>이다. 이 책은 내가 방금 표명한 기독교 명목주의라는 위기에 대한 반응이었다. 나는 이 책이 출판되자마자 금을 찾는 욕심쟁이처럼 책을 읽었다. 이 책에 대한 나의 개인적인 반응을 말하자면, 기뻐서 책을 내려놓을 수 없었다. 이 논쟁을 살짝 엿볼 수 있도록 당시 내가 쓴 찬사의 첫 단락을 소개한다.

"현대 청교도인 제임스 패커와 제임스 보이스 두 사람이 '전천년설 세대주의자'라고 자인하는 이를 위해 열정적인 서문을 써준 것을 보면 이 공동의 적이 심상치 않음이 틀림없다. 어떤 경고음이 이 특이한 연합을 만들어냈는가? 대답은 이렇다.

세대주의 진영에서 들려온 커다란 목소리들은 그리스도께서 주님이심을 부인하고도 그리스도를 구주로 영접할 수 있다는 가르침을 공표하고 있다. 그런 목소리 가운데 하나는 이렇게 말한다. '그리스도를 당신의 삶의 주님으로 모시지 않고도 구원을 얻는 것은 불행하지만 가능한 일이다.' 루이스 스페리 체이퍼는 '신약은 구원을 얻지 못한 사람들에게 구원의 조건으로 회개를 요구하지 않는다'고 말했다. <라이리 스터디 바이블>은 회개가 구원의 조건이 되는 경우 회개는 '믿음에 그릇 부가된 것'이라고 말한다.

따라서 (이런 견해에 따르면) 구원하는 믿음과 순종 사이에는 필연적인 연관성이 없다. 믿음은 근본적으로 복음의 사실들에 대한 순간적인 마음의 동의이다. 열매는 믿음의 진정성을 확인하는 정당한 시금석이 아니다. 결과적으로 불순종하는 많은 그리스도인은 단순히 '신자' 범주에 속하게 되는데, 이는 자기 삶에 '예수님을 주님으로 모시고 있는' 2단계 그리스도인을 가리키는 '제자' 범주와 대조된다. 제인 하지스는 이렇게 말한다. '하나님 나라에 들어가는 것이 제자 됨에 달리지 않은 것은 참으로 다행스러운 일이다.'"

맥아더가 이의를 제기했던 견해가 사라졌다고 생각하지 말아야 한다. 그 논쟁이 있은 지 30년 후인 2016년에, 오늘날 그 견해가 복음주의 교회에 침입하는 것에 부담을 느낀 웨인 그루뎀이 <'값없는 은혜' 신학: 복음을 손상하는 다섯 가지 방법>이라는 새로운 책을 출판했다는 점을 주목해야 한다. 그루뎀과 맥아더는 둘 다 성경의 가르침을 충실하게 보여준다.

그 책들과 당신이 지금 읽고 있는 이 책은 차이점이 있다. 맥아더도 그루뎀도 내가 제기하는 질문을 탐구하지 않았다. 구원하는 믿음의 본질은 그리스도를 지극히 가치 있는 분으로 보배롭게 여기는 것을 포함하는가? 즉 구원하는 믿음은, 죄의 뿌리를 반드시 잘라내고 기꺼운 순종의 열매를 맺는 이유의 열쇠일 수 있는, 정서적인 차원을 포함하는가? 이는 맥아더나 그루뎀을 비판하려는 의도가 아니다. 나처럼 두 사람은 웨스트민스터 신앙고백 11장 2항이 가르치는 개혁주의의 교훈에 굳게 서 있다.

"이런 식으로 그리스도와 그분의 의를 받아들이고 의지하는 믿음은 의롭다 하심을 받는 유일한 수단이다. 그렇지만 믿음은 의롭다 하심을 받는 사람 안에 홀로 있지 않고, 다른 모든 구원하는 은혜를 항상 동반한다. 그러므로 믿음은 죽은 믿음이 아니며 사랑으로써 역사한다."

다시 말해 우리는 의롭다 하심을 받는 유일한 믿음이 사랑으로써 역사하는 믿음이라는 데 의견이 일치한다. 이 사랑을 바울은 "네 이웃 사랑하기를 네 자신같이 하라"(갈 5:14)는 말로 요약한다. '사랑으로써 역사하는' 믿음이 아니라면, 그것은 구원하는 믿음이 아니다. 즉 그리스도를 사랑을 불러일으키시는 주님으로 받아들이지 않는다면, 그때 그리스도께서는 죄를 덮어주는 구주가 아니시다.

존 파이퍼 <존 파이퍼의 구원하는 믿음> (생명의말씀사)

4장

이웃에게 범하기 쉬운 비판과 판단의 죄, 어떻게 피할 수 있나?

궁극적으로 나 자신 외에는 내가 가는 천국 길을 방해하는 자가 없다면, 타인의 언행에 대한 내 반응으로 나를 실족시키는 건 어리석은 짓이다. 타인은 나를 무너뜨릴 수 없다. 단지 내가 그 타인으로 인해 스스로를 무너뜨린다. 정말 내 마음을 잘 지키는 것이 생명의 근원을 지키는 것이다(잠 4:23).

"어찌하여 형제의 눈 속에 있는 티는 보고 네 눈 속에 있는 들보는 깨닫지 못하느냐"(눅 6:41)

"몸이 천 냥이면 눈이 구백 냥"이라는 속담이 있다. 내 몸에서 눈은 아주 중요하다. 누군가와 대화할 때도 주로 눈을 쳐다본다. 눈에 상대방의 마음 상태가 그대로 담겨 있어서다. "눈은 마음의 창"이라는 말도 있다. 사실 눈에 내 영혼이 담겨 있다. 신학적으로도 내 몸은 내 영혼과 똑같이 생겼다. 내 몸짓이나 눈짓이 곧 내 영혼의 모양 그대로다.

예수님이 비판의 문제를 다루시며 이웃의 코나 입이나 다른 부위가 아니라 그의 '눈' 속에 있는 티를 예로 드신 건(눅 6:41) 왜일까? 비판은 사람의 마음을 살피고 존중하는 문제와 직접 연결되고, 그래서 눈이 예민한 만큼 아주 조심스럽고 신중하게 다뤄야 한다는 뜻이 아닐까? 이 사실만 늘 의식해도 비판으로 생기는 문제의 대부분은 사라질 듯싶다.

비판은 무조건 나쁜 것이니 일체 비판하지 마라?

그러나 실제로는 개인적인 관계나 교회 공동체 안에서 이 비판의 문제로 민감한 갈등이 많다. 그래서 특히 교회에서는 전통적으로 비판을 아예 금지시키는 논리가 우세하다. "비판은 무조건 나쁜 것이니 일체 비판하지 마라. 비판할 수 있는 분은 오직 하나님뿐이다. 그저 기도하면서 하나님께 맡기는 걸로 족하다." 그러나 이런 가르침이 온전히 성경적인 건 아니다. 건전한 비판이나 판단은 성경도 용인한다.

예수님은 형제가 죄를 범하면 알고도 모른 체하며 그를 위해 기도만 해주라고 말씀하시지 않았다. 그에게 가서 먼저 개인적으로 권고하고, 두세 증인과 공동체 순으로 접촉해 적절하게 비판받고 바로잡히도록 도와야 한다고 권면하셨다(마 18:15-17). 사도 바울도 자신들의 배만 섬기며 교활한 말과 아첨하는 말로 순진한 신자들을 미혹하는 이들에 대해 비판했다(롬 16:17-18). 특정인을 이미 판단했다는 표현도 사용한다(고전 5:3). 바른 복음에 충실치 못한 사람들을 저주했다(갈 1:8). 심지어 어떤 이들을 '개들'로 지칭하기도 했다(빌 3:2). 또한 이단에 속한 사람들은 마땅한 비판을 통해 멀리해야 한다고도 권면했다(딛 3:10-11).

비판을 무조건 금하는 게 능사가 아니다. 이 세상에 정당한 비판이 없다면, 죄에 대한 깨달음이나 원칙, 윤리적 문제도 사라진다. 도덕적 무관심 속에 선한 삶이라는 개념 자체도 설 자리가 없다. 진리와 오류, 선과 악을 분별하지 않고, 무슨 일을 당해도 아무런 의견이나 분별도 없는 맹목적인 숙맥 같은 존재로 살아갈 순 없다. 따라서 중요한 건 비판을 하되 얼마나 신중하게, 성경적으로 균형 잡힌 비판을 하는가다.

그러려면 예수님의 명령대로 내 눈 속에 있는 들보를 깨닫고 그것을 먼저 빼내야 한다. "어찌하여 형제의 눈 속에 있는 티는 보고 네 눈 속에 있는 들보는 깨닫지 못하느냐"(눅 6:41). 이 말씀에서 예수님은 '보다'라는 동사와 '깨닫다'라는 동사를 대비시키신다. 타인의 눈 속에 있는 티는 눈에 보일 만큼 외형적인 반면 깊이 깨달아야 할 내 눈 속의 들보는 내면적인 것이다. 티는 일시적으로 단시간에 자리한 것이지만, 내 눈 속의 들보는 꽤 오래 묵은 것이다.

그래서 이웃의 눈 속에 있는 티는 백 데나리온짜리지만, 내 눈 속의 들보는 만 달란트짜리다(마 18:21-35). 이 들보는 사람의 힘이 아닌 하나님의 은혜로만 빼낼 수 있다. 세상의 수많은 지혜자들은 다 사람의 눈에 보이는 온갖 티를 갖고 이러쿵저러쿵 현란한 가르침을 늘어놓는다. 그러나 들보는 오직 하나님만 알려주시고, 친히 빼내주실 수 있다. 그 들보는 예수님의 십자가를 통해서만 제거될 수 있다. 예수님은 나의 원죄와 미래에 지을 자범죄까지 원칙적으로는 이미 다 짊어지셨다. 그러나 이 원칙이 개개인에게 적용될 때는 회개와 믿음이 요구된다.

신자가 된 이후에도 자범죄에 대한 회개가 필요하다. 사도 요한은 우리가 죄 없다 하면 스스로 속이는 거라면서 매번 진실한 자백과 회개가 필요하다고 말한다(요일 1:8-9). 회개는 지(깨달음), 정(후회), 의(결단)의 전인격적인 순종을 통해 죄로부터 하나님께로 끊임없이 돌이키는 것이다. 법적으로는 모든 죄를 용서받았다. 그러나 그렇다 해도 이러한 전인적인 회개가 신앙생활 중에도 계속 따르지 않을 경우 나중에는 내 눈 속에 큰 들보가 자리잡는다. 결국 어둠이 내 눈을 멀게 해서 형제를 미워하고 비판하는 삶을 살아도 못 알아차린다(요일 2:11).

비판을 많이 하는 사람들일수록 불안감과 염려가 많은 이유

신학적으로 보면 이 들보는 하나님을 떠난 모든 사람이 가진 죄의 가장 근본적인 특성, 곧 자기중심적인 이기심이다. 신앙생활 중에도 때마다 자기를 부인하는 회개를 통해 이런 이기심의 죄악된 성향을 부지런히 제거해나가야 한다. 그런데 이웃과의 관계에서 비판의 문제로 적용의 범위를 구체적으로 좁히면, 이 들보는 좀더 복잡미묘한 심리적 성향으로 나타나기도 한다. 대표적인 것이 자기애, 곧 나르시시즘이다. 자신을 사랑하고 자신이 훌륭하다고 여기는 성향을 말한다. 타인을 비판할 때 정도의 차이만 있을 뿐 많은 사람들이 자연스럽게 이 나르시시즘의 성향을 발동시킨다.

나르시시스는 그리스 신화에 나오는 나르키소스의 영어식 이름인데, '나르케'라는 단어에서 나왔다. 나르케는 그리스어로 '잠' 또는 '무감각'을 뜻한다. 그리스 신화에서 자신을 짝사랑한 요정을 자살에 이르게 한 미소년 나르키소스에게는 타인에 대한 공감능력이 없었다고 본다. 그래서 나르시시즘을 '자기애성 인격장애' 또는 '공감능력 결핍 인격장애'라고 한다.

근거 없는 비합리적 우월감이 나르시시즘의 가장 큰 특성이다. 자기는 다른 사람보다 우월하다고 믿는데 다른 사람이 그렇게 생각하지 않을까봐 늘 불안해한다. 그래서 타인에게 끊임없이 자신이 우월하다는 존재감을 과시하고 확인받으려고 한다. 늘상 칭찬을 구하거나, 타인을 계속 깎아내리고 비판해서 자신을 상대적으로 커 보이게 만들려고 애쓴다. 공동체에 잘 적응하지 못하고, 타인의 처지나 입장을 고려하지 못한 채 자기중심적으로 세상을 관찰하고 타인을 재단하려는 경향이 많다. 자기가 이상한 건데 남들보고 이상하다는 사람들 중에 나르시시스트가 많다.

나르시시즘은 유전적이라기보다 자랄 때 애정 결핍 등의 환경 요인으로 생긴 수치심과 열등감, 낮은 자존감을 남들에게 우월감을 느끼는 것으로 보상받으려는 심리적 성향이다. 주위에 보면 비판을 많이 하는 사람들일수록 실제로 불안감과 염려가 많다. 나르시시스트는 스스로 부적합하고 공허하며 불완전하다는 느낌과 열등감에서 자기 의, 교만, 다른 사람에 대한 경멸, 허영, 우월감이라는 보상 심리로 옮겨간다. 이러한 비정상적인 자존감이나 자신에 대한 과대평가는 과거에 나르시시즘적인 상처가 존재했다는 것을 드러낸다.

이렇게 오랫동안 자기중심적인 성향으로 얼룩진 마음의 상처, 곧 들보를 빼내려면 무엇보다 하나님의 은혜를 구해야 한다. 나르시시스트들의 자기과시적 성향의 배후에는 거절감에 대한 깊은 상처가 있다. 이들에게 가장 절실한 것은 은혜, 즉 받아들여졌다는 느낌이 마음속에 깊이 자리잡히게 하는 것이다. 하나님의 은혜야말로 우리 각자가 오랜 세월에 걸쳐 어느 정도는 다 품고 사는 자아도취적인 나르시시즘이라는 들보를 빼낼 수 있는 유일한 치유의 통로다. 이 은혜 안에 지속적으로 머물기 위해서는 진실한 회개의 삶이 필수적이다. 물론 그와 동시에 나에게 나르시시즘적인 성향이 어느 정도 있고 또 어떤 때는 그런 성향대로 행하고 싶은 마음이 들더라도 외부에 말이나 행동으로 표출하진 않으려고 애써야 한다.

건전한 비판과 불건전한 비판주의 구분해야

나르시시즘적인 성향을 조금씩 올바로 치유받아갈 때 이웃의 눈에 있는 티 또한 밝히 보고 건강한 방법으로 빼내줄 수 있다(눅 6:42). 건전한 비판과 불건전한 비판주의를 구분해서 균형 잡힌 비판적 분별력도 발휘하게 된다. 예수님은 타인들의 연약함과 죄가 자신과는 전혀 상관없다는 식의 자기 의에 지나치게 사로잡힌 비판, 그래서 사람을 세우고 회복시키는 데 궁극적인 목적을 두지 않는 파괴적인 비판을 금하신다.

남의 문제가 보이면 내게는 더 큰 문제가 있다는 걸 깊이 깨닫고, 내가 비판하는 만큼 나도 동일한 잣대로 비판받을 수 있다는 각오로 비판해야 한다(눅 6:37-38). 남에게 요구하는 것을 나 자신에게도 똑같이 요구할 수 있어야 한다. 그렇게 하려면 내 경험이나 지식이 아닌 하나님의 말씀을 기준으로 비판해야 한다.

건전한 비판은 타인의 행동이 부적절하다고 지적할 때에도 그의 인격이나 동기 자체에 대해서는 끝까지 존중할 줄 안다. 비판에 사용하는 자신의 관점이 오류가 없고 절대적이라고 섣불리 확신하지 않는다. 객관적 확실성이 확보되지 않은 한 다른 견해에도 계속 열려 있다. 그래서 감정적인 접근이나 성급한 추론을 피하고, 여러 증거들을 균형 있게 평가하는 합리적인 과정을 중시한다.

비판하기를 좋아하는 사람들의 마음 깊은 곳에는 남의 인정을 바라는 은밀한 욕구가 숨겨져 있다. 그러나 남의 인정을 받으려는 그 마음 자체가 큰 우상일 수 있다. 이를 빨리 알수록 자신을 있는 그대로 인정하는 자기 용납 가운데서 참된 자유를 누린다. 인정에 목마른 사람들은 타인에게 권위를 두고 사는 종과 같다. 하나님이 지금 내 모습 이대로 받으시는 은혜는 제쳐두고 맨날 더 엄한 주인을 모시려고 안달이다.

하나님의 은혜 안에 지속적으로 머물기 위해 그분과의 친밀한 사랑의 교제를 깨뜨리는 죄를 멀리하고 때마다 회개하며 하나님의 말씀에 순종하는 참된 예배자의 삶이 건강하지 못한 온갖 비판의 죄로부터도 나를 확실하게 보호하는 최선의 방책이다.

"신령한 자는 모든 것을 판단하나 자기는 아무에게도 판단을 받지 아니하느니라"(고전 2:15).

행밑노트 20

바울은 구원의 시작, 야고보는 구원의 과정을 강조했다

예루살렘을 떠나 흩어져 살고 있던 유대 그리스도인들은 기독교에 대한 핍박으로 어려움을 당하고 있었습니다(약 1장). 야고보서는 그러한 핍박의 외부적 요소보다는 그들 간에 생겨나는 내부 문제들에 더 많은 분량을 할애합니다. 그들 가운데 졸부들이 생겨났고(약 2, 5장), 신앙은 형식화되어갔으며(약 2장), 경제적인 이유로 성도 간에 차별이 생겨나면서 그들 사이에 사랑이 꺼져가고 있었습니다(약 2장).

이러한 모습은 현대 교회들을 떠올리게 합니다. 또한 서로를 향한 독설(약 3장)과 교제 상실(약 4장)까지 더해져 형성된 지 얼마 되지 않은 기독교가 공동체로 서지 못할 지경에 이르게 됩니다. 야고보는 이런 모습을 책망하며 교회가 회복해야 할 본래의 성숙한 모습들을 강조합니다. 야고보서는 아무리 거룩한 교회라 할지라도 얼마든지 세속화될 수 있음을 보여주며, 우리는 이와 동일한 일이 우리 모두에게 일어날 수 있다는 경고로 받아들여야 합니다.

야고보서를 읽다 보면 자연스럽게 한 가지 의문이 생깁니다. 사도 바울은 의롭다 하심을 얻는 것은 율법의 행위에 있지 않고 믿음으로 된다(롬 3:28)고 주장했는데, 야고보 사도는 "사람이 행함으로 의롭다 하심을 받고 믿음으로만은 아니니라"(약 2:24)고 말해서 겉으로 보기에 서로 대치된 주장을 하고 있는 듯 보이기 때문입니다. 이것을 제대로 이해하기 위해서는 주어진 문맥을 정확히 알아야 합니다. 무엇보다 먼저 두 사도는 서로 다른 문제에 직면하고 있다는 것을 알아야 합니다.

사도 바울은 "구원을 얻으려면 율법을 지켜야만 한다"는 유대교의 주장을 향해 '오직 믿음'을 주장하고 있는 반면, 야고보 사도는 구원받은 자들이 지나치게 실천이나 행함을 무시하며 믿음을 단지 교리를 인정하는 정도로 생각하고, 구원받았지만 삶과 행위가 비신자들보다 못한 모습으로 전락해가는 모습에 대해 말하고 있는 것입니다. 다르게 표현하자면, 사도 바울은 예수 그리스도를 믿기 전에 구원을 얻기 위해 한 행동은 무용하다고 보는 것이고, 야고보는 믿고 나서 그에 걸맞은 행동이 없다면 구원을 얻었다고 할 수 없다고 주장하는 것입니다.

그렇기에 사도 바울이 지목하는 칭의(justification)는 구원의 시작 단계, 곧 죄와 사망의 영역에서 거룩함과 생명의 영역으로 옮겨 나타나는 그리스도인 생활의 초기 단계에서 일어나는 변화를 말합니다. 반면에 야고보 사도는 히브리적인 개념으로 마지막 때에 궁극적으로 '의롭다고 인정받는 선언(declaration)'을 의도한 것으로, 평소 삶에서 믿음을 얼마나 행동으로 실천했는지 여부에 따라 마지막 심판 때에 최후의 평가가 내려질 것이라고 말합니다. 결론적으로, 야고보 사도는 열매도 없고 행동도 없는 그리스도인, 소위 '무늬만' 그리스도인인 사람들을 염두에 두고 말하고 있는 것입니다.

결국 사도 바울과 야고보의 주장은 서로 보완적 역할을 한다는 것을 알 수 있습니다. 두 사람의 관점 차이를 신학적 용어로 설명하자면, 바울은 '의로움의 전가(imputation)'를 말하고 있고, 야고보는 '의로움의 선언(declaration)'을 강조하고 있는 것입니다. 마치 지나치게 공부만 하고 놀지 않는 아이에게는 "좀 놀아라"고 조언하면서, 놀기만 하는 아이에게는 "공부 좀 해라"고 말한다고 해서 의견이 바뀐 것이 아니라는 주장에 비유해볼 수 있습니다. 서로 강조점이 다를 뿐이지, 균형 있는 삶을 살아야 한다는 면에서 동일하다는 것입니다.

교회 역사를 보더라도 마르틴 루터의 종교개혁 때 구원에 대한 잘못된 이해가 지배적이었던 상황에서 '믿음'에 강조를 둔 로마서와 갈라디아서의 말씀들이 더욱 중요하게 부각되었기에 루터는 야고보서를 그다지 긍정적으로 평가하지 않았습니다. 반면, 종교개혁 시대가 지나고 새롭게 개혁되었던 존 웨슬리 시대의 교회가 다시금 생명력을 잃어버리자 행함에 강조를 둔 야고보서 말씀이 부각되었다는 사실은 어찌 보면 당연한 것입니다.

믿음으로 의롭게 되었다면(칭의) 칭의의 신분에 걸맞은 삶을 사는 것(행함)이 요구된다는 사실을 우리는 반드시 기억해야 합니다. 야고보서의 메시지는 '행함의 신학'을 많이 잃어버린 현대 교회에 많은 경종과 울림을 줄 것입니다.

김윤희 <성경 에센스> (두란노)

5장

하나님이 받으시는
진실한 회개는?

"회개해봐야 뭔 소용이야? 또 그러는데!" 이런 말은 무시하는 게 좋다. 주께 내 죄를 자백하면, 지금 내 눈에 보이진 않아도 영적인 세계에서는 그 죄가 나를 통제하려던 위세가 계속 꺾인다. 죄를 이기려면 때마다 곧바로 회개하라는 명령부터 무조건 먼저 지켜야 한다. 넘어져도 또 일어서게 해주는 동력이 된다.

"내 이름으로 일컫는 내 백성이 그들의 악한 길에서 떠나 스스로 낮추고 기도하여 내 얼굴을 찾으면 내가 하늘에서 듣고 그들의 죄를 사하고 그들의 땅을 고칠지라"(대하 7:14)

"실현 가능한 것을 목표로 삼는 게 아니라 상상한 뒤 실현 방법을 찾는다. 실패하지 않는다면 충분히 혁신하고 있지 않아서다." 화성에 인류의 새로운 거주지를 개척하려고 이른바 '우주 정복'을 시도 중인 테슬라 CEO 일론 머스크의 말이다. 하나님과의 관계가 깨져 사람에게 질병과 죽음이 찾아왔는데도 이제는 인체의 유전자를 변형시켜 질병과 죽음마저 인위적으로 정복하려는 유전공학계의 시도와 비슷하다. 하나님께서는 사람에게 하늘이 아닌 땅을 정복하라고 명하셨다(창 1:28). 온 우주에서 이 지구상의 땅만을 특별히 "혼돈하게 창조하지 아니하시고 사람이 거주하게"(사 45:18) 지으셨다.

그러나 마지막 때가 되면 인류가 우주 정복을 시도하며 신의 영역에 도

전할 것을 미리 내다보셨다. 그래서 에돔의 교만을 경고하시면서 전 인류에게 이렇게 예언적으로 책망하신 바 있다. "네가 독수리처럼 높이 오르며 별 사이에 깃들일지라도 내가 거기에서 너를 끌어내리리라"(옵 1:4). 이 예언에 따르면, 별 사이에 깃들이려 하는 인류의 혁신적인 우주 정복 시나리오는 끝내 현실화되지는 못할 것 같다.

땅의 청지기가 회개할 때 땅도 회복된다

우리가 매일 평범하게 밟고 사는 땅은 온 우주에서 아주 희귀하다. 무엇보다 이 땅으로부터 사람과 생물체의 생존에 필요한 모든 것이 공급된다. "태초에 하나님이 천지를 창조하시니라"(창 1:1). 이 말씀에는 우주의 세 가지 구성요소인 시간(태초), 공간(천), 물질(지)이 다 들어 있다. 하나님께서 땅을 만드실 때 세상 만물을 구성하는 철이나 규사 같은 각종 물질뿐만 아니라 돌과 다양한 광물을 포함한 모든 보석들까지도 다 땅속에 저장되어 땅에서 나도록 창조하셨다.

사람의 몸을 포함한 생물체도 다 흙으로 지으셨다. 첫 사람 아담의 이름 자체가 히브리어로 '흙', '땅'을 의미하는 '아다마'다. 세상의 모든 생물들이 먹는 각종 채소나 과일, 밀, 벼 같은 크고 작은 식물들이 다 그 생물들의 몸과 동일한 성분인 땅에서 나온다. 심지어 물도 땅속에서 솟아난다. 한마디로 만물은 다 땅이라고 해도 과언이 아니다.

인류의 문화와 문명 역시 땅을 경작하고(창 2:15) 인간의 정신세계뿐만 아니라 땅에서 나는 온갖 것들을 정교하게 가공해온 데서 비롯되었다. 땅이 사람의 생존에 필수적이어서 고대로부터 사람들 간의 전쟁은 모두 땅 따먹기 싸움이었다. 지금도 땅 투기 같은 세태에서 보듯 땅에 대한 사람들의 집착은 여전하다.

첫 사람 아담이 하나님께 범죄하면서 바로 그 땅이 사람과 함께 저주를 받았다. 그러나 땅을 다스리는 청지기의 사명을 맡은 사람들이 회개하고 하나님께로 돌아서면 그들의 땅도 고침을 받는다. 이것이 예루살렘 성전을 완공한 솔로몬을 통해 당시의 이스라엘 백성들에게 전해진 하나님의 약속이다. "내 이름으로 일컫는 내 백성이 그들의 악한 길에서 떠나 스스로 낮추고 기도하여 내 얼굴을 찾으면 내가 하늘에서 듣고 그들의 죄를 사하고 그들의 땅을 고칠지라"(대하 7:14).

하나님께서는 때로 하늘을 닫아 땅에 비를 내리지 않고 병충해나 전염병이 생기게 하는 것으로(대하 7:13) 자기 백성들의 회개를 촉구하신다. 하늘에 계신 하나님과의 관계가 올바로 열려 있지 않으면 사람들이 사는 땅도 제 역할을 못한다는 실상을 깨닫게 하신다. 지금 성도들의 삶에도 영적 기근과 병충해와 전염병 같은 여러 형태의 고난과 시련을 허락하실 수 있다. 땅이 주는 축복과 유익만 구하고 그 땅을 주신 하나님과의 관계는 소홀히 할 경우 그 죄를 깨닫고 돌이키게 하시기 위해서다.

첫 사람 아담이 타락했을 때 그들은 더 이상 에덴동산 같은 풍성한 양식이 공급되는 땅에 거주할 수 없었다. 하나님과의 관계가 파괴되었는데도 계속 풍요로운 땅에 살게 된다면, 그 관계를 회복하려고 그분을 찾는 과정을 거칠 필요를 못 느꼈을 것이다. 그래서 에덴 바깥으로 쫓겨나 힘겨운 환경 가운데서 하나님의 도우심과 은혜를 구하게 하셨다. 사람들이 이 땅에서 고난과 아픔을 겪도록 허락하신 것이 역설적으로 오히려 하나님의 큰 은혜다.

회개, 하나님께로 돌이키는 지속적인 삶의 방향

그렇다면 하나님의 백성들이 회개하고 하나님께로 돌이킬 때 그들의 죄를 사할 뿐만 아니라 그들의 땅도 고치시겠다는 의미는 무엇일까? 지금도 그렇지만 고대 세계에서는 사람의 의식주를 비롯한 전반적인 생활이 토지에 의존해 있었다. 땅을 고친다는 것은 영적인 질서가 바로잡히면 땅을 매개로 한 인간의 현실적인 일상생활의 영역까지 하나님께서 회복시켜주시겠다는 것이다.

하나님께서는 자신의 이름으로 일컬음받는 하나님의 백성을 이 땅의 제사장으로 삼으셨다. 그래서 그들이 그릇되면 이 땅도 병들고, 그들이 회개하고 하나님 앞에 온전함을 추구하면 이 땅도 고침받는다. 물론 역대하 7장 14절에 기록된 땅을 고친다는 약속은 일차적으로는 하나님의 언약 백성인 이스라엘에게만 주어진 것으로 율법에 약속된 신명기적인 복과 저주를 반영한다(신 27-28장). 따라서 이 약속은 신정국가에 살고 있지 않은 지금의 성도들에게 직접적으로 주어진 것은 아니라고 볼 수도 있다.

그러나 세속국가였던 소돔과 고모라 성은 '의인 열 사람'의 부재로 멸망당했다(창 18:32). 이 사례를 볼 때 지금 타락한 이 한국 땅에도 기도하며 깨어 있는 진정한 하나님의 백성들이 있느냐가 이 땅의 운명을 좌우할 수 있다. 하나님께서는 나라가 위기에 처해 있을 때 죄를 회개하는 온전한 심령으로 주의 얼굴을 구하며 기도하는 자신의 백성을 먼저 찾으시기 때문이다. 하나님은 악한 인간들이 많아서 심판하신다기보다 하나님의 백성들이 제 역할을 제대로 감당하지 못할 때 심판하신다. 이 원리는 지금 성도들 각자가 속한 가정이나 직장에서도 마찬가지로 적용된다.

이러한 땅의 회복을 위해 하나님께서는 자기 백성들에게 회개의 방법 세 가지를 친히 제시하신다. 첫째, 악한 길에서 떠나야 한다. 어쩌다 한 번 지은 작은 죄를 별 반성 없이 방치하면 큰 죄에도 둔감해진다. 차츰 악한 길에 익숙해져 일상적인 생활방식으로 굳어지기 쉽다. 하나님은 죄로 여기시는데 어느새 나는 무감각해져버린 죄는 없는가? 악인들의 꾀를 따르는 자잘한 죄에 자꾸 타협하면 죄인들의 길에 서게 된다(시 1:1). 이제라도 그 악한 길에서 떠나야 한다.

둘째, 스스로 낮추고 기도해야 한다. 하나님께 기도한다는 것은 무엇보다 나 자신을 스스로 낮추는 일이다. 나를 겸비하게 낮추지 않고는 기도할 수 없다. 교만은 하나님보다 나 자신을 더 신뢰하고 내가 가진 힘을 더 의지하는 상태로 우상 숭배의 죄다. 지금도 신자로서 가장 교만한 삶은 하나님께 기도하지 않아도 별로 아쉽지 않은 삶이다. 이제라도 이 교만을 깨닫고 스스로 낮추어 기도의 자리로 나아가야 한다.

셋째, 하나님의 얼굴을 찾아야 한다. 하나님의 능력을 뜻하는 그분의 손이나 다른 어떤 것을 구하기보다 그분의 존재 자체를 뜻하는 얼굴을 찾아야 한다. 회개의 진짜 목적은 내가 지은 죄에 대한 형벌이 두려워 그 심판을 피하려고 마지못해 죄를 뉘우치려는 것이 아니다. 하나님과의 친밀한 교제의 관계를 회복하려는 데 있어야 한다.

예수님의 속죄 사역으로만 죄가 씻겨지고 용서받는다. 회개는 죄를 씻기 위한 특정 행위나 의식이 아니다. 예수님의 전적인 공로에 힘입어 죄에서 떠나 나의 마음과 행실을 끊임없이 하나님께로 돌이키는 지속적인 삶의 방향이다. 궁극적으로 사람은 하나님 앞에서 죄를 지어서가 아니라 죄를 짓고도 회개하지 않아서 망한다. 이 땅이 회복되는 길도 주의 얼굴을 구하는 진실한 회개의 길밖에 없다.

땅을 섬기는 삶 vs 땅의 주인이신 하나님을 섬기는 삶

땅은 사람들이 세상에서 생명을 유지하며 살아가는 데 필요로 하는 모든 것이 산출되는 근원이다. 그래서 하나님을 상징하면서도, 그분의 존재를 무시한 채 살아갈 경우 하나님 대신 가장 큰 우상으로 삼고 살아가기도 쉬운 대상이다. 그 우상이 풍요와 다산의 신인 바알 숭배로 나타났다. 지금도 각 사람에게 땅에서 나는 온갖 것들을 얻게 해주는 돈, 곧 맘몬 신과 땅은 거의 동일시되어 여전히 숭배받고 있다고 해도 과언이 아니다.

하나님의 백성들에게 땅은 세상을 섬기느냐, 하나님을 섬기느냐를 가늠하게 해주는 시험대다. 땅은 하나님과 그분의 백성들 사이의 관계를 발전시켜나가는 도구로 주어진 것일 뿐이다. 하나님의 백성들은 땅이나 땅이 주는 것에 얽매여서는 안 된다. 그 땅의 주인이신 하나님을 의지해야 한다. 신약 시대에는 성도들이 항상 예수님 안에 거하는 삶을 통해 이러한 땅과의 관계를 일상 속에서 건강하게 가꾸어 나갈 수 있다. 그들이 이 땅에서 예수님의 임재와 동행하심 가운데 삶의 모든 영역에서 예배하는 자로 살아갈 때 그 일상의 모든 영역이 하나님의 소유가 된다.

이 땅 한가운데서 그들이 각자의 집에서 기도와 말씀과 찬양과 순종으로 주님을 예배할 때 그 집이 하나님의 소유가 된다. 자녀들을 주 안에서 믿음으로 키울 때 그 자녀들이 행하는 모든 시공간에서 그들이 하나님의 소유가 된다. 그렇지 못할 경우 사탄과의 영적인 땅따먹기 싸움에서 자주 밀리고 패하며 고전할 수밖에 없다.

하나님의 얼굴을 구하는 기도와 말씀으로 하루를 시작하는 것은 그날 하루 동안 내가 밟는 모든 땅과 모든 시간 가운데 하나님께서 내 삶의 주인이 되어달라는 간절한 소원의 표현이다. 또한 온전한 마음으로 내 일상의 소유권을 먼저 하나님께 겸손히 내어드리는 참된 예배자의 헌신이다. 우리 각자의 삶에 하나님과의 관계를 의미하는 영적인 질서가 바로 설 때 우리의 마음밭 또한 30배, 60배, 100배의 결실을 거두게 되고, 인류의 유일한 거주지이자 생존의 모태인 이 땅도 샬롬을 회복할 수 있을 것이다.

"주의 약속은 어떤 이들이 더디다고 생각하는 것같이 더딘 것이 아니라 오직 주께서는 너희를 대하여 오래 참으사 아무도 멸망하지 아니하고 다 회개하기에 이르기를 원하시느니라"(벧후 3:9).

복음의 본질 대신 자기 위안의 종교만 남은 건 아닌가?

기독교의 본질은 당연히 구원이다. 그런데 한국교회의 복음주의자들은 구원의 반쪽만 가르쳤다. 하나밖에 없는 아들을 십자가에서 희생시켜 인간에게 새 생명을 준 게 구원의 본질이다. 새 생명으로 다시 태어났으면 그에 걸맞게 살아야 한다. 성경도 선한 일을 열심히 하는 구원받은 친백성이 되라고 가르치지 않나?

하지만 한국교회는 후자를 잊어버렸다. 우리 말은 생명·삶·생활이 각각 다른 단어지만 영어는 'life' 하나다. 그런데 우리는 이걸 나눠서 새 생명을 얻은 걸로 딱 끝나버리고 삶으로 연결하는 건 애써 외면했다. 그러면서 아주 이기적인 기독교인의 삶이 돼버렸다. 물질·건강 축복받고, 자식들 잘되고…. 복음의 본질은 사라지고 자기 위안의 종교만 남은 셈이다.

영화 <밀양>에서도 아이 유괴 살해범이 교회에 나가 모든 죄 씻음을 받았다고 하니 아이 엄마가 실성하지 않나? 마음만 변하면 회개인가? 아니다. 생활의 변화까지 따라야 진정한 회개다. 구원은 받았다는데 삶이 구체적으로 바뀐 현장은 없으니 일반인들에겐 공허하게 들리는 거다.

종교개혁의 핵심은 sola scriptura, 오직 말씀이었다. 종교개혁자들에겐 말씀이 실재였다. 말 자체는 허공에 뜬 것이다. 대응하는 현장이나 사물이 없으면 성립되지 않는다. 컵이란 말도 컵이란 대상이 없으면 단지 소리에 불과하다. 종교개혁은 성경에 적힌 하나님의 말씀을 현실 생활에 대입하려는 운동이었다. 베드로 성당을 지으면서 "동전 소리가 땡그렁 나면 지옥에 있던 영혼이 하늘나라로 간다"는 거짓말로 헌금을 끌어모으자 "그건 성경 말씀이 아니다"라는 게 루터와 칼빈의 주장이었다.

교회마다 성경공부에 공을 들인다. 제자훈련이라고도 하는데 이게 큰 모순을 낳았다. 목사들은 제자훈련 프로그램으로 네트워크를 만들기 시작했다. 공부하려면 교회에 계속 나와야 하니까 이 프로그램을 통한 네트워킹으로 교인들을 교회에 묶어두고자 했다. 교인들도 서로 교류할 수 있어 좋았고. 한마디로 그물망을 잘 짠 거다.

문제는 거기서 머물렀다는 점이다. 성경공부는 지식과 정보만 전달하는 게 아니라 삶이 바뀌도록 하는 게 목적이 돼야 하는데, 목사가 먼저 본이 되는 삶의 모습을 보이지 못하니 스승이 없는 제자훈련이 돼버렸다. 한국교회도 제2의 종교개혁이 필요하다는 목소리가 커지는 이유 중 하나다.

부활절 앞엔 반드시 고난주간이 있음을 잊지 말아야 한다. 죽음이 있었기에 부활도 가능했다. 그런데 한국교회는 부활의 영광만 강조했지 부활 전의 고난은 소홀히 해왔다. 죽음이 없는 부활은 실체가 없는 빈 껍데기에 불과하다. 먼저 희생하고 먼저 낮아지는 일상의 삶을 통해 고난을 감내해나갈 때 부활도 의미가 있는 법이다.

한국 기독교인들의 삶이 변하지 않는 건 한국교회가 자아 성찰의 능력을 상실한 것과 무관치 않다. 요즘 새벽에 일어나 기도하기 전에 30분간 어제의 삶을 하나씩 되새겨본다. 내가 말로 상처를 준 적은 없는지, 그릇된 행동을 하진 않았는지, 세상의 유혹에 넘어진 적은 없는지. 회개하다 보면 끝이 없다. 회개는 곧 자아 성찰이다. 여기서부터 시작해야 한다. 물론 성도들 중에도 눈에 보이지 않게 묵묵히 삶으로 실천하는 분이 적잖다. 이들이 한국교회의 희망이다.

홍정길 중앙일보 2018년 3월 31일 인터뷰

6장
성도의 온 영과 혼과 몸이
흠 없이 보전되려면?

"마지막 때, 구원받은 자는 지금까지 천국에서 살았다고 말할 것이고, 구원받지 못한 자는 항상 지옥에 살고 있었다고 말할 것이다." C. S. 루이스의 말이다. 칭의는 구원의 출발점이자 이후 성화 과정을 위한 무조건적 은혜의 견고한 토대다. 그것을 구원의 전부라 여기면 이 땅에서 주와 동행하는 것으로 천국을 누리는 삶을 놓친다.

"여호와 하나님이 땅의 흙으로 사람을 지으시고 생기를 그 코에 불어넣으시니 사람이 생령이 되니라"(창 2:7)

"진흙 덩어리 주무르다 콧김 좀 쏘였다고 사람 되는 세상 아닙니까?" 이렇게 빈정대는 안티기독교인들이 많지만, 이 말 자체는 맞다. 과학적으로 흙의 성분과 인체의 성분은 동일하다. 유기물이 많은 흙에는 인체에 가장 풍부한 금속원소인 칼슘(Ca), 생체조직 세포 내의 체액에서 세포가 활동하는 데 필요한 주된 무기질 성분 가운데 하나인 인(P), 생명 유지에 꼭 필요한 알칼리 금속성 원소인 칼륨(K) 등 인체 구성에 필수적인 원소들이 고루 들어 있다. 그래서 사람은 흙에서 나는 각종 식물을 먹어야 산다. 흙이 주성분인 육체의 상한 부분(질병)도 약초와 같은 다른 신선한 흙의 산물(약)로 치료한다.

성경은 사람의 몸이 흙으로 지어진 건 사실이지만, 유일하게도 하나님의 생기가 그 코에 불어넣어졌다고 말한다. "여호와 하나님이 땅의 흙으로 사람을 지으시고 생기를 그 코에 불어넣으시니 사람이 생령이 되니라"(창 2:7). 여기서 히브리어로 '사람'을 의미하는 '아담'과 흙을 의미하는 '아다마'라는 단어가 유사하다. 그만큼 흙으로 돌아가는 사람의 몸은 처음부터 땅과 밀접하게 관련된다. 그러나 이 몸에 하나님의 생기가 불어넣어지면서 사람은 다른 모든 피조물들과 구별되는 독특한 존재가 되었다.

영혼과 몸인가, 영과 혼과 몸인가?

이 구절에서 신학적으로 가장 크게 논란이 되는 두 단어는 '생기'와 '생령'이다. 이 말을 어떻게 해석하느냐에 따라 인간의 구조에 대한 이해가 달라진다. 여기서 생기는 히브리어로 '니쉬마트(breath, spirit) 하임(of life, living)'인데, 원어적으로 '생명의 호흡'(breath of life)이나 '생명의 영'을 의미한다.

노아 대홍수 전에 사람들의 죄악이 땅 위에 가득해지자 하나님께서는 "나의 영이 영원히 사람과 함께하지 아니하리니 이는 그들이 육신(타락한 육체)이 됨이라"(창 6:3)고 말씀하셨다. 사람들에게 생명을 부여한 하나님의 영을 홍수 심판을 통해 거두어 가신다는 의미라고 볼 때 창세기 2장 7절에 나오는 생기는 하나님의 영이라고 해석하는 게 더 타당해 보인다.

한글성경에서 '생령'으로 번역된 단어의 히브리어는 '네페쉬(soul, being) 하야(became a living)'로 문자적인 의미는 '살아 있는 혼'(a living soul, KJV)이다. 그러나 단순히 전인적인 생명체를 의미하는 '살아 있는 존재'(a living being, NIV, NASV, NRSV)로 해석되기도 한다. 생령은 사람의 몸에 하나님의 생기가 불어넣어져 영적인 존재가 되었다는 의미를 담고 있지만 딱 적합한 번역은 아닌 것 같다.

성경에서 일반적으로 혼은 히브리어로 '네페쉬', 헬라어로 '프쉬케'다. 사도 바울은 창세기 2장 7절을 인용하면서 "기록된 바 첫 사람 아담은 생령이 되었다 함과 같이 마지막 아담은 살려 주는 영이 되었나니"(고전 15:45)라 고 말했다. 바울은 이 구절에 있는 '생령'을 '혼(프쉬케)'으로, 마지막 아담 예수님을 가리키는 '살려주는 영'은 '영(프뉴마)'으로 기록했다. 이 대목에 서도 창세기 2장 7절의 '생령'은 '살아 있는 혼'을 의미하는 말로 확인된다. 이렇게 보면 이 한 구절에 인간은 몸(흙)과 영(생기)과 혼(생령)으로 구성되 어 있다는 진리가 오롯이 담겨 있는 셈이다.

사실 이 문제는 신학적으로 이분설과 삼분설의 논쟁과도 맞물려 있다. 삼 분설은 인간이 몸과 혼과 영으로 구성되어 있다고 주장한다. 초대교회의 이 레니우스와 클레멘트, 오리겐, 종교개혁기의 루터와 에라스무스가 견지했 고, 보수적인 개신교 안에 보편적으로 받아들여져 있다. 이와 달리 기독교 사상사 전반에 걸쳐 가장 폭넓은 지지를 받아온 이분설은 인간은 몸과 영 혼의 두 부분으로 구성되며, 성경에서도 영과 혼은 별개가 아니라 한 존재 에 대해 두 명칭으로 언급되는 것이라고 본다.

지성소와 성소, 성전뜰에 비유되는 영과 혼과 몸

실제로 성경에서는 인간의 기본적인 구성요소를 몸과 혼이라거나(마 6:25, 10:28), 몸과 영이라고 언급한다(전 12:7, 고전 5장 3, 5). 죽음은 혼을 포기 하는 것으로나(창 35:18, 왕상 17:21, 행 15:26), 영을 포기하는 것으로 묘 사된다(시 31:5, 눅 23:46). 영이 번민한다고도 말하고(창 41:8, 요 13:21), 혼이 번민한다고도 말한다(시 42:6, 요 12:27). 때때로 혼이라는 단어는 인 간의 자아 또는 생명과 동의어로 쓰이기도 한다. "사람이 만일 온 천하를 얻 고도 제 목숨(혼)을 잃으면 무엇이 유익하리요"(마 16:26).

물론 영과 혼과 몸이 삼위일체 하나님의 형상이라거나, 성전뜰, 성소, 지성소로 구성된 성전을 상징한다고도 주장하는 삼분설 역시 일부 성경에서 인간의 영과 혼을 분명하게 구분하고 있다는 데 주된 근거를 둔다. "너희의 온 영과 혼과 몸이 우리 주 예수 그리스도께서 강림하실 때에 흠 없게 보전되기를 원하노라"(살전 5:23b). "하나님의 말씀은… 혼과 영과 및 관절과 골수를 찔러 쪼개기까지 하며"(히 4:12). 또한 바울은 방언으로 기도할 때 자신의 영과 마음을 따로 구분해서 언급한다. "내가 만일 방언으로 기도하면 나의 영이 기도하거니와 나의 마음은 열매를 맺지 못하리라"(고전 14:14).

동물에게도 사람의 혼과 비슷한 혼이 있지만 영은 없다. 그렇다면 영과 혼은 구분되어 존재할 수도 있다고 보는 게 자연스럽다. 그러나 영과 혼이 어떻게 구분되고, 영과 혼과 몸이 어떻게 전인적으로 어우러져 하나의 통합체를 이루는지에 대한 정확한 분별의 문제는 오래 묵은 신학적 난제다. 어쩌면 사람이 다 헤아리지 못할 신비에 속한 영역일 수도 있다. 그래서인지 성경에서도 정황에 따라 영과 혼이 상호교환적으로 사용된다.

다만 한 성경 구절 안에서 영과 혼을 동시에 뚜렷하게 구분해서 언급한 경우들로 볼 때 삼분설이 더 성경적이라고 생각된다. 무엇보다 영과 혼이 구분 없이 같다고 여길 경우 "누구든지 나를 따라오려거든 자기를 부인하고 자기 십자가를 지고 나를 따를 것이니라"(마 16:24)는 말씀이나, "옛사람을 벗어버리고… 새사람을 입으라"(엡 4:22-24)는 말씀을 신자의 성화 과정에 제대로 적용하기가 어렵다.

하나님과의 관계와 관련된 개인의 영적 자질은 영 안에 자리하고, 인격적 요소들은 혼 안에 자리한다고 보는 삼분설자들은 흙으로 만들어진 사람의 몸에 하나님께서 영을 불어넣자 몸과 영 사이에 사람의 자아인 혼이 살아 있게 되었다고 본다. 혼과 몸이 영을 통해 서로 관련된다고 전제하고, 혼은 몸과 관계할 경우 육적인 존재가 되는 반면, 영과 관계할 경우 영적인 존재가 된다고 주장한다.

사람이 처음 창조되었을 때는 영의 생각과 감정과 의지가 혼과 몸을 완전히 지배했는데, 타락한 후부터 이 질서가 흐트러졌다. 그러나 하나님과의 관계가 끊어져 죽어 있던 영이 성령으로 말미암아 살아나면 영이신 하나님과 교제하고 그분께 영으로 예배하는 삶도 회복된다. 또한 거듭난 신자들은 옛사람인 자기를 부인하고 육신의 소욕이 아닌 성령의 소욕을 따르는 성화의 과정을 통해 영적인 존재로 성숙해갈 수 있다.

영과 혼이 같다면 자기를 부인할 주체가 없다

이 과정에서 거듭난 신자는 하나님의 말씀에 순종하고자 할 때 영과 혼을 구분해서 이해해야 할 필요성에 직면한다. 예를 들면, 예수님은 자기 부인을 명령하시면서 "누구든지 제 목숨을 구원하고자 하면 잃을 것이요 누구든지 나를 위하여 제 목숨을 잃으면 찾으리라"(마 16:25)고도 말씀하셨다. 여기서 '목숨'의 헬라어는 '프쉬케'로 혼을 가리킨다.

만일 영과 혼이 같다면 신자는 무엇으로 자아, 곧 혼을 부인할 수 있는가 하는 문제가 생긴다. 성령에 의지해 거듭난 영으로 혼을 부인하고 잃어버리고자 할 때 성령의 인도를 따라 영적으로 살아갈 수 있다는 뜻이 아닐까? 그렇게 할 때 옛사람을 벗어버리고 새사람을 입어 영적으로 꾸준히 성숙해갈 수 있다.

자기 부인은 "주와 합하는 자는 한 영이니라"(고전 6:17)는 말씀대로 주님과의 영적인 연합을 통해 원천적으로 타락한 옛사람으로서의 혼을 부인해야한다는 뜻이라고 볼 수 있다. 그렇게 할 때 "내가 그리스도와 함께 십자가에 못 박혔나니 그런즉 이제는 내가 사는 것이 아니요 오직 내 안에 그리스도께서 사시는 것이라"(갈 2:20)고 한 바울의 고백을 동일하게 올려드릴 수 있다.

하나님과의 관계가 끊어져 영적으로 죽은 죄인은 예수님의 대속적 죽음을 믿고 그의 죽으심 안에 연합됨으로써 거듭난다. 더 이상 아담처럼 피조된 생명이 아니라 "하나님께로부터 나서"(요 1:13) 하나님의 생명을 소유한 그분의 자녀가 되었다. 이 새 생명이 자라가려면 "또한 그의 부활과 같은 모양으로 연합한 자도 되리라"(롬 6:5)는 말씀대로 예수님의 죽음뿐만 아니라 부활에도 동참하여 주님과 연합해야 한다.

그때 비로소 자신을 "죄에 대하여는 죽은 자요 그리스도 예수 안에서 하나님께 대하여는 살아 있는 자로 여기는"(롬 6:11) 영적인 삶이 가능해진다. 이것이 바로 자기를 부인하고 자기 십자가를 지고 주님을 뒤따르는 삶이다. '육에 속한 사람'(고전 2:14)을 버리고 "내가 너희에게 이른 말은 영이요 생명이라"(요 6:63)는 말씀에 따라 "육신을 좇지 않고 그 영을 좇아 행하는"(롬 8:4) 순종의 헌신을 통해 성도의 온 영과 혼과 몸이 흠 없이 보전되는 영광스럽고도 복된 삶이다.

"우리는 뒤로 물러가 멸망할 자가 아니요 오직 영혼을 구원함에 이르는 믿음을 가진 자니라"(히 10:36).

은혜에 의한 구원과 행위 심판론은 상충하지 않는다

바울 서신들에는, 최후의 심판이 우리의 행위대로 이루어지리라는 것과 우리가 그때 칭의 또는 구원의 완성에 부적격자로 심판받을 가능성이 있음을 언급한다. 그러면서 주 예수에 대한 제자도 또는 하나님 나라의 시민의 의무를 신실하게 실천하여야 한다는 경고와, 자신의 속죄의 죽음과 부활, 높여지심으로 사탄의 죄와 사망의 나라를 이기신 그리스도의 승리와 최후의 심판에서 그리스도의 중보, 그리고 가장 근본적인 하나님의 사랑과 신실하심을 언급하며 우리의 구원의 완성에 대해 확신을 주는 말이 나란히 놓여 있다.

하나님은 이미 자신의 아들 예수 그리스도의 죽음과 부활 안에서, 그리고 그것을 통하여 사탄을 결정적으로 무찌르셨다. 또한 그의 아들 우리 주 예수는 하나님의 영의 승리케 하시는 능력으로 사탄의 세력들을 소탕하는 작전을 수행하고 계시며, 장차 최후의 심판에서 우리를 위해 중보하심으로 말미암아 우리의 칭의를 완성에 이르게 하실 것이고, 그럼으로써 우리를 사탄의 죄와 사망의 통치로부터 완전히 구속하실 것이다.

그래서 바울은 우리의 행위들이 심사되는 최후의 심판에서 우리 모두가 마침내 칭의를 받을 것이라고 확신한다. 자신의 아들 예수 그리스도 안에서, 그리고 자신의 영을 통해 주신 하나님의 은혜(즉 하나님의 구원의 통치)를 명백히 대항한 자들과, 자신은 여전히 주 예수 안에 있다고 '생각하면서', 즉 명목상으로만 예수를 주라고 고백하면서 실제로는 그리스도를 믿는 믿음을 가지고 있지 않으며 그의 통치에 순종하지도 않고 그 대신에 사탄의 통치에 순종하면서 '육신의 행위들'을 계속하는 자들만을 제외하고.

마지막에 언급한 상황이 발생할 가능성이 신자들 사이에 매우 현실적으로 존재하는 까닭에, 바울은 그의 확신과 확언에도 불구하고 우리의 행위대로 이루어질 최후의 심판에 대해, 그리고 그때 우리가 구원의 완성에 부적격자로 판명될 가능성에 대해 경고하면서, 우리에게 주 예수에 대한 제자도를 성실히 실천하라고 거듭 요청한다.

바울의 이 모든 가르침은 우리가 주 예수를 신뢰하여 그에게 순종하는 한, 즉 그의 영을 통해 행하시는 그의 은혜로운 통치를 믿음으로 덕 입어(비록 불완전하기는 하지만) '의의 열매'를 맺으려고 의식적으로 노력하고(롬 10:20-22, 11:17-24, 고전 15:2, 골 1:21-23), 사탄의 나라에 다시 '떨어지지 않으려 주의하면서'(고전 10:12), 또는 '육신의 행위들'을 만들어내지 않으려고 노력하면서(롬 6:12-13, 갈 5:19-21), 칭의 상태에 또는 주 안에 '서 있는' 한, 하나님의 보존해주심을 확신할 수 있다는 것이다.

우리는 이 확신과 이 경고를, 그들 사이에 있는 논리적 긴장에도 불구하고, 함께 견지해야 한다는 것이 분명하다. 둘 중 하나에 초점을 맞추고 다른 하나를 등한시하거나 약화시킴으로써 둘을 조화시키려 해서는 안 된다. 사실 이 확신과 이 경고 사이의 논리적인 긴장을 안고 그들을 함께 견지하는 것이 건강한 믿음이다. 그럴 때 우리는 우리로 하여금 신실한 제자도를 등한시하게 하는 과도한 자기 확신이나 우리를 사실상 불신앙자로 만드는 과도한 불안을 피하게 된다.

바울의 행위들대로의 심판론은 우리 그리스도인들이 우리 자신의 선한 행위들('공로')을 통해 우리의 칭의를 얻는다는 것을 의미하지 않는다. 그게 아니고, 바울은 처음부터 끝까지 '은혜로만'(sola gratia), '믿음으로만'(sola fide)의 칭의론에 굳게 서서, 행위들대로의 심판론을 강조하는 것은 우리가 세례 때 우리를 칭의하셨고 현재 칭의의 상태에서 붙들어주시는 삼위일체 하나님의 은혜를 저버리고 사탄의 죄와 사망의 나라에 다시 떨어지는 일이 없도록 경고하기 위함이다.

바울은 우리의 행위대로의 최후의 심판에 관한 경고로써 우리에게 '두렵고 떨림으로' '믿음의 순종'의 삶을 살라고 권한다(빌 2:12, 롬 11:20c). 하지만 그것이 최후의 심판에 대한 바울의 마지막 말은 아니다. 그의 마지막 말은 하나님의 심판의 보좌 앞에서 주 예수 그리스도의 중보를 통한 우리의 칭의의 완성의 복음이다(롬 8:31-39). 이 말로써 바울은 정죄와 사망으로 아담적 인류에게 입힌 사탄의 권세를 이긴 그리스도 안에 있는 칭의와 생명에 관한 하나님의 ('더욱 큰') 은혜의 궁극적인 승리를 선포한다(롬 5:15-21).

김세윤 〈칭의와 하나님 나라〉 (두란노)

7장
일상에서 모든 일을
주께 하듯 하려면?

하나님은 내게 필요한 것이 무엇인지를 이미 다 아시면서도 내가 기도로 일일이 다 아뢰기를 원하신다. 그 방법 말고는 내가 하나님께 대해 가지고 있는 신뢰와 의존의 마음을 달리 표현할 방도가 없어서다. 그렇게 기도하는 만큼 내 믿음이 자라고, 모든 일상에서도 하나님과의 친밀한 인격적 교제의 관계가 자란다.

"무슨 일을 하든지 마음을 다하여 주께 하듯 하고 사람에게 하듯 하지 말라"(골 3:23)

'누가 돈만 주면 지금 이 일은 굳이 안 해도 될 텐데….' 요즘 사람들이 한 번쯤 품어봄직한 하소연이다. '일'이라고 하면 우선 부담스럽다. 의무적이거나 억지로 해야 하고, 먹고살기 위해 마지못해 져야 하는 짐이란 이미지가 의외로 강하다. 그래서인지 일의 목적이 그저 통속적으로 '생계를 꾸릴 돈을 벌기 위해서'로 굳어진 지 오래다. 그러나 따지고 보면 돈 그 자체가 내 삶에 필요한 물건이나 서비스를 제공해주진 않는다. 돌고 도는 교환수단일 뿐인 돈은 요즘 같은 온라인 시대에는 그저 은행 계좌의 액수가 줄었다 늘었다 하는 숫자에 불과한 느낌이다.

　세상의 모든 물건이나 서비스는 사람들이 서로에게 베푸는 이웃 사랑의 직업들을 통해 공급된다. 그러나 사람들의 생계에 필요한 만물은 실은 하나님께서만 날마다 끊임없이 전량 무료로 공급 중이시다. 바다에서 잡는 고

기나 땅에서 퍼 올리는 원유 같은 1차 산품도 하나님이 만드신 것이다. 사람들이 만든 각종 공산품도 하나님께서 세상에 공급해주신 사람이 1차 산품을 가공한 것이어서 결국 다 하나님의 것이다. 그 모든 만물 하나하나를 얻으려고 사람이 아무리 대가를 치르고 싶어도 공짜 이상으로는 단 한 푼도 지불할 수 없다.

일에서 돈을 제거하면 일의 진짜 목적이 드러난다

그렇다면 일의 목적은 단순히 돈을 버는 데 있지 않다. 일에서 '돈'을 제거하면 비로소 일의 진짜 목적이 드러난다. "무슨 일을 하든지 마음을 다하여 주께 하듯 하고 사람에게 하듯 하지 말라"(골 3:23)는 말씀은 어쩌면 아주 정확하게 일의 목적이 무엇인지를 드러내준다. 우선 이 말씀은 '무슨 일을 하든지'라는 파격적인 조건을 내세운다. 이 조건부터가 사람들이 일반적으로 생각하는 것과는 판이하게 다른 일의 가치에 대한 이해를 반영한다. 좀 괜찮은 일은 정성을 들이고, 하찮은 일은 심드렁하게 대하지 말라는 전제가 있다.

사도 바울이 이 권면을 전하는 대상은 당시의 노예 그리스도인들이었다. 로마제국에서 교육을 잘 받은 노예들은 의사, 교사, 재산 관리인 같은 제법 중요한 직업부터, 농업과 광업을 포함해 심부름, 아이 양육, 음식 준비, 허드렛일 같은 다양한 영역에서 일했고, 그 대가로 식량과 주거지를 제공받았다. 소유주의 개인 재산의 일부로 취급받던 그들에게는 아무런 권리가 없었다. 오직 소유주들만이 그들에 대한 절대 권력을 쥐고 있었다. 현실적으로 그들이 일할 때 하나님보다는 주인에게 온전한 충성을 바쳐야 할 그런 상황이었다.

그러나 예수님을 믿고 "주 그리스도를 섬기는"(골 3:24) 신앙인이 된 후부터 그들이 일을 통해 섬겨야 할 주인도 바뀌었다. 바울은 그들에게 크고 작은 무슨 일을 하든 그 일을 마음을 다해 주께 하듯 하라고 권한다. '마음을 다하여'라는 말은 원어적으로 '영혼으로부터', '외식함 없이 전심을 다한 수고로'라는 의미다. 이는 "네 마음을 다하고 목숨을 다하고 뜻을 다하고 힘을 다하여 주 너의 하나님을 사랑하라"(막 12:30)는 말씀을 연상시킨다. 마음을 다해 주를 사랑하듯, 일할 때도 그렇게 주를 위해 마음을 다해 섬기라는 것이다.

'직업'을 뜻하는 영어 'vocation'의 어원은 라틴어 '보카레'(vocare)인데, 소명(calling)을 의미한다. 일은 단순히 생계를 위한 노동이 아니라 부르신 분을 위해 그분의 요구에 따르는 것이다. 신자의 경우와 마찬가지로 세상사람들이 다양한 일터에서 일하는 것도 그들의 기질과 재능에 따라 하나님께서 그 직업으로 불러주신 것이다. 그러나 세상사람들은 그 일을 불러주신 주권자를 인정하지 않는다. 그래서 자기를 위해 일하지만, 신자는 소명을 주신 분을 위해 일한다.

일을 어떤 태도로 하느냐가 그 일의 가치를 결정한다

교회에서나 세상에서 신자의 일차적인 직업은 예수님의 종이요 제자로 사는 것이다. 이것이 무슨 일을 하든지 주께 하듯 하며, 그리스도의 대리인으로서 "무엇을 하든지 말에나 일에나 다 주 예수의 이름으로 하는"(골 3:17) 이유다. 신자라면 누구에게나 각자의 일터가 신앙을 적용해야 하는 자리다. 그 일을 통해서도 무엇보다 예수님을 닮아가야 하며, 내가 맡은 그 이웃 사랑의 하나님 나라 일을 통해 내 삶의 주인이신 하나님께서 세상을 다스리시기 때문이다. 교회 안의 여러 봉사 직분에도 충성해야 하지만, 더 이상 이전처럼 '교회 일은 거룩한 주님의 일, 세상 일은 그냥 내 일'이라는 이

분법적 신앙에 매이지 말아야 한다.

신앙은 관계이며, 복음은 단순한 신앙고백으로 끝나지 않는다. 하나님과의 관계를 기초로 한 이웃과의 관계는 교회 안에만 국한되지 않는다. 가정과 직장과 사회의 모든 영역에서 내 몸이 가는 곳이면 어디서나 신앙이 나타나야 한다. 내 몸 안에 내 인격과 신앙과 나의 모든 것이 담겨 있기 때문에 몸을 매개로 일상의 현장에 안 나타나는 신앙은 온전치 않다. 교회에서만 아니라 가정과 일터에서도 이 하나님 사랑, 이웃 사랑의 하나님 나라 신앙이 온전히 드러나야 한다.

이제 신자에게는 일이 더 이상 자기 만족이나 돈벌이를 위한 수단일 수만은 없다. 그의 삶의 우선순위는 하나님께 대한 사랑으로 그의 나라를 섬기는 데 있다. 그래서 아주 작은 이웃 사랑의 하나님 나라 일을 통해서도 그 일을 맡겨주신 하나님을 사랑하고 그분의 나라를 섬기는 것이 첫 번째로 중요하다. 바로 그 일을 주께 하듯 하는 이유는 일 자체의 크고 작음이 아니라 크든 작든 그 일을 어떤 태도로 하느냐가 그 일의 가치를 결정하기 때문이다.

훗날 내가 하나님 앞에 섰을 때 내 예상과는 다르게 많은 일을 철저히 나 자신을 위해 섬겼다는 평가를 받을 수 있다. 내 일을 내 필요에 따라 나를 위해 내가 하고 말면 주를 위해서는 아무것도 하지 않은 것이다. 그 일이 결과적으로 주의 나라에 유익이 되었다 해도 정작 내가 그 일을 주께 하듯 하는 동기와 과정을 중시하시는 하나님께 받을 칭찬은 없다.

그래서 무슨 일이든 "오직 주를 두려워하여 성실한 마음으로 하라"(골 3:22)는 것이다. 항상 나의 필요와 만족을 먼저 우선해서 일을 선택하고 진행하며, 그렇게 나의 욕구를 충족시킨 후에야 뒤늦게 명목상으로만 주님을 찾는다면 그 일은 처음부터 나를 위한 일일 뿐이다. 이제라도 날마다 일상의 모든 일을 주께 하듯 하는 훈련을 철저히 쌓아나가야 한다.

신앙은 삶의 여러 영역 중 하나가 아니라 삶 자체다. 신앙과 삶이 분리될 수 없듯 신앙과 일이 분리될 수 없다. 또한 하나님 나라 안에서 그 일은 작거나 큰 일, 중요하거나 하찮은 일로 나뉠 수 없다. 모든 일이 하나님 나라에서 중요하다. 그 모든 일을 주께 하듯 할 수 있는 사람은 자기 안에 사시는 예수님을 늘 의식하며 마음을 다해 뜨겁게 사랑하는 이들뿐이다.

일상의 매순간에 예수님을 의식한다는 것은 곧 일상에서도 계속 쉬지 않고 기도하며, 주의 말씀을 주야로 묵상한다는 것이기도 하다. 이러한 삶을 꾸준히 연습하는 이들만이 일상의 어떤 시공간에서든 주의 임재 하나만으로도 항상 기뻐하고 범사에 감사할 수 있다. 결국 주님이 내 삶의 전부가 되지 못하면 누구도 일상의 크고 작은 모든 일을 주께 하듯 하기는 어렵다.

낮아지고 섬기려는 데는 경쟁률이 따로 없다

받는 대신 주는 것, 올라가려는 대신 내려가려는 것, 낮아지고 섬기려는 데는 경쟁률이 따로 없다. 늘 미달이라 맘만 먹으면 합격이다. 그리고 바로 거기에 세상이 모르는 하나님이 계시다. 하나님을 만나는 길은 역설적으로 이렇게 쉽다. 그러나 예수님의 자기 부인의 십자가 제자도를 철저히 따르는 참된 종으로 환골탈태하지 못한다면, 아무리 오랫동안 신앙생활을 해도 내내 들어서기에는 너무도 낯설고 불편하기만 한 길이다.

직업에는 빈부귀천이 없다고 한다. 지금 우리 사회에서 취업이 어렵다고들 하지만, 어떤 일이든 그것이 이웃 사랑의 하나님 나라 일이어서 주께 하듯 할 수 있는 일이라면, 크든 작든 그 일에 나설 수 있는 급진적인(radical) 그리스도인이 더 많아진다면 어떨까? 맘몬을 섬기며 물질주의적 가치관에 찌든 요즘 세상에서 좀 덜 먹고 검소하게 산다면 세상에서 작고 보잘것없게 여기는 일들을 하면서도 하늘에 영원한 보화를 쌓기에 부족함 없는 영광스러운 삶을 살 수 있다. 본래부터 이러한 삶이 세상과는 확연히 구분되는 기독교적 삶이었다. "영원한 것을 얻고자 영원할 수 없는 것을 버리는 자는 바보가 아니다." 이런 말은 짐 엘리엇 같은 헌신된 선교사에게만 적용되는 말이 아니다. 일상에서 작은 일을 주께 하듯 하는 모든 일상의 예배자들에게도 적용되는 말이다.

예수님이 재림하시기 전까지 이 세상의 임금은 여전히 사탄이다(요 14:30, 요일 5:19). 교회는 그 세상에서 하나님의 나라를 확장하라고 하나님께 부르심받은 거룩한 공동체다. 성도 각자의 일을 통해 그 소명을 감당하는 과정에서, 한데 모여 드리는 공예배도 중요하지만 각자의 일터로 흩어져 드리는 삶의 예배도 중요하다.

바로 거기서 누가 보든 안 보든 크고 작은 모든 일을 주께 하듯 감당할 때 진정으로 세상의 이웃들에게 선하고 유익한 영향력을 끼칠 수 있다. 그렇게 세상 한가운데서 자신들의 믿음을 참된 영적 예배로 드러내는 그리스도인들의 그 '착한 행실'을 보고 많은 세상사람들이 하나님께 영광을 돌리게 될 것이다(마 5:16).

"그런즉 너희가 먹든지 마시든지 무엇을 하든지 다 하나님의 영광을 위하여 하라. 유대인에게나 헬라인에게나 하나님의 교회에나 거치는 자가 되지 말고 나와 같이 모든 일에 모든 사람을 기쁘게 하여 자신의 유익을 구하지 아니하고 많은 사람의 유익을 구하여 그들로 구원을 받게 하라"(고전 10:31-33).

예수 믿고 죽을병에서 벗어난 것은 끝이 아니라 시작이다

어떤 경우이든 예수 그리스도를 믿는다고 하면서 구원의 확신이 없다면, 예수 그리스도의 능력을 의심하는 것이나 다름없습니다. 생각해보십시오. "나는 구원받을 자신이 없어!"라고 말하는 것은 구원이 나 자신에게 달려 있다고 믿는다는 뜻입니다. 구원은 내 능력이 아니라 예수 그리스도께서 주시는 것입니다. 그러므로 만일 그리스도 예수가 하나님의 아들이심을 안다면, 오직 그분에 대한 믿음으로 인해 "나는 주님께서 나를 구원해주실 수 있다고 믿습니다!"라고 고백해야 옳습니다.

예수 그리스도를 통해 죄의 문제를 해결받고 언제든지 하나님의 품에 안길 만한 믿음을 가지는 것이 중요합니다만, 그것으로 끝이 아닙니다. 이것은 우리가 받을 구원의 시작입니다. 죽을병에 걸린 사람이 완치 판정을 받고 나서 다 됐다고 생각하고 마음 놓고 아무것이나 먹고 마시고 쾌락을 즐긴다면 어떻게 되겠습니까? 죽을병에서 건짐받고 나서 그렇게 사는 사람이 의외로 많습니다.

죽을병에서 완치되는 것은 중요한 일입니다. 하지만 그 이후에 더 중요한 과제가 기다리고 있습니다. 회복된 건강을 계속 유지하고 건강한 몸으로 의미 있는 일을 해야 합니다. 예수님은 사탄과 죄의 노예 상태로부터 우리를 구하고는 "이제 됐지? 이제부터는 네가 알아서 마음대로 살아가라"고 하지 않으십니다. 불행하게도, 예수 그리스도의 구원의 은혜를 경험하고 나서 그렇게 살아가는 사람들이 있습니다. 보혈의 공로로 구원받은 것으로 다 되었다고 생각합니다. 천국 가는 티켓을 손에 쥐었으니 이제는 어떻게 살아도 상관없다는 것입니다.

그렇게 생각하는 사람들을 향해 바울은 이렇게 묻습니다. "그런즉 어찌하리요. 우리가 법 아래에 있지 아니하고 은혜 아래에 있으니 죄를 지으리요. 그럴 수 없느니라"(롬 6:15). 오늘날에도 그와 같은 생각을 가진 사람들이 많습니다. 예수 그리스도를 믿으면 과거의 죄뿐 아니라 현재와 미래의 죄까지도 미리 모두 용서받는다고 가르치면서, 죄로부터 구원을 얻은 뒤에는 그 어떤 죄를 범해도 구원을 잃지 않는다고 말합니다. 이 교리는 병든 영혼을 가진 사람들에게 아주 매력적입니다. 그래서 그토록 많은 사람들이 그토록 쉽게 이단에 넘어가는 것입니다. 안타깝게도 정통이라고 자부하는 교회에서조차 이렇게 가르치는 것을 봅니다.

물론 예수 그리스도의 보혈의 공로는 우리가 미래에 지을 죄에 대해서도 효력을 가집니다. 하지만 참된 그리스도인이라면 믿음 안에 머물러 살아야 하고, 또한 자신의 죄를 인정하고 진실하게 회개해야 합니다. 예수님의 보혈을 믿는 것은 미래에 지을 죄에 대해서 보험을 들어놓는 행위가 아닙니다.

또 어떤 사람들은, 천국에 갈 티켓을 확보했으니 이제 하나님의 능력으로 복을 받아 누리는 일만 남았다고 생각합니다. 이 사람들이 말하는 복은, 돈 많이 벌고 자식 잘되고 건강하게 오래 사는 것입니다. 그것이 인생의 목적이 되고 또한 신앙의 목적이 됩니다. 많은 교회에서 그동안 그렇게 가르쳐왔습니다. 내세에서의 구원은 따놓았으니 이제는 현세에서 누릴 것만 남았다고 생각하는 것입니다. 그것이 그들을 죄로 인도합니다.

이러한 생각에 대한 바울의 대답은 "그럴 수 없느니라"입니다. 예수님은 우리를 사탄과 죄의 노예 상태로부터 건져놓고 손을 떼지 않으십니다. 그분의 소유로 삼으십니다. 이때 우리의 소유권이 바뀝니다. 바로 '그리스도의 종'이 되는 것입니다. 이 지점에서 "아니, 어차피 노예 상태가 변하지 않는다면, 구원은 무슨 의미입니까?"라고 묻고 싶은 분이 있을지 모르겠습니다. 인간의 본성에 대해 오해하면 그런 질문이 나옵니다. 인간에게는 절대적인 자유를 누릴 만한 능력이 없습니다. 절대 자유가 가능하다는 생각은 사탄의 속임수입니다. '나는 아무에게도 속하지 않은 독립적인 존재'라고 생각하게 만들고는 자신의 노예로 만드는 것입니다.

하지만 진실은 그 반대입니다. 피조물인 인간은 누구에게든 의존하지 않고는 살 수 없습니다. 인간에게 가장 좋은 상태는 인간을 인간 되게 하는 힘에 속하는 것입니다. 예수님은 우리를 해방시키고 치유하고 온전하게 하시는 분이기에, 그분에게 속하는 것만이 인간이 인간답게 되는 길입니다. 예수께서는 십자가를 통하여 우리를 구원하시고 그분의 것으로 만들어 그 구원을 완성해가십니다.

김영봉 <나는 왜 믿는가> (복 있는 사람)

8장

사랑과 공의를 이루는 삶,
왜 행함 있는 믿음의 완성인가?

과거에 한 번 죄를 용서받은 구원에만 집착한 나머지 죽은 후 천국에 들어갈 수 있다는 확신만 강조하면, 신자의 삶을 통해 지속적으로 작동되어야 하는 현재의 구원이 실종된다. 사회 참여에 무관심한 신앙은 이 땅의 일상에서 주의 통치를 확장해가는 하나님 나라 제자도의 역사성에 둔감해진 결과다.

"오직 정의를 물같이, 공의를 마르지 않는 강같이 흐르게 할지어다"
(암 5:24)

미국에서 실제로 있었던 일이다. 한 여인이 노숙자에게 많은 동전을 한꺼번에 기부하다가 실수로 약혼반지까지 건네버렸다. 노숙자는 다이아몬드까지 박힌 그 반지의 가치가 상당하다는 걸 확인하고는 반지를 팔아 돈을 챙기려는 유혹에 잠시 고민한다. 그러나 그 반지가 그 여인에게 얼마나 소중한 것일지를 느끼고는 그다음 날 같은 장소를 찾아온 그 여인에게 반지를 돌려준다. 노숙자의 행동에 크게 감동받은 여인은 대대적인 모금 캠페인을 벌여 그가 재기하도록 도왔다고 한다.

한 노숙자의 양심적인 행동은 그의 마음에도 사랑과 정의가 함께 일한다는 걸 보여준다. 노숙자라고 해서 다른 사람의 동정이나 사랑만 받고 사는 존재가 아니다. 그에게도 사랑을 주된 동기로 삼아 정의롭게 살고자 하는 소원이 있다. 물론 그에게 그런 마음을 일깨워준 한 여인의 마중물 같은 사랑의 선행이 있었다. 이것이야말로 사랑과 정의의 선순환이다. 이런 선순환이 더 활발하게 이뤄질 때 이 땅에서 하나님의 나라 또한 더욱 넓게 확장될 것이다.

주일예배는 주중 일상예배로 온전해진다

그리스도인들의 사회 참여는 일상에서 이러한 사랑과 정의를 실천하는 것이다. 특별히 성경적으로 그 정의는 사회에서 가난하고 약한 자들이 차별 없이 고통당하지 않고 살아가도록 돕는 데 초점을 둔다. 사회 정의를 강조한 구약의 아모스서를 통해 사회 참여가 신자들의 온전한 신앙에 왜 꼭 필요한지 그 이유를 두 가지로 추려낼 수 있다.

첫째, 하나님께서는 신자들의 공예배와 일상 속의 삶의 예배를 동일하게 중시하시는 만큼 신자들은 영적인 영역뿐만 아니라 일상의 영역에서도 하나님의 뜻에 순종해야 하기 때문이다. 아모스는 주전 750년 경에 이스라엘 백성들의 죄악상을 고발한 유다 출신의 선지자였다. 그는 당시에 이스라엘 백성들이 일상에서는 가난한 자들을 학대하며 공의롭게 살지 못하면서도 성전 예배만 잘 드리면 하나님께 받아들여질 거라고 여긴 이중적인 신앙생활을 신랄하게 비판한다(암 5:21-23).

그들은 은을 받고 의인을 팔며 신 한 켤레를 받고 가난한 자와 힘없는 자를 학대했다. 아버지와 아들이 함께 가나안의 풍요를 좇는 신앙의 상징인 신전 창녀와 동침했고, 전당 잡은 옷 위에 밤새 누워 가난한 자가 담보로 맡긴 옷을 돌려주지 않았으며, 벌금으로 맡아둔 포도주를 마셔 채무자의 권리를 무자비하게 짓밟았다(암 2:6-8). 그러면서도 하나님 앞에 성전 제사만 잘 드리면 된다고 여겼다.

지금도 주일예배가 온전하려면 주중의 일상예배가 온전해야 한다. 그 일상의 예배에 가난하고 약한 자들을 돌아보는 사회 참여가 포함된다. 구약 성경 전체에서 하나님은 우리가 생각하는 것보다 훨씬 더 많은 관심을 갖고 가난하고 약한 자들의 형편을 살피신다. 신약에서 예수님 역시 복음을 전파하시면서 사람들의 상한 심령과 병든 육체 모두를 치유하셨다. 혈우병이 나은 여인에게 예수님은 "네 믿음이 너를 구원하였다"(마 9:22)고 말씀하신다. 복음서에는 구원이 죄 사함과 함께 육체의 회복까지 포함하는 말로 사용된다.

하나님께서는 우리를 영과 육의 통합체로 만드셨다. 그래서 지금 우리도 복음을 전할 때 전도 대상자들의 정서적, 육체적 필요도 함께 돌아보아야 한다. 아모스 시대의 이스라엘처럼 지금도 사회적으로 가난하고 약한 자들이 어려움을 당한다면, 마땅히 그들을 곤경에 처하게 만든 사회적 불의에 맞서 변화의 노력을 기울여야 한다.

사랑은 공의를 물같이 흐르게 한다

둘째, 하나님께서 이 세상을 다스리시는 두 가지의 큰 법도가 바로 사랑과 공의이기 때문에 사회 참여는 하나님 나라 백성이 온전한 신앙을 갖는 데 필수적이다. "오직 공의를 물같이, 정의를 마르지 않는 강같이 흐르게 할지어다"(암 5:24)라는 말씀은 구약의 주된 테마를 담고 있는 중요한 말씀이다. 여기에 공의와 정의라는 단어가 나오는데, 이 두 단어의 뜻이 서로 조금 다르다.

'올바른 관계'를 가리키는 공의는 일차적으로는 아픔을 당한 이웃에게 공감해주고 마음을 같이하는 것을 말한다. 정의는 그들이 아픔을 당하게 된 근본적인 원인이 무엇인지를 찾아 뿌리부터 바로잡으려는 구조적인 접근을 가리킨다.

구약시대에는 개인적 관계와 사회적 구조의 그물망 가운데서 벌어지는 불의와 불공평의 문제들을 놓고 시시비비를 올바로 가리려는 재판이 많았다. 그래서 구약에서 정의란 곧 재판을 의미하거나, 구원과 심판을 뜻한다. 억울한 문제를 해결받은 자에게는 그 재판이 곧 구원이고, 그 재판으로 정죄를 당한 자에게는 심판이다. 구약시대에 사사가 '재판관'이란 뜻을 가졌다거나 구원자로 여겨졌다는 것도 동일한 맥락에서 이해할 수 있다.

구약시대에는 공동체 안에서 가난한 자와 부한 자, 약한 자와 강한 자 사이에 발생하는 억울한 일들을 정의롭게 풀어야 했는데, 지금도 이 정의의 원칙은 그대로 통한다. 크든 작든 지금 우리 각자가 가정이나 직장, 학교, 교회에서 부여받은 지위나 권력을 때와 상황에 따라 정의롭게 사용하는 것이 곧 사회 참여다. 그렇게 정의도 세워야 하지만, 억울한 일을 당한 사람을 동정해주고 그의 아픔에 동참하며 위로하는 공의의 일들 또한 그리스도인이 감당해야 할 사회 참여다.

아모스서 5장 24절은 정의와 공의에 대해서만 이야기할 뿐 사랑에 대해서는 언급하지 않는 것 같아 보인다. 그러나 이 말씀에서 공의를 물같이, 정의를 마르지 않는 강같이 '흐르게 하는' 그것이 곧 사랑이다. 일상에서나 사회에서 공의나 정의를 외칠 때 그 안에 사랑이 없다면 그 공의나 정의가 제대로 먹혀들지 않는다. 일상에서도 사랑 없이 누군가가 나에게 무언가를 바로잡아야 한다고 조언해주면 별로 설득력이 없는 경우와 같다.

그리스도인들이 이웃의 아픔에 공감해주고 그 아픔의 원인이 된 더 근원적인 뿌리를 찾아 구조적인 문제점들을 바로잡고자 할 때, 반드시 사랑이 그 바탕에 있어야 한다. 하나님은 이 세상을 다스리실 때 공의와 더불어 사랑으로 다스리신다. "의와 공의가 주의 보좌의 기초라. 인자함과 진실함이 주 앞에 있나이다"(시 89:14). 하나님의 보좌의 기초인 공의와 정의는 하나님의 사랑으로 시행된다. 그래서 칸트의 말에 빗대자면, 사랑 없는 공의는 공허하고 공의 없는 사랑은 맹목이다. 자녀를 양육할 때도 사랑 어린 보살 핌과 함께 정해둔 교육원칙을 잘 지킬 수 있도록 올바로 계도하는 공의로 운 접근이 동시에 필요하다.

하나님은 세상을 만드신 다음 그 세상을 직접 통치하시지 않고 그분과 인격적인 관계를 맺을 수 있는 사람을 만들어 그에게 권한과 능력을 위임 하셔서 그로 하여금 세상을 다스리게 하셨다. 그러나 그 권한과 능력은 사 람이 하나님께 순종하고 그분과 친밀한 인격적 교제 가운데 있을 때 온전 하게 발휘된다.

아담의 타락으로 하나님을 떠난 인간은 자기 소견에 옳은 대로 세상을 다스리게 되면서 창조질서를 왜곡하고 훼손시켰다. 하나님과의 관계를 회 복한 그리스도인들만이 정의와 사랑으로 이 땅에 하나님의 다스림을 온전 히 드러내며, 깨어진 세상을 회복시킬 수 있다. 또한 더 많은 세상 사람들 이 그 다스림 아래로 들어올 수 있도록 자신들의 삶으로 하나님 나라의 복 음을 전할 수 있다.

악을 미워하고 선을 사랑하며 성문에서 정의를 세울지어다

그리스도인들은 이 땅에서 세상 사람들과 달리 불의를 멀리하는 거룩한 삶 을 통해 하나님이 지금도 살아 계셔서 세상을 통치하고 계신 분임을 드러 내야 한다. 예수님을 구주와 주님으로 믿고 그분의 다스림을 받아 그분의 통치의 두 가지 법도인 공의와 사랑으로 이 세상에서 하나님 나라의 통치 를 회복하고 확장해나가려면, 삶의 현장에서 정직하지 못한 편법이나 부당 하게 이득을 취하려는 크고 작은 모든 시도를 버려야 한다.

이것이 자기 부인의 십자가 제자도이며, 아모스서가 기술하는 여러 가지 죄악으로 어그러진 세상에서 하나님의 백성으로 살기 위해 신자들이 감수해야 할 고난의 내용이다. 사회 참여는 바로 이러한 고난을 달게 받고자 하는 삶이다.

이제 그리스도인은 성전에서뿐만 아니라 일상의 삶의 현장인 성문에서도 정의를 세워야 한다. "너희는 악을 미워하고 선을 사랑하며 성문에서 정의를 세울지어다"(암 5:15). 주일에 교회에서 공예배를 드리는 것은 주중의 일터와 삶의 현장인 성문에서 하나님 나라의 법도인 사랑과 정의를 세우기 위해서다.

이 땅에서 사랑으로 공의와 정의를 세우려는 전인적인 사회 참여의 삶이야말로 하나님 나라의 복음을 위해 날마다 주와 동행하기를 소원하는 행함 있는 믿음과 일상예배의 삶에 꼭 필요한 무게중심을 바로잡아주는 중요한 지향점이다.

"사람아 주께서 선한 것이 무엇임을 네게 보이셨나니 여호와께서 네게 구하시는 것은 오직 정의를 행하며 인자를 사랑하며 겸손하게 네 하나님과 함께 행하는 것이 아니냐"(미 6:8).

행믿노트 24

'은혜로운 정의'에 무관심한 믿음은 죽은 믿음이다

믿음으로 의롭게 된다는 칭의의 교리는 사도 바울의 글쓰기에 자주 등장하는 핵심 주제다. 다른 종교들은 마땅히 살아야 할 삶을 살면 절대자의 마음에 들어 축복받을 수 있다고 주장한다. 하지만 바울은 예수 그리스도를 통해 값없이 선물로 베풀어주시는 하나님의 용서와 축복을 받았다면, 마땅히 살아야 할 삶을 살라고 가르친다.

그런데 야고보서를 읽노라면 언뜻 이런 견해와 충돌하는 것처럼 보이는 구절들과 마주친다. 바울은 오직 믿음으로 죄인은 하나님과 관계를 회복할 수 있다고 주장하는 반면, 야고보는 참된 믿음에 반드시 따라오게 마련인 변화된 삶이야말로 구원에 이르게 하는 믿음을 소유했다는 결정적 증거라고 한다(약 2:14-17). 바울과 야고보 사도의 가르침을 한데 묶는다면 이렇게 정리할 수 있을 것이다. "오직 믿음으로 구원을 받지만 그 이후에도 믿음만으로 충분한 건 아니다. 진정한 믿음은 늘 변화된 삶을 낳았다."

하지만 야고보 사도는 단순하게 참 믿음을 가지면 삶이 전반적으로 바뀔 것이라고 이야기하지 않는다. 죄에서 의롭게 하는 살아 있는 믿음에 수반되는 '행위'를 끊임없이 거론한다. 야고보는 가진 게 없어서 쩔쩔매는 이를 보고도 아무런 조처를 취하지 않는다면 그 믿음은 '죽은 것'이라고 단정한다(약 2:15-17). 구원에 이르는 믿음이 아니라는 것이다. 그렇다면 사도가 말하는 '행함'이란 무얼 말하는 것일까? 가난한 이들을 섬기는 데 아낌없이 쏟아붓는 삶이야말로 진실하고 참되며, 복음적인 믿음에 반드시 뒤따르는 표적이라는 게 야고보의 설명이다.

은혜는 인간을 의롭게 한다. 의롭지 않다면 믿음으로 의롭다 하심을 받지 못한 게 아닌지 의심해봐야 한다. '칭의'란 당연히 받아야 할 벌을 하나님이 면제해주셨다는 교리다. 그렇다면 칭의 교리와 그 체험이, 공의를 행하는 데 적극적으로 뛰어드는 결단과 이어지지 않는 까닭은 무엇일까?

예수님은 "심령이 가난한 자는 복이 있나니"(마 5:3)라고 말씀하셨다. 하나님의 복과 구원은 영적으로 파산 상태임을 자각하는 이들에게 임한다는 것에는 진즉부터 대다수 학자들이 의견을 같이하고 있다. 그런데 심령이 가난하지 않다면 어떻게 될까? 스스로 죄인이며 도덕적으로 파산 상태여서, 오직 거저 주시는 은혜 말고는 거기서 벗어날 가망이 전혀 없음을 인정하지 않는 이들도 얼마든지 있을 수 있다. 인류의 죄와 타락을 말하는 정통 기독교의 교리가 너무 혹독하다고 생각할지도 모른다.

도리어 주님이 무언가를 빚지고 있다고 믿는 이들도 있다. 기도하기가 무섭게 응답해주고, 착한 일을 할 때마다 거기에 상응하는 복을 주어야 할 의무가 하나님께 있다고 본다는 뜻이다. 성경에 나오는 용어는 아니지만, 그걸 '영적인 중산층'의 사고방식이라고 부르면 어떨까 싶다. 이런 의식을 가진 이들은 열심히 노력한 덕분에 하나님과의 관계에서 일정한 경지에 올랐다고 자부한다. 또 자신이 거둔 성공과 재산은 대부분 부지런히 열정적으로 일한 결과물이라고 확신한다. 그간의 목회 경험으로 미루어볼 때, 영적인 중산층들은 궁핍한 처지에 몰린 이들에게 냉담한 편이다.

반면에 은혜의 복음을 정확히 받아들여서 영적으로 가난해진 크리스천들은, 물질적 어려움을 겪는 이웃들에게 저절로 마음이 끌리는 경향이 있다. 복음의 수중에서 다듬어진 정도에 따라 가난한 이들과 공감하는 폭이 달라진다. 누더기를 걸친 이를 보면서 '내 의로움이라는 것도 넝마처럼 허술하겠지? 하지만 그리스도께 붙어 있으면 의로움의 외투를 덧입혀주신다'라고 생각하게 된다.

사도 야고보는 편지 후반부에서, 가난한 이들에게 관심을 갖고 너그럽게 소유를 나누는 행동이야말로 은혜의 복음을 정확하게 이해했다는 결정적 증표라고 했다. 최소한 점진적으로라도 성경이 가르치는 쪽으로 정체성이 변화되는 기미가 보이지 않으면, 복음의 진수를 제대로 파악했다는 증거가 없는 셈이다. 그래서 야고보는 가난한 이들을 존중하는 마음과 사랑, 실질적인 관심을 품지 않는 믿음은 죽은 믿음이라고 단언한 것이다. 그건 인간을 의롭게 하는 믿음, 복음적인 믿음이 아니다.

팀 켈러 <팀 켈러의 정의란 무엇인가> (두란노)

얼마나 믿고 순종해야 구원인가?
- 행함 있는 믿음에 대해 풀어야 할 대표적인 오해 3가지

"행함 있는 믿음이 중요하다면, 도대체 얼마나 믿고 순종해야 구원이라는 건가?" 행함 있는 믿음을 강조하다 보면 필연적으로 이런 질문에 맞닥뜨리게 됩니다. 예수 그리스도의 은혜에 의해 믿음으로 말미암아 구원을 받는다는 가르침에 익숙한 신자들에게 이런 반문은 어쩌면 당연하고 또 건강한 반응입니다.

그러나 얼마나 믿고 순종해야 구원인가를 딱 부러지게 아는 것이 어렵기는 예수님을 믿는다고 고백하기만 하면 구원받는다고 여기는 이들에게도 마찬가지입니다. 입술로 고백하고 마음으로 믿는다고 하는 그 믿음의 진정성을 어떻게 확인할 것인지가 여전히 애매모호해서입니다. 그 진정성은 결국 기계적으로나 일률적으로 측정되진 않는 주님과의 친밀한 관계와 순종의 열매로만 감지된다고 말할 수 있습니다.

어떤 것이 참이라고만 믿는 것이 기독교 신앙의 전부라면 논리적인 변증만을 통해서도 하나님을 믿을 수 있을 겁니다. 그러나 인격체로서의 하나님을 만나려면 올바른 지식과 함께 전인격적인 회개와 믿음, 곧 진정성 있는 회심이 필요합니다. 하나님은 논증의 대상이기만 한 무인격체가 아니십니다. 따라서 신자가 이 땅에서부터 받아 누릴 구원 또한 이러한 전인격적인 특성을 띨 수밖에 없습니다.

맨날 구원의 공식만 확인하고 구원의 실체인 주님과의 친밀한 인격적 관계에는 무심한 채 살아가는 신자들이 의외로 많습니다. 그러고도 예수님을 구주로 영접한 한 번의 신앙고백이 변함없는 구원의 조건이라고만 주장한다면, 그것이야말로 구원의 모든 여정에 필요한 주의 전적인 은혜를 무력화시키는 일종의 '행위 구원'으로 비칠 수 있습니다.

성경적인 구원은 소유가 아닌 존재의 문제입니다. 천국행 티켓을 일회적으로 소유하는 데 관심이 많은 이들은 구원이 좁은 길이라고 하면 불만을 터트리면서 하나님이 자기 맘에 안 든다고 여길지도 모릅니다. 그러나 천국을 어디든 하나님이 계신 곳이라 믿는 이들은 이 땅에서도 그분과 동행하는 자기 존재로 천국을 삽니다.

구원의 확신이 신앙생활에 유익하다면서 일정하게 공식화해 주입하려는 것은 사람의 입장에서 자칫 '확신의 우상'을 만들려는 시도로 전락될 수 있습니다. 구원의 확신은 철저히 동적이며 인격적이어야 합니다. 본질상 일방적으로 나 혼자서만 가질 수 없어서입니다. 생명력 있고 인격적인 상호 관계성을 기초로 한 확신은 늘 현재진행형이어야 합니다.

참된 믿음은 예수님을 내 죄를 대신 지고 십자가에서 피 흘려 죽으신 구주로서뿐만 아니라 내 삶의 주인으로도 영접하는 것입니다. "얼마나 믿고 순종해야 구원인가?" 하는 질문에 올바른 대답을 구하려면 먼저 올바른 대전제가 필요합니다. 예수님을 나의 죄를 대신 지고 죽으신 구주로서뿐만 아니라 내 모든 삶의 주인으로도 영접해야 온전한 구원이라는 성경적인 구원관에 일단 동의해야 한다는 것입니다.

그러나 구원의 확신에 대한 문제는 어떤 교파적 전통에 속해 있는가에 따라 여러 가지 오해가 상존할 만큼 복잡합니다. 이 문제에 대한 답을 얻으려면 행함 있는 믿음의 필요성에 대해 그동안 사람들이 품어온 갖가지 오해들을 조금씩이라도 풀어나가는 작업이 필요해 보입니다. 여기서는 대표적인 오해 3가지를 성경적으로 하나씩 풀어보고자 합니다. 이 책의 핵심적인 내용을 좀더 분명하고 쉽게 이해하게 해주는 통로가 되었으면 합니다.

오해 1

믿음에 행함이 더해져야 한다면 결국 내 행위로 구원이 좌우된다는 말이니까 행위 구원이다?

'믿기만 하면 구원'이라는 것은 칭의의 과정에서 사람의 공로를 제거하고 전적인 하나님의 은혜만을 부각시키기 위해 성경이 가르치는 구원의 공식이라고 믿는 신자들이 많습니다. "얼마나 믿고 순종해야 구원인가?"라는 물음의 저변에 깔린 뉘앙스는 "믿기만 하면 되는데 왜 믿고 나서 순종까지 더해야 구원받는다고 하나?" 하는 항변입니다.

　행함 있는 믿음의 문제에서 사람들이 가장 많이 품고 있을 법한 이러한 오해를 풀기 위해 개인적으로 제가 생각해본 해법이 있습니다. 성경에서 구원받는 통로로 제시하는 믿음을 일단 두 종류로 나누어보는 것입니다. 고백적인 믿음과 행함 있는 믿음입니다. 고백적인 믿음은 성경에서 대표적으로 구원받는 방법을 제시한 구절로 유명한 로마서 10장 9-10절에 일차적으로 가장 뚜렷하게 담겨 있는 것처럼 보입니다.

"네가 만일 네 입으로 예수를 주로 시인하며 또 하나님께서 그를 죽은 자 가운데서 살리신 것을 네 마음에 믿으면 구원을 받으리라. 사람이 마음으로 믿어 의에 이르고 입으로 시인하여 구원에 이르느니라."

이 말씀에 따르면 기독교에서 가르치는 구원의 길은 아주 간단해 보입니다. 그냥 피상적으로 듣고 지나치면 그야말로 '믿기만 하면 구원'이란 말로 들립니다. 이 말씀만으로 볼 경우 사람이 각자의 입으로 예수라는 분을 주로 시인하며, 각자의 마음으로 하나님께서 그 예수라는 분을 죽은 자 가운데서 부활시키신 것을 믿기만 하면 구원을 받습니다.

그리고 나서도 행함이 더해져야 한다는 말은 따로 없습니다. 끝까지 "사람이 마음으로 믿어 의에 이르고 입으로 시인하여 구원에 이른다"는 말뿐입니다. 이대로만 보면 구원받기 참 쉽습니다. 마음으로 믿고 입으로 시인하기만 하면 됩니다. "사람이 얼마나 믿고 순종해야 구원인가?"라는 질문에 대한 답을 굳이 애써 찾지 않아도 넉넉히 구원받을 수 있는 것처럼 들립니다.

그러나 성경에 기록된 한 말씀 한 말씀을 바르게 해석하려면 그 말씀이 기록된 정황을 함께 고려해야 하고, 성경 전체의 맥락에서 그 말씀을 들여다봐야 합니다. 이런 관점에서 이 말씀을 다시 살펴보면, 요즘 사람들이 쉽게 '믿기만 하면 구원'이라고 말할 때의 그런 '쉬운 구원'을 두둔하는 식의 만만한 말씀이 결코 아닙니다.

예수님은 구원자이시며 왕, 주님이시다

일례로, "네가 만일 네 입으로 예수를 주로 시인하며"라는 말씀 하나만 해도, 그 당시에 사도 바울이 전한 이 구원의 공식이 당대인들에게는 상당히 큰 부담을 안겨주었을 말씀입니다. 여기서 '주'라는 말은 헬라어로 '퀴리오스'인데, 성경에서는 하나님을 가리키는 호칭이었고, 고대 로마제국 시대에 이 말은 로마 황제에게만 붙여진 칭호였습니다. 따라서 당시에 신자의 입으로 예수님을 '퀴리오스'라고 시인한다는 것은 로마 황제를 신이요 주님으로 섬겨야 하던 시대에 황제 대신 예수라는 분을 신이요 주님으로 섬긴다는 의미입니다.

따라서 여기에 언급된 입은 단순한 입이 아닙니다. 신자 각자의 몸 전체를 대변합니다. 신자의 입으로 예수님을 주라고 시인한다는 것은 일상에서 각자의 몸으로 예수님의 주 되심을 드러내는 삶을 살아야 한다는 뜻입니다. 그러니까 엄밀하게 보면 이 말씀은 고백적인 믿음과 행함 있는 믿음을 동시에 다 강조하고 있는 말씀입니다. 예수님을 주로 시인하는 것이 구원받는 믿음과 직결된다는 사실을 성경 전체의 맥락에서 좀더 구체적으로 이해하려면 요한복음 1장 9-13절 말씀을 반드시 함께 살펴봐야 합니다.

"참 빛 곧 세상에 와서 각 사람에게 비추는 빛이 있었나니 그가 세상에 계셨으며 세상은 그로 말미암아 지은 바 되었으되 세상이 그를 알지 못하였고 자기 땅에 오매 자기 백성이 영접하지 아니하였으나 영접하는 자 곧 그 이름을 믿는 자들에게는 하나님의 자녀가 되는 권세를 주셨으니 이는 혈통으로나 육정으로나 사람의 뜻으로 나지 아니하고 오직 하나님께로부터 난 자들이니라."

이 말씀에서 세상에 와서 각 사람을 비추는 참 빛으로 지칭되는 예수님은 친히 온 세상을 지으신 분, 그래서 그 세상의 왕이신 분으로 언급됩니다. 여기서 '자기 땅'은 이스라엘이며, 일차적으로 그 땅의 왕으로 오셨지만 왕이신 자신의 백성, 곧 유대인들이 그를 왕으로 영접하지 않았습니다.

그러나 이제는 이스라엘 땅의 유대인들뿐만 아니라 온 세상의 모든 사람들 가운데 그를 왕으로 영접하는 자, 곧 그 이름을 믿는 자들에게는 하나님의 자녀가 되는 권세가 주어집니다. 이 말씀에는 특별히 예수님을 믿는다는 것은 그분을 왕으로 영접하는 것과 같다는 진리가 담겨 있습니다. "이스라엘에게 회개함과 죄 사함을 주시려고 그를 오른손으로 높이사 임금과 구주로 삼으셨느니라"(행 5:31).

성경은 예수님을 "그리스도 주"(눅 2:11), "하나님의 아들, 우리 주"(롬 1:4), "만왕의 왕이요 만주의 주"(계 19:16)라고 지칭합니다. 이런 대목에서도 알 수 있듯 성경은 예수님의 하나님의 아들 되심을 구원자 되심과 왕 되심, 주 되심과 동일한 것으로 언급합니다. 복음은 곧 예수님이 그리스도

(자기 백성을 구원할 기름부음받은 왕, 선지자, 제사장)이시며 주가 되신다는 진리입니다. 따라서 예수님을 구원자로 믿고 영접한다는 것은 신자의 삶의 주인을 이제 자신이 아니라 예수님으로 바꾼다는 뜻이기도 합니다.

예수님을 구원자로 믿으면 누구든지 하나님과 잃었던 화목의 관계를 회복하는 것으로 죄를 용서받고 하나님의 자녀로 신분이 바뀝니다. 그러나 그분을 내 삶을 다스리는 왕이요 주님으로는 믿지 않는다면, 그 새로운 신분에 걸맞은 존재로 변화받거나 성숙되어가기가 어렵습니다. 여전히 내가 내 삶의 주인이 되어 산다면, 신자라고 하면서도 마음에 불안과 염려, 두려움이 끊이지 않습니다.

죄는 하나님이 아닌 내가 내 인생의 주인이 되어 내 마음대로 사는 것입니다. 이 죄의 뿌리는 첫 사람 아담이 선악과를 따먹는 순간부터 내 안에도 자리하게 된 것입니다. 예수님을 구원자로 믿어 죄를 용서받고도 여전히 그분을 내 삶의 주인으로 모시고 살지 못한다면, 그분을 "자기 백성을 그들의 죄에서 구원할 자"(마 1:21)로 믿고 의지하는 삶이 아닙니다. 따라서 구원의 목적에 부합하지 않는 신앙생활을 해나가게 됩니다.

죄 사함만의 복음인가, 하나님 나라의 복음인가?

예수님은 각 신자가 처음에 한 번 죄를 용서받게 해주시는 구원자이실 뿐만 아니라 계속해서 그들 각자가 죄를 이겨낼 수 있게 해주시는 주인이시기도 합니다. 궁극적으로 구원은 죄의 뿌리인 나라는 존재 자체로부터 건짐받는 것이지 내 죄의 열매만 용서받는 걸로 끝나는 것이 아닙니다. 이제 더 이상 내 힘으로 살지 않고 예수님의 힘으로 살아가며, 주인이신 그분께 철저히 의탁하는 제자로 살아가는 것이 참된 구원입니다. 예수님을 구원자와 주님으로 믿고 영접하는 것이야말로 전인적인 복음을 믿고 따르는 전인적인 신앙, 전인적인 구원이라고 말할 수 있습니다.

영미권에서는 이렇게 구원받는 참된 믿음은 예수님을 구주로서뿐만 아니라 신자의 삶의 주인이요 왕으로도 모시는 믿음이라고 주장하는 가르침을 가리켜 '주재권 구원'(Lordship salvation)이라고 합니다. 아더 핑크, 존스토트, 마틴 로이드 존스, 제임스 패커, 존 맥아더, R. C. 스프라울, 존 파이퍼 등의 목회자와 신학자들이 주재권 구원을 강조했습니다. 이들은 구원받는 믿음의 특징은 예수 그리스도의 주재권에 복종하는 것이며, 그리스도의 주 되심을 거부하는 사람들은 그분을 구주로 대할 수 없다고 가르칩니다.

그러나 구원의 여정에는 예수님을 구원자로 믿는 신앙고백만이 유효할 뿐 그분을 주인으로 섬기는 삶은 구원에는 영향을 줄 수 없고 상급과만 관련된다고 보는 이들이 여전히 많습니다. 그들은 예수님의 십자가 옆에 달린 한 강도가 예수님을 구원자로 영접하는 신앙고백만으로 천국에 들어간 경우를 예로 들기 좋아합니다. 그러나 성경은 그 강도 역시 예수님의 왕 되심에 대한 신앙을 고백한 것으로 기록합니다.

"예수여 당신의 나라에 임하실 때에 나를 기억하소서"(눅 23:42).

이 강도는 십자가상에서 초반에는 다른 강도와 함께 예수님을 비난했습니다(마 27:44). 그러다가 십자가에 달려 있는 동안 예수님이 보여주신 여러 언행을 통해 그분이 메시아임을 알게 된 것 같습니다. 그리고 죽음 직전에 하나님 나라의 왕이신 예수님께 대한 신앙을 고백했습니다. 이 강도의 믿음은 입술로만 고백하는 데 그치는 단순한 믿음이 아니었습니다. 유대인이었을 그가 태어나면서부터 믿어왔던 유대교를 버리고, 유대인들이 배척한 예수님을 진정한 메시아 왕으로 영접한다는 것은 그에게는 곧 자기를 부인하고 자기 삶 전체를 내려놓는 일과 같았습니다. 게다가 화려한 기적이나 능력을 보이는 예수님이 아니라 제자들에게도 외면받고 처참하게 죽어가는 예수님을 자신의 왕이라고 고백하는 것은 결코 쉬운 결단이 아니었을 것입니다.

그런 만큼 만약 이 강도가 풀려났다면 자신이 고백한 믿음에 걸맞게 예수님의 통치권에 순종하는 주재권 신앙의 삶을 살았을 것이라고 추정해볼 수 있습니다. 따라서 십자가에서 구원받은 강도의 경우를 입술만의 신앙고백에 따라 구원받은 사람의 예로 삼는 것은 적절해 보이지 않습니다. 오히려 성경은 이 강도의 사례를 통해 예수님이 왕으로 통치하시는 나라의 국민으로 살겠다는 고백, 곧 주재권 신앙이 구원받는 신자의 삶에 필수적이라는 진리를 명시하고 있다고 믿습니다.

구속은 칭의, 구원은 성화와 관련된다

기독교에서는 일반적으로 구원의 주된 과정을 칭의와 성화의 두 과정으로 나눕니다. 칭의(justification)는 '의롭다 함을 받는다'는 의미를 가진 신학적 용어입니다. 이 칭의의 과정에는 예수님께서 친히 십자가를 통해 이루신 구속의 진리에 대한 고백적 믿음이 요구됩니다. 이 과정에서 죄인이 의롭다 함 받기 위해 하나님 앞에 드리거나 보상할 수 있는 것은 아무것도 없습니다. 오직 예수 그리스도의 공로를 통해 하나님의 전적인 은혜로 각자의 죄를 용서받고 법정적으로 의롭다 함의 무죄 선언을 받게 됩니다.

죄인이 합법적으로 의롭다 함을 받고 하나님과 화목하게 되면 성령님께서 그 신자의 안에 내주하시게 됩니다. 그리고 그때부터 신자의 삶을 친히 인도하셔서 의인의 신분에 걸맞은 거룩한 삶을 살아가도록 도우십니다. 신자의 구원의 여정에서 이것을 신학적으로 칭의에 이어지는 성화(sanctification)의 과정이라고 합니다. 칭의는 예수님이 신자 각자의 죄를 대신 지고 죽으셔서 죄를 용서해주신 구주로 믿고 받아들이는 것과 관련된다면, 성화는 그 예수님을 신자 각자의 삶의 주인으로 영접하고 섬기는 것과 관련된다고도 볼 수 있습니다.

이 문제는 그리스도인에게 적용되는 구속과 구원의 의미가 다르다는 사실과도 연관됩니다. 예수님께서 친히 대속의 희생 제물이 되셔서 자신의 피로 나를 값 주고 사신 구속(redemption)은 내 몸 전체를 씻어주신 것이라면, 구원(salvation)은 내가 매일 내 발을 씻는 회개로 주와 동행하는 성화의 과정을 포함합니다(요 13:10). 여기서 구속은 칭의에, 구원은 성화에 해당한다고도 볼 수 있는데, 칭의가 성화의 출발점이라면 구속은 구원의 출발점이라고 말할 수 있습니다.

'한 번 구원은 영원한 구원'이란 개신교의 전통적인 구원관이 지닌 큰 허점은 구속과 구원을 혼동하는 것입니다. 유월절을 통한 출애굽처럼 구속에는 그 어떤 사람의 역할도 끼어들 수 없습니다. 그러나 구원에는 구속받은 주의 백성들이 가나안땅에 들어가기 위해 광야에서 매일 예배자로 주의 임재를 상징하는 성막을 삶의 중심에 두고 때마다 주와 동행하는 믿음의 여정이 필요합니다.

"항상 복종하여 두렵고 떨림으로 너희 구원을 이루라"(빌 2:12). 이 말씀은 신자는 구속의 은혜를 받은 자이며, 그 은혜를 입은 후부터는 내주하신 성령님의 도우심으로 주의 말씀에 복종하는 구원의 과정에 참여해야 한다는 뜻을 담고 있습니다. 이 과정을 모르면 칭의에 적용할 말씀을 성화에 적용한다거나, 성화에 적용할 말씀을 칭의에 적용하는 것과 같은 오류를 범할 수 있습니다. 이럴 경우 하나님의 주권과 인간의 책임을 기준 없이 뒤섞어놓게 되기 쉽습니다.

예를 들어, 사도 바울이 에베소서 2장 8-9절에서 "너희는 그 은혜에 의하여 믿음으로 말미암아 구원을 받았으니 이것은 너희에게서 난 것이 아니요 하나님의 선물이라. 행위에서 난 것이 아니니 이는 누구든지 자랑하지 못하게 함이라"고 전하는 가운데 언급한 구원은 엄밀하게 보면 구속을 의미한다고 볼 수 있습니다. 이 말씀을 행함 있는 믿음이 요구되는 성화의 과정에 적용해서는 안 됩니다.

또한 바울이 갈라디아서 2장 16절에서 "사람이 의롭게 되는 것은 율법의 행위로 말미암음이 아니요 오직 예수 그리스도를 믿음으로 말미암는 줄 알므로 우리도 그리스도 예수를 믿나니 이는 우리가 율법의 행위로써가 아니고 그리스도를 믿음으로써 의롭다 함을 얻으려 함이라. 율법의 행위로써는 의롭다 함을 얻을 육체가 없느니라"는 말씀으로 의롭다 함 받는 칭의를 강조할 때도 마찬가지로 구속의 의미를 전한 것이라고 보아야 합니다.

이렇게 구속과 칭의를 얻는 과정에는 하나님의 전적인 은혜와 신자의 고백적인 믿음이 핵심적인 요건이라고 강조한 바울이 같은 서신에서 구원과 성화에 대해 가르칠 때는 전혀 달라 보이는 내용과 분위기로 거룩한 삶과 믿음의 순종을 강조합니다.

"너희도 정녕 이것을 알거니와 음행하는 자나 더러운 자나 탐하는 자 곧 우상 숭배자는 다 그리스도와 하나님의 나라에서 기업을 얻지 못하리니 누구든지 헛된 말로 너희를 속이지 못하게 하라"(엡 5:5-6).

"우리가 성령으로 믿음을 따라 의의 소망을 기다리노니 그리스도 예수 안에서는 할례나 무할례나 효력이 없으되 사랑으로써 역사하는 믿음뿐이니라. 너희가 달음질을 잘 하더니 누가 너희를 막아 진리를 순종하지 못하게 하더냐"(갈 5:5-7).

사도 바울이 에베소 교회와 갈라디아 교회에 전한 구원과 성화에 관한 이런 말씀들을 구속이나 칭의를 얻는 조건에 대한 말씀으로 받아들여 적용하고자 한다면, 마찬가지로 큰 혼동을 불러일으킬 수밖에 없을 것입니다.

구속받아 하나님의 소유가 된 신자는 하나님의 절대 주권과 보호 아래 있어 구원의 여정에서 결코 실패하지 않는다고 믿는 이들도 많습니다. 그러나 성경은 실제로 신자가 되고 난 이후에도 신앙에서 떨어져나가 실패하는 이들이 많다고 경고합니다. 구속과 구원의 차이를 모르면 행함 없는 믿음이 왜 구원이 없는 죽은 믿음(약 2:17)으로 분류되는지도 균형 있게 이해하기 어렵습니다.

성경은 '구원받았다, 구원받고 있다, 구원받을 것'이란 표현으로 구원의 시제를 과거와 현재, 미래로 나눕니다. "내가 너를 구원할 것이라"는 주의 약속은 내가 과거에 구속받은 후 지금 무슨 불순종의 죄를 짓든 상관없이 미래에 구원받는다는 보장이 아닙니다. 주님이 내 구원에 신실한 열심을 내시듯 나도 그렇게 해야 한다는 명령이 담겨 있는 약속이라고 믿습니다.

구글 AI 제미나이가 설명하는 구속과 구원의 의미

구속(redemption)과 구원(salvation)의 차이가 무엇인지를 구글이 운영하는 대화형 인공지능(AI) 제미나이(Gemini)에게 물어보았더니 아래와 같이 답해주었습니다.

"구속과 구원은 종교적 의미에서 밀접하게 연결되어 사용되지만, 몇 가지 핵심적인 차이점을 가지고 있습니다. 구속은 죄의 속박이나 노예 상태로부터 벗어나는 것을 의미합니다. 구체적으로는 죗값을 치르거나 희생을 통해 죄로 인해 발생하는 벌이나 저주로부터 해방되는 것을 의미합니다. 구약성경에서 더 자주 사용되는 개념으로, 이스라엘 백성이 애굽의 노예 상태에서 구출되는 것을 중심으로 등장합니다.

예수 그리스도의 십자가가 구속의 필수적인 토대로서 예수 그리스도께서 우리 죄를 대신 짊어지시고 죽으심으로써, 우리는 죄의 속박에서 벗어날 수 있는 기회를 얻게 됩니다. 구속은 죄로부터의 해방과 영원한 죽음으로부터의 구원을 약속합니다. 구속은 하나님의 능력과 희생을 통해 이루어지기 때문에 인간 스스로의 노력으로는 불가능하며, 하나님의 은혜에 의지해야 합니다.

구원은 구속보다 더 넓은 의미로, 모든 악과 고통으로부터의 해방을 의미합니다. 죄뿐만 아니라 질병, 죽음, 심지어 현세의 모든 문제들로부터의 구출을 포함합니다. 구약성경보다 신약성경에서 더 강조되는 개념으로, 예수 그리스도의 희생을 통해 인간의 죄를 용서하고 영원한 생명을 주는 것을 의미합니다.

구원은 죄로부터의 해방뿐만 아니라 죄와의 단절, 영적 변화, 하나님과의 관계 회복, 죽음 이후의 영원한 생명 등을 포함합니다. 구속을 기반으로 하지만, 개인의 믿음과 응답, 회개와 헌신을 통해 완성됩니다. 죄를 용서받고 구속을 얻은 후에도, 끊임없는 영적 성장과 하나님과의 관계 속에서 살아가야 진정한 구원을 경험할 수 있습니다. 구속의 결과로서, 하나님과의 영원한 관계, 영적 완성, 풍성한 삶, 그리고 죽음 이후의 영원한 생명을 누릴 수 있게 합니다.

구속은 죄로부터 벗어나는 과정으로 외부적인 힘에 의해 이루어지지만, 진정한 구원은 개인이 예수 그리스도를 믿고 그를 따르는 삶을 살 때 경험하게 됩니다. 구속은 하나님의 은혜로운 행위인 반면, 구원은 개인의 믿음과 응답을 통해 완성되는 과정입니다. 죄로부터의 해방뿐만 아니라 영적인 완성과 하나님과의 영원한 관계를 추구하는 것이 구원의 참된 의미입니다."

구속과 구원이란 말이 갖는 의미에 대한 구글 제미나이의 설명은 현재 전 세계의 복음주의 개신교에서 가장 표준적으로 통용되는 답변의 하나로 받아들일 수도 있습니다. 그렇다면 구속과 구원의 차이에 대한 합당한 이해가 부족했던 것이야말로 성경적인 행함 있는 믿음에 대한 진리를 '행위 구원'으로 오인하게 만든 주된 요인들 가운데 하나였다고 볼 수도 있습니다.

하나님께서 보실 때 누더기와도 같은 사람의 행위는 하나님의 구원에 전혀 기여하는 바가 없다는 말은 십자가의 대속을 통한 죄 사함에 초점을 맞춘 구속의 진리에 관련해서는 맞는 말이지만, 죄 사함 이후 성화의 과정을 포함하는 구원의 여정까지 포괄할 수는 없습니다. 구원의 여정에 참여하는 인간의 행위 역시 성령님의 인도와 믿음에 따른 '신자의 행함'이기 때문에 일반적인 의미에서의 인간의 행위와는 다릅니다. 성화의 열매조차도 구원의 조건이 될 수는 없고, 그 열매 또한 하나님의 전적인 은혜의 결과일 뿐입니다.

신자는 성화되어갈수록 자신의 부패함과 연약함을 더 깊이 깨닫고 실감하게 되기 때문에 성화되어가는 만큼 더욱더 하나님께만 의지하는 겸손한 삶으로 낮아지게 됩니다. 율법적인 자기 의를 내세우려는 믿음은 참된 행함 있는 믿음이 아닙니다. 오직 자신을 구속해주신 예수 그리스도의 은혜 안에서만 자기 신앙과 삶의 자리를 찾는 신자들은 주의 말씀에 항상 복종하여 끝까지 두렵고 떨림으로 구원을 이루어가는 자들입니다.

물론 그 여정의 끝에서도 하나님께서 전적인 은혜로 예수 그리스도의 의에 각 신자를 접붙혀 과분하게 받아주시는 것 외에 그들 각자의 구원이 완성될 다른 방도는 없습니다. 그러나 하나님은 성화의 과정에서 성령님의 인도를 받는 어떤 신자라도 어차피 예수님의 온전하심처럼 온전할 수 없다는 걸 아시고도 그들 모두에게 온전한 행실을 요구하십니다. 구원받은 백성다운 삶으로 어떤 여건 속에서도 믿음으로 하나님을 경외하고 존중하는 알곡 신자를 걸러내시기 위해서입니다. 그러니까 신자 각자가 저마다 믿음의 분량만큼 신자답기만 해도 구원이 온전해질 수 있다고 믿습니다.

아무리 신실한 성화의 과정을 거친 신자라 해도 그가 종국에 천국으로 들어가게 되는 것은 예수 그리스도의 의로 덧입혀진 하나님의 전적인 은혜로만 가능합니다. 거룩함 없이는 주님을 못 본다면서도 결국 전적인 은혜로만 천국에 들어간다고 말하는 건 뭔가 앞뒤가 안 맞다고 느껴질 수도 있습니다. 그러나 그렇게 하나님만 아시는 기준이 적용되기 때문에 신자들로 하여금 자신의 공로나 능력에 의지하지 않고 하나님께만 의지하는 구원의 전체 여정 가운데서 끝까지 깨어 있게 하실 수 있습니다.

모든 신자는 부족하고 연약한 가운데서도 이 땅에서 믿음으로 충성스럽게 한 걸음씩 십자가의 제자도를 따라 걸어가야 합니다. 이는 하나님께서 칭의 이후 성화의 과정에서 모든 신자가 반드시 거쳐야 할 또 다른 차원의 구원의 길로 친히 정해두신 것이라고 볼 수도 있습니다. 성경 곳곳에 이러한 구원의 여정이 일관되게 명시되어 있습니다.

성화의 주체는 신자의 안에 내주하신 성령님

하나님의 구속의 은혜를 받은 그리스도인의 구원과 성화의 과정에서 결국 가장 중요한 관건은 하나님의 말씀에 대한 순종입니다. 예수님을 왕이요 주인으로 모시고 사는 삶은 주권자인 그분이 통치권을 행사하시는 하나님 나라에서 그분의 백성으로 살아가는 삶입니다. 그래서 그분의 통치권인 말씀에 철저히 순종하는 삶이 필수적입니다.

죄인은 누구든 예수님의 공로로 하나님과 화목하기 전에는 하나님의 말씀에 순종할 능력이 없습니다. 그러나 예수님을 믿고 의롭다 함을 받아 성령님이 내주하시는 신자가 되고 나면, 그때부터는 성령님의 도우심으로 거룩한 순종의 삶을 살 수 있습니다.

그러나 성화의 과정에 행함 있는 믿음이 요구된다고 해서 성화의 주체가 신자 각 개인이라고 말할 수는 없습니다. 성화의 주체는 신자 안에 내주하신 성령님이십니다. 그렇기 때문에 칭의에 이어지는 성화의 과정이 어떠한가에 따라 최종적인 구원의 완성 여부가 좌우된다고 해서 '행위 구원'이라고 말할 수 없습니다. 성화에 요구되는 행함 있는 믿음은 단순한 인간적 행함이 아니라 믿음에 따른 행함이며, 성령님의 은혜와 능력과 도우심에 따른 순종이기 때문입니다.

그래서 바울도 신약시대 성도들에게 "너희가 만일 성령의 인도하시는 바가 되면 율법 아래에 있지 아니하리라"(갈 5:18)고 권면할 수 있었습니다. 종교개혁 이전의 교회사에서도 이미 진정한 구원의 여정과 믿음의 요소에 반드시 행함이 포함되어야 한다고 강조한 어거스틴뿐만 아니라 중세 스콜라 신학 역시 '사랑으로써 역사하는 믿음'(갈 5:6)의 중요성을 강조했습니다. 그러면서도 그 믿음의 주체는 사람이 아니라 성령님이시기 때문에 구원의 여정에서 신자의 성화를 돕는 성령님의 은혜의 역사를 특히 중시했습니다.

따라서 믿음에 행함이 더해져야 구원받는다거나 성화가 신자 개인의 행위를 중심으로 진행된다는 말은 옳지 않습니다. 주님과의 친밀한 관계가 구원인데, 죄는 그 관계를 깨뜨립니다. 그래서 때마다 내주하신 성령님께 의탁하는 가운데 말씀 순종의 거룩한 삶을 사모할 뿐입니다. 성령님의 인도하심에 의탁하는 그 믿음만으로 구원받기에 행함은 끝까지 부속적입니다. 그렇게 여기서 성령님의 인도하심으로 천국을 사는 자가 죽어서도 그 믿음만으로 천국에 갑니다.

이 땅에서 참되게 선을 행할 수 있는 유일한 사람은 예수님을 믿는 사람뿐입니다. 예수님을 믿는 믿음 없이는 어떤 행함도 구원의 조건이 될 수 없습니다. 따라서 행함으로 구원받는 자는 아무도 없습니다. 오직 예수님께 대한 믿음만이 구원의 유일한 조건입니다. 행함이 문제가 된다면 예수님께 대한 믿음에 문제가 있어서입니다.

예수님을 진정으로 믿는다면 그는 성령님을 통해 은혜를 받습니다. 은혜를 받는다는 건 말씀에 순종할 능력을 받는다는 것이기도 합니다. 기도와 말씀이 대표적인 은혜의 방편인데, 설교와 같은 은혜의 방편들로 하나님께 은혜를 받아도 지식에만 머물고 삶을 변화시키는 능력으로 이어가지는 못할 수도 있습니다. 그래서 바울도 "하나님의 은혜를 헛되이 받지 말라"(고후 6:1)고 권면했습니다. 내 자유의지로 일상에 적극적으로 사용하기 전에는 은혜를 헛되이 받는 경우가 실제로 많기 때문입니다.

올바른 믿음은 성령님께 받은 은혜의 능력으로 믿음의 열매를 맺습니다. 그러한 열매를 맺기 위한 순종은 성령님의 인도하심에 순응하는 믿음에 따른 행함의 결과이기 때문에 신자 개인의 공로나 자랑이 될 수 없습니다. 성령님의 도우심으로 육신의 소욕을 버리고 성령의 소욕을 따라 살아가는 성화의 여정의 주체는 처음부터 끝까지 성령님이십니다. 그러한 성화의 과정에서 맺은 열매를 가리켜 행위 구원이라고 말할 수는 없습니다.

오해 2

구원받았다면서도 말씀에 순종하지 않는 자는
애초부터 구원받은 자가 아니다?

정말 한 번 구원받은 진짜 신자는 어떤 경우에도 말씀에 순종하는 성화의 과정에서 실패하지 않는다고 믿는 신자들이 많습니다. 결국 구원받았다고 하면서도 말씀에 순종하지 않는 자는 정말 구원받은 자가 아니라 처음부터 가짜 신자였다는 결론이 자연스럽게 도출됩니다. 정말 한 번 구원받은 진짜 신자가 진짜로 구원을 잃는 일은 없다는 전제가 강할수록 이러한 결론을 더 적극적으로 지지하는 경향이 있습니다.

　보통 '한 번 구원은 영원한 구원'이라고 믿는 신학자들은 칭의와 성화가 분리되어 있다고 주장합니다. 고백적 믿음만으로 하나님의 전적인 은혜에 따라 칭의를 받고 나면 그후 성화의 과정이 어떠하든지에 상관없이 구원은 반드시 받는다고 주장합니다. 그러나 칭의와 성화는 구분되지만 분리될 수 없이 연결되어 있어 고백적 믿음으로 칭의를 받았더라도 성화의 과정에서 실패하지 않아야 칭의가 보존되고 구원이 완성된다고 보는 신학자들도 있습니다.

　종교개혁자들 중에는 루터와 칼빈이 이 부분에서 서로 입장이 달랐던 것으로 알려져 있습니다. 루터는 신자의 구원의 여정에 고백적 믿음과 함께 행함도 동일하게 중요하다고 강조한 야고보서를 '지푸라기 서신'이라고 비하할 만큼 칭의만으로 구원이 완성된다는 사실을 강조했습니다. 종교개혁 당시에 선행을 지나치게 강조한 가톨릭에 반기를 들어야 하는 상황에서는 시대적으로 충분히 이해할 만한 입장이었다고 볼 수도 있습니다.

그러나 루터 이후 칭의만의 구원이 강조되면서 신자들 사이에 행함이 약화되는 과정을 지켜본 칼빈은 "칭의 없이 성화 없고 성화 없이 칭의 없다"는 말이 대변하듯 신자의 구원의 여정에서 칭의 못지않게 성화도 중시되어야 한다는 가르침을 전했습니다. 아쉽게도 한국교회는 결과만을 놓고 볼 때 적어도 구원관에 있어서는 칼빈보다 루터의 가르침을 더 따라왔다고 해도 과언이 아닙니다.

그러나 칼빈은 칭의 못지않게 성화를 강조하면서도 칭의를 받은 참된 신자는 성화에 실패하는 일 없이 다 구원받게 된다고 가르쳤습니다. 여기서 감리교의 창시자인 존 웨슬리와 같은 신학자들과 다시 입장이 나뉘게 됩니다. 신학적으로 알미니안주의 진영에 속한 이들은 진정으로 예수님을 믿어 칭의를 받은 신자라도 성화의 과정에 실패할 수 있고, 그에 따라 구원을 잃어버릴 수도 있다고 가르쳤습니다.

진짜 신자만 만 달란트의 빚을 탕감받을 수 있다

행함 있는 믿음의 중요성에 대해 강조하면서 개인적으로 저는 어떤 특정 신학적 입장을 두둔하거나 비판하기보다 이 주제를 놓고 성경은 실제로 어떻게 말하고 있는지를 밝히는 데 관심이 많습니다. 제가 직접 신중하게 살펴본 바로는, 성경은 한 번 예수님을 믿어 칭의를 받고 죄를 용서받은 신자라도 성화의 과정에 실패할 수 있으며, 그에 따라 구원이 취소될 수 있다고 명확하게 가르친다고 믿습니다.

성경을 아는 신자들에게 이미 익숙한 만 달란트 빚진 종의 비유(마 18:21-35)에서도 이 사실은 분명하게 드러나 있습니다. 만 달란트는 지금의 화폐 가치로 환산할 경우 수조 원에 이르는 엄청난 액수의 돈입니다. 왕은 자신에게 그렇게 큰 돈을 빚진 종의 고충을 불쌍히 여겨 그의 어마어마한 빚을 전부 다 탕감해줍니다. 그런데 그렇게 전적인 왕의 은혜로 빚을 탕감받은 종이 삶의 현장에 나가서는 자기에게 그보다 훨씬 작은 돈을 빚진 이웃을 용납해주지 않고 옥에 가둬버립니다. 이 이야기를 전해 듣게 된 왕은 그 종의 빚을 탕감해준 것을 죄다 없던 일로 돌려버리고는 그를 다시 옥에 가둬버립니다.

"이에 주인이 그를 불러다가 말하되 악한 종아 네가 빌기에 내가 네 빚을 전부 탕감하여 주었거늘 내가 너를 불쌍히 여김과 같이 너도 네 동료를 불쌍히 여김이 마땅하지 아니하냐 하고 주인이 노하여 그 빚을 다 갚도록 그를 옥졸들에게 넘기니라. 너희가 각각 마음으로부터 형제를 용서하지 아니하면 나의 하늘 아버지께서도 너희에게 이와 같이 하시리라"(마 18:32-35).

여기서 "주인이 노하여 그 빚을 다 갚도록 그를 옥졸들에게 넘기니라"(마 18:34)는 말씀은 신자의 구원의 여정으로 보면 칭의받은 신자의 구원이 취소되었다는 사실을 명시해줍니다. 이 비유의 결론으로 예수님은 칭의를 통해 하나님께 죄의 빚을 탕감받은 모든 신자들에게 강력한 권고를 남기십니다. 진실한 신자라면 누구도 예외없이 성화의 과정에서 이웃을 자신이 경험한 크나큰 하나님의 사랑으로 기꺼이 용서하고 품어주는 거룩한 순종의 삶을 살아야 한다는 것입니다.

만 달란트의 빚은 사람으로서는 도저히 갚을 수 없는 죄의 빚을 의미합니다. 그 빚은 하나님께 완전한 화목 제물이 되신 예수 그리스도께서만 대신 갚아주실 수 있습니다. 그래서 예수님은 모든 사람의 죄를 대속하시기 위해 십자가에서 피 흘려 죽으시고 무덤에서 다시 살아나심으로 신자의 죄를 용서해주실 수 있게 되었습니다. 그것이 칭의의 구원입니다.

그런데 예수님은 그 칭의 이후 성화의 과정에서 신자가 주의 말씀에 순종하는 삶을 거부할 때 칭의의 은혜로 용서받은 죄가 다시 심판받을 죄로 오롯이 다 복원된다고 말씀하십니다. 신자가 죄를 용서받았다고 해서 칭의에 이어지는 성화의 삶에서 죄짓는 삶을 대수롭지 않게 여기며 죄를 짓고도 제대로 회개하지 않는 삶을 지속할 때 구원을 잃어버리게 될 수도 있다는 강력한 경고입니다. 예수님의 이 말씀은 확실하게 한 번 구원받은 신자도 중도에 탈락할 수 있다고 훈계하시는 말씀이라는 것 외에 다르게 해석할 방도가 없습니다.

성경은 그리스도인을 신자와 제자로 나누지 않는다

죄인에게 칭의가 일어나면 육신의 소욕만 갖고 살던 그의 안에 성령님이 내주하심으로 새로운 성령의 소욕이 생겨납니다. 성화는 이 육신의 소욕과 성령의 소욕이 서로 싸우고 대립하는 과정을 통해 진행됩니다. 이 과정에서 성령님의 인도를 따라 육신의 소욕을 이겨나가는 것이 올바른 신앙생활입니다. 사도 바울은 이러한 성화의 과정을 여러 표현으로 묘사합니다.

"너희가 육신대로 살면 반드시 죽을 것이로되 영으로써 육신의 행실을 죽이면 살리니"(롬 8:13).

"자기의 육체를 위하여 심는 자는 육체로부터 썩어질 것을 거두고 성령을 위하여 심는 자는 성령으로부터 영생을 거두리라"(갈 6:8).

이런 말들은 모두 예수님을 믿는 신자들에게 전한 권면입니다. 그들은 이미 구속과 칭의를 통해 의롭다 함 받고 죄를 용서받은 신자의 신분을 가지고 있습니다. 그러나 성화의 과정에서 지속적으로 성령의 소욕을 거슬러 육신의 소욕대로 살아간다면, 그들도 영적인 죽음, 곧 구원을 잃게 되는 손실을 경험한다는 경고입니다.

　예수님을 믿고 나서는 그분의 말씀에 순종해서 거룩하게 살아야 한다는 교훈은 사역자라면 누구나 다 전합니다. 그러나 그 예수님이 순종의 열매가 없으면 신자도 망할 수 있다고 경고한 것까지는 안 전하는 경우가 많습니다. 종이 주인의 뜻을 일부만 전하고 다 전하진 않으니까 전달받는 이들도 일부만 순종하고 다 순종하진 않게 될 수 있습니다.

지금은 성도들이 세상으로 들어가 그냥 숨쉬기만 해도 자연스레 세속의 물결에 휩쓸리게 되기 쉬운 시대입니다. 이런 때일수록 교회는 세상살이에 지친 성도들을 따뜻하게 위로하면서 동시에 선명한 말씀의 나침반을 세워 끊임없이 방향을 바로잡아줘야 합니다. 그것이 진리만이 줄 수 있는 위로가 되게 해야 한 영혼이라도 더 알곡 성도로 자라가도록 도울 수 있습니다.

지금도 어떤 신자든 주의 은혜의 장막이 걷히면 단 하루 한순간도 무사할 수 없습니다. 그런데도 하나님은 성령님을 통해 그들 각자에게 주신 은혜의 능력으로 최선을 다해 순종하라고 명하십니다. 하나님은 전적인 은혜로 신자인 나를 보호해주시고, 나는 그것을 당연시하지 않고 끝까지 영적 긴장 가운데 전적으로 순종해나가는 믿음의 여정이 성경적인 성화의 여정입니다.

"한 번 구원받으면 그 후에 무슨 죄를 짓든 천국은 간다"고 믿는 것과 행함 있는 믿음의 중요성을 강조하는 것은 그 유명한 파스칼의 내기와 비슷한 데가 있습니다. 전자를 믿고 살다가는 죽고 나서 있던 것까지 다 빼앗길 수도 있습니다. 그러나 후자를 믿고 살면 죽고 나서 설령 그게 아니더라도 빼앗길 게 하나도 없고, 그게 맞다면 다 얻습니다.

성경에는 예수님과 사도들이 신자들에게 고백적 믿음에 따른 칭의 이후 행함 있는 믿음에 따른 성화의 과정에서 실패하지 않아야 구원받게 된다고 강조하는 대목이 상당히 많습니다. 성경에서 신자의 중도 탈락에 대해 분명하게 언급하는 이런 말씀들을 무시하면 언젠가는 그렇게 못 본 체하고 그냥 지나치기만 했던 말씀들이 결정적으로 나를 무너뜨리는 순간을 맞닥뜨리게 될 수 있습니다.

신자의 중도 탈락 문제는 비록 사람이 논리정연하게 다 이해하지 못한다 해도 성경에 분명히 기록되어 있는 진리입니다. 사람이 만든 교리들의 논리를 일관성 있게 만들려고 그 논리의 틀 안에 성경에 기록되어 있는 말씀들을 억지로 꿰어맞추려 하기보다는 차라리 사람의 이해의 한계를 솔직하게 인정하고 최종 결론을 열어두는 게 낫습니다.

자신이 판단하기에 모순되어 보인다거나, 이미 익숙해 있는 특정 교리주의에 별 고민 없이 안주하는 바람에 성경에 기록된 엄연한 하나님의 말씀들을 무시하고 그냥 지나쳐버려서는 안 됩니다. 그러기에는 일생에서 한 번 지나가면 두 번 다시 기회가 없는 한 영혼 한 영혼의 영원한 구원의 문제가 너무도 중차대한 일이기 때문입니다.

주재권 구원을 반대하는 이들은 그리스도인을 신자와 제자의 두 부류로 구분하는 것으로 신자의 중도 탈락에 대한 성경의 경고를 무마해보려 합니다. 성경에서 자기 부인과 같은 수준 높아 보이는 제자도의 길은 신자보다 한 단계 더 나아간 제자들에게나 요구되는 것일 뿐이라고 주장합니다. 일단 신자가 되고 나면 누구나 제자가 되기 위한 영적인 성장 여부에 상관없이 기본적으로 구원에서 탈락되는 일은 없다는 자신들의 교리를 뒷받침하기 위해서입니다.

그러나 성경은 신자와 제자를 따로 구분하지 않고 모든 그리스도인에게 칭의와 성화의 과정이 동일하게 진행된다고 가르치며, 그 과정에서 실족하는 이들이 있을 것이라고 분명하게 경고합니다. 이제라도 이 문제를 성경적으로 치우침 없이 이해하고 정리해놓지 않으면 구원받는 믿음을 올바로 갖고 살아가는 데 두고두고 쉽게 풀리지 않는 큰 혼돈과 딜레마를 겪게 될 수 있습니다.

진짜 신자도 구원을 잃을 수 있다고 가르치는 말씀들

아래에 소개하는 성경 말씀들은 모두 신자의 칭의가 아니라 성화의 과정에 필요한 행함 있는 믿음에 대해 권면하는 말씀들입니다. 신자들이 이 믿음에 깨어 있지 못하면 구원의 목적을 없이하는 것과 같기 때문에 그들도 구원을 잃어버릴 수 있다는 전제가 깔려 있는 말씀들입니다. 이 책에서 이미 소개된 관련 구절들은 제외하고, 신약성경에서 진짜 신자도 행함 있는 믿음의 여정에서 실패할 경우 구원을 잃어버릴 수 있다는 사실을 강조한 대표적인 구절들을 몇 가지만 제시해봅니다.

"이 비유는 이러하니라. 씨는 하나님의 말씀이요 길 가에 있다는 것은 말씀을 들은 자니 이에 마귀가 가서 그들이 믿어 구원을 얻지 못하게 하려고 말씀을 그 마음에서 빼앗는 것이요 바위 위에 있다는 것은 말씀을 들을 때에 기쁨으로 받으나 뿌리가 없어 잠깐 믿다가 시련을 당할 때에 배반하는 자요 가시떨기에 떨어졌다는 것은 말씀을 들은 자이나 지내는 중 이생의 염려와 재물과 향락에 기운이 막혀 온전히 결실하지 못하는 자요 좋은 땅에 있다는 것은 착하고 좋은 마음으로 말씀을 듣고 지키어 인내로 결실하는 자니라"(눅 11:8-15).

"내가 내 친구 너희에게 말하노니 몸을 죽이고 그 후에는 능히 더 못하는 자들을 두려워하지 말라. 마땅히 두려워할 자를 내가 너희에게 보이리니 곧 죽인 후에 또한 지옥에 던져 넣는 권세 있는 그를 두려워하라. 내가 참으로 너희에게 이르노니 그를 두려워하라"(눅 12:4-5).

"옳도다. 그들은 믿지 아니하므로 꺾이고 너는 믿으므로 섰느니라. 높은 마음을 품지 말고 도리어 두려워하라. 하나님이 원 가지들도 아끼지 아니하셨은즉 너도 아끼지 아니하시리라. 그러므로 하나님의 인자하심과 준엄하심을 보라. 넘어지는 자들에게는 준엄하심이 있으니 너희가 만일 하나님의 인자하심에 머물러 있으면 그 인자가 너희에게 있으리라. 그렇지 않으면 너도 찍히는 바 되리라"(롬 11:20-22).

"그러므로 나는 달음질하기를 향방 없는 것같이 아니하고 싸우기를 허공을 치는 것같이 아니하며 내가 내 몸을 쳐 복종하게 함은 내가 남에게 전파한 후에 자신이 도리어 버림을 당할까 두려워함이로다"(고전 9:26-27).

"형제들아 나는 너희가 알지 못하기를 원하지 아니하노니 우리 조상들이 다 구름 아래에 있고 바다 가운데로 지나며 모세에게 속하여 다 구름과 바다에서 세례를 받고 다 같은 신령한 음식을 먹으며 다 같은 신령한 음료를 마셨으니 이는 그들을 따르는 신령한 반석으로부터 마셨으매 그 반석은 곧 그리스도시라. 그러나 그들의 다수를 하나님이 기뻐하지 아니하셨으므로 그들이 광야에서 멸망을 받았느니라. … 그들에게 일어난 이런 일은 본보기가 되고 또한 말세를 만난 우리를 깨우치기 위하여 기록되었느니라. 그런즉 선 줄로 생각하는 자는 넘어질까 조심하라"(고전 10:1-12).

"성령을 소멸하지 말며 예언을 멸시하지 말고 범사에 헤아려 좋은 것을 취하고 악은 어떤 모양이라도 버리라"(살전 5:19-22).

"믿음과 착한 양심을 가지라. 어떤 이들은 이 양심을 버렸고 그 믿음에 관하여는 파선하였느니라"(딤전 1:19).

"젊은 과부는 올리지 말지니 이는 정욕으로 그리스도를 배반할 때에 시집가고자 함이니 처음 믿음을 저버렸으므로 정죄를 받느니라. … 이미 사탄에게 돌아간 자들도 있도다"(딤전 5:11-15).

"천사들을 통하여 하신 말씀이 견고하게 되어 모든 범죄함과 순종하지 아니함이 공정한 보응을 받았거든 우리가 이같이 큰 구원을 등한히 여기면 어찌 그 보응을 피하리요"(히 2:2-3).

"형제들아 너희는 삼가 혹 너희 중에 누가 믿지 아니하는 악한 마음을 품고 살아 계신 하나님에게서 떨어질까 조심할 것이요 오직 오늘이라 일컫는 동안에 매일 피차 권면하여 너희 중에 누구든지 죄의 유혹으로 완고하게 되지 않도록 하라. 우리가 시작할 때에 확신한 것을 끝까지 견고히 잡고 있으면 그리스도와 함께 참여한 자가 되리라"(히 3:12-14).

"근신하라. 깨어라. 너희 대적 마귀가 우는 사자같이 두루 다니며 삼킬 자를 찾나니 너희는 믿음을 굳건하게 하여 그를 대적하라"(벧전 5:8-9).

"그러므로 너희가 더욱 힘써 너희 믿음에 덕을, 덕에 지식을, 지식에 절제를, 절제에 인내를, 인내에 경건을, 경건에 형제 우애를, 형제 우애에 사랑을 더하라. 이런 것이 너희에게 있어 흡족한즉 너희로 우리 주 예수 그리스도를 알기에 게으르지 않고 열매 없는 자가 되지 않게 하려니와 이런 것이 없는 자는 맹인이라. 멀리 보지 못하고 그의 옛 죄가 깨끗하게 된 것을 잊었느니라. 그러므로 형제들아 더욱 힘써 너희 부르심과 택하심을 굳게 하라. 너희가 이것을 행한즉 언제든지 실족하지 아니하리라. 이같이 하면 우리 주 곧 구주 예수 그리스도의 영원한 나라에 들어감을 넉넉히 너희에게 주시리라"(벧후 1:5-11).

"주께서 백성을 애굽에서 구원하여 내시고 후에 믿지 아니하는 자들을 멸하셨으며"(유 1:5).

"에베소 교회의 사자에게 편지하라. … 그러나 너를 책망할 것이 있나니 너의 처음 사랑을 버렸느니라. 그러므로 어디서 떨어졌는지를 생각하고 회개하여 처음 행위를 가지라. 만일 그리하지 아니하고 회개하지 아니하면 내가 네게 가서 네 촛대를 그 자리에서 옮기리라"(계 2:1-5).

"라오디게아 교회의 사자에게 편지하기를… 내가 네 행위를 아노니 네가 차지도 아니하고 더웁지도 아니하도다. 네가 차든지 더웁든지 하기를 원하노라. 네가 이같이 미지근하여 더웁지도 아니하고 차지도 아니하니 내 입에서 너를 토하여 내치리라. … 무릇 내가 사랑하는 자를 책망하여 징계하노니 그러므로 네가 열심을 내라. 회개하라"(계 3:14-19).

주의 음성을 듣는 양들은 영원히 멸망하지 않는다?

물론 성경에는 이런 구절들과 달리 '한 번 구원은 영원한 구원'이라고 가르치는 듯한 말씀들도 있습니다. 그러나 이런 구절들도 성경 전체의 맥락을 고려해서 균형 있게 들여다보면 오히려 행함 있는 믿음의 중요성을 강조하고 있는 말씀이라는 사실을 알 수 있습니다. 몇 가지 말씀만 예로 들어 살펴보겠습니다.

"내 양은 내 음성을 들으며 나는 그들을 알며 그들은 나를 따르느니라. 내가 그들에게 영생을 주노니 영원히 멸망하지 아니할 것이요 또 그들을 내 손에서 빼앗을 자가 없느니라"(요 10:27-28).

여기서 예수님은 자신의 음성을 듣는 양에 대해 말씀하십니다. 주의 양들이 주의 음성을 듣는다는 것은 단순히 물리적으로 잘 새겨 듣는다는 것만을 의미하지 않습니다. 이 말씀에서 듣는다는 것은 예수님의 가르침을 수용하고 순종한다는 뜻이기도 합니다. 부모가 자녀에게 "내 말 좀 들어!"라고 말할 때와 비슷한 경우입니다.

"내 말을 듣고 또 나 보내신 이를 믿는 자는 영생을 얻었고"(요 5:24)라는 말씀에서도 예수님의 말씀을 듣는 것은 곧 그 말씀을 수용하고 순종한다는 의미도 포함합니다. 성경은 이렇게 듣는 것이 곧 순종하는 것이요, 믿음은 결국 순종과 직결된다고 강조합니다.

"사람이 귀를 돌이키고 율법을 듣지 아니하면 그의 기도도 가증하니라"(잠 28:9).

"모세가 말하되 주 하나님이 너희를 위하여 너희 형제 가운데서 나 같은 선지자 하나를 세울 것이니 너희가 무엇이든지 그의 모든 말을 들을 것이라. 누구든지 그 선지자의 말을 듣지 아니하는 자는 백성 중에서 멸망받으리라 하였고"(행 3:22-23, 신 18:15-19).

주님의 양이 주의 음성을 듣는다는 것은 거룩한 삶, 주님과 친밀한 교제를 나누는 삶을 전제로 합니다. 이것은 심판날에 거짓된 양들로 판명될 신자들에게 예수님이 직접 전하실 말씀으로도 입증됩니다. "내가 너희를 도무지 알지 못하니 불법을 행하는 자들아 내게서 떠나가라"(마 7:23).

그들은 주의 음성을 듣고 성령님의 인도하심을 따라 그 음성대로 순종하는 삶을 살지 않고 자신들의 육신의 소욕대로 살았습니다. 그래서 불법을 행하는 자로, 주님이 모른다 하시는 양들로 최종적인 판명을 받게 됩니다. 예수님이 실제로는 그들이 누구인지 잘 알면서도 모른다 하신 것처럼, 성경을 통해 예수님의 말씀을 들어 알고도 그 말씀에 순종하지 않은 신자들은 실제로는 그 말씀을 듣지 않은 사람들처럼 여겨질 것입니다.

또한 이 말씀은 예수님이 예전에 주의 음성을 한 번 잘 들었던 양들을 끝까지 지키신다는 말씀도 아닙니다. 지금 주의 음성을 현재형으로 계속 듣고 순종하며 살아가는 신자가 주님이 지키시는 양입니다. 이는 마치 "그를 믿는 자마다 멸망하지 않고 영생을 얻게 하려 하심이라"(요 3:16)는 말씀에서 '믿는다'는 동사의 헬라어 시제가 항상 현재형이어서 왕년에 한 번 잘 믿었던 그 믿음이 아니라 현재에도 계속 살아 있는 믿음을 의미하는 것과 비슷합니다.

예수님은 항상 현재형으로 자신의 음성을 알아듣고 순종하는 양들을 부부가 서로 친밀하게 사랑하고 알듯이 그렇게 안다고 말씀하십니다. "나의 계명을 지키는 자라야 나를 사랑하는 자"(요 14:21)라는 말씀은 예수님을 지식적으로 알고 감정적으로 사랑하기만 하고 그분을 주인으로 삼아 자신의 의지를 발휘해서 그 주인의 명령에 순종하지는 않는 자들에 대한 경고성 권면입니다.

"나는 포도나무요 너희는 가지라. 그가 내 안에, 내가 그 안에 거하면 사람이 열매를 많이 맺나니 나를 떠나서는 너희가 아무것도 할 수 없음이라"(요 15:5)고 하신 예수님의 말씀도 동일한 진리를 담고 있습니다. 예수님께 대한 사랑으로 성경에 살아 있는 말씀으로 담겨 있는 그의 음성에 늘 현재진행형으로 순종하는 자들은 그의 안에 거하고, 그렇게 그리스도 예수 안에 있는 자들에게는 결코 정죄함이 없습니다(롬 8:1).

그들은 주의 음성을 듣는 삶에 깨어 있기 때문에 예수님을 따르는 삶, 곧 주인의 말씀에 순종하는 삶을 살아갑니다. 그럴 때 그들은 영원히 멸망하지 않고 그들을 주님의 손에서 빼앗을 자도 없다는 주님의 약속을 누릴 수 있게 됩니다. "나를 보내신 이의 뜻은 내게 주신 자 중에 내가 하나도 잃어버리지 아니하고 마지막 날에 다시 살리는 이것이니라"(요 6:39)는 말씀에 담긴 약속도 마찬가지입니다. 이 모든 약속은 바로 주께 순종하는 자들에게 주시는 것이지 주의 음성을 듣지도 않고 그분의 말씀에 순종하지도 않고 살아가는 자들에게 주시는 약속이 아닙니다.

로마서 8장 35절에 있는 약속의 말씀, 곧 "누가 우리를 그리스도의 사랑에서 끊으리요. 환난이나 곤고나 박해나 기근이나 적신이나 위험이나 칼이랴"라는 말씀 역시 비슷한 맥락을 갖고 있습니다. 실제로 예수님의 말씀에 순종하기 위해 환난과 곤고, 박해, 기근, 적신, 위험, 칼을 감수하는 삶을 사는 이들에게 그리스도의 사랑에서 끊어질 수 없게 해주신다는 약속이 주어지기 때문입니다. 이 말씀에 앞서 바울은 이들이 "육신을 따르지 않고 그 영을 따라 행하는"(롬 8:4) 자들로서 "그리스도 예수 안에 있는 자"(롬 8:1)들이라고 이미 언급했습니다.

또한 예수님께서도 하늘에서 내려온 살아 있는 생명의 떡인 자신의 피를 마실 뿐만 아니라 살을 먹는 자, 곧 말씀에 순종하는 자들에게 영생을 약속하시며(요 6:47-55) 이렇게 말씀하셨습니다.

"내 살을 먹고 내 피를 마시는 자는 내 안에 거하고 나도 그의 안에 거하나니 살아 계신 아버지께서 나를 보내시매 내가 아버지로 말미암아 사는 것 같이 나를 먹는 그 사람도 나로 말미암아 살리라. 이것은 하늘에서 내려온 떡이니 조상들이 먹고도 죽은 그것과 같지 아니하여 이 떡을 먹는 자는 영원히 살리라"(요 6:56-58).

상은 못 받아도 최소한 부끄러운 구원은 받는다?

신자들이 쌓은 공적이 불타 없어진다 해도 불 가운데서 얻는 것 같은 부끄러운 구원은 받는다거나, 불순종한 신자라도 육신은 망해도 영은 구원받게 한다는 말씀을 내세워 '신자는 아무리 죄를 지어도 구원이 취소되지는 않는다'고 생각하는 경우도 적지 않습니다. 그러나 이러한 말씀들 또한 전후 문맥을 충분히 고려하지 못한 데서 비롯된 오해라고 볼 수 있습니다. 먼저 불 가운데서 얻는 것 같은 구원에 대한 말씀부터 살펴보겠습니다.

"내게 주신 하나님의 은혜를 따라 내가 지혜로운 건축자와 같이 터를 닦아 두매 다른 이가 그 위에 세우나 그러나 각각 어떻게 그 위에 세울까를 조심할지니라. 이 닦아 둔 것 외에 능히 다른 터를 닦아 둘 자가 없으니 이 터는 곧 예수 그리스도라. 만일 누구든지 금이나 은이나 보석이나 나무나 풀이나 짚으로 이 터 위에 세우면 각 사람의 공적이 나타날 터인데 그 날이 공적을 밝히리니 이는 불로 나타내고 그 불이 각 사람의 공적이 어떠한 것을 시험할 것임이라. 만일 누구든지 그 위에 세운 공적이 그대로 있으면 상을 받고 누구든지 그 공적이 불타면 해를 받으리니 그러나 자신은 구원을 받되 불 가운데서 받은 것 같으리라"(고전 3:10-15).

전체 문맥으로 볼 때 기본적으로 이 말씀은 일반 신자가 아니라 바울이나 아볼로 같은 선교사나 목사와 같은 교회의 일꾼들이 교회를 어떻게 섬겼는가에 대한 문제를 다룹니다. 이런 맥락 없이 단순하게 이 말씀을 받아들이면 '말씀대로 잘 순종한 신자는 상을 받지만, 불순종한 신자는 상은 못 받아도 어쨌든 구원은 받는다'는 식으로 오해하기 쉽습니다. 이 말씀은 이 본문 앞 구절의 내용을 먼저 잘 살펴봐야 제대로 해석할 수 있습니다.

"어떤 이는 말하되 나는 바울에게라 하고 다른 이는 나는 아볼로에게라 하니 너희가 육의 사람이 아니리요. 그런즉 아볼로는 무엇이며 바울은 무엇이냐. 그들은 주께서 각각 주신 대로 너희로 하여금 믿게 한 사역자들이니라. 나는 심었고 아볼로는 물을 주었으되 오직 하나님께서 자라나게 하셨나니 그런즉 심는 이나 물 주는 이는 아무것도 아니로되 오직 자라게 하시는 이는 하나님뿐이니라. 심는 이와 물 주는 이는 한가지이나 각각 자기가 일한 대로 자기의 상을 받으리라. 우리는 하나님의 동역자들이요 너희는 하나님의 밭이요 하나님의 집이니라"(고전 3:4-9).

여기서 바울은 고린도교회가 아볼로를 추종하는 신자들과 바울을 추종하는 신자들로 나뉘어 있는 상황을 설명합니다. 그리고 교회의 사역자들은 하나님의 심부름꾼일 뿐이라며 그들은 "각각 자기가 일한 대로 자기의 상을 받으리라"(고전 3:8)고 언급한 후에 10절부터 공적에 대한 이야기를 이어갑니다. 따라서 이 말씀은 문맥상 교회의 사역자들이 훗날 주 앞에 섰을 때 교회를 어떻게 섬겼는가에 대한 상을 각각 다르게 받을 것이라는 내용을 담고 있습니다.

고린도전서 1-4장의 맥락에서 금과 은, 보석(고전 3:12)은 교회 안에서 화합을 낳은 사역이나 참되고 확실한 가르침, 그리스도의 사랑에서 비롯된 선한 동기, 보배로운 믿음을 가진 알곡 신자를 낳은 사역 등과 같이 성령의 인도하심에 따른 올바른 공적들을 가리킵니다.

반면에 나무나 풀, 짚은 사역자가 교회 안에서 개인적인 권력을 강화하거나 분열을 퍼뜨린다거나 했던 관행, 인간의 지혜에 의존한 불건전한 가르침, 잘못된 인간적인 동기, 가라지 신자를 방치한 사역 등과 같이 육신적인 동기에 따른 잘못된 공적들을 가리킨다고 볼 수 있습니다. 바울이나 아볼로와 같은 각각의 사역자들이 교회를 섬길 때 그 섬김의 재료가 불타 없어질 것이라면 해를 받습니다. 이 불은 복음이라는 터 위에 교회를 건축하는 사역자들의 일이 어떤 질적인 특성을 지녔는지를 정확하게 드러낼 것입니다.

이 항목들 가운데 '올바른 가르침'을 하나의 예로 들어 한 사역자의 공적이 불타버릴 가능성 여부나 그것이 그의 구원과는 어떤 관계가 있는지를 추정해보고자 합니다. 행함 있는 믿음에 대한 구원의 진리가 성경이 가르치는 분명한 진리라는 사실을 알게 된 사역자가 있다고 가정해봅니다. 그가 성도 한 사람 한 사람의 구원을 중시하기보다 자신의 개인적인 이해관계나 이기적인 어떤 동기로, 이 진리의 중대성을 몰랐다면 몰라도 확실하게 알고 나서도 계속 침묵으로 일관했다면, 훗날 이 영역에서 그 사역자의 공적은 불타버릴 위험성이 높습니다.

이때 그 사역자가 해를 받는다는 것은 구원을 잃는다는 것이 아니라 상을 잃는다는 개념이 적용되었습니다. 그러니까 사역자들이 그 불로 해를 받는다 하더라도 그 사역의 질적 특성 자체가 그들 각자의 개인적인 구원에는 영향을 주지 않는다는 것입니다. 물론 그들이 섬긴 사역의 질적 특성이 어떠하든 그들 또한 올바른 성화의 과정에서 이탈했다면 일반 신자들의 경우처럼 구원을 잃어버리게 될 것입니다. "구원을 받되 불 가운데서 받은 것"(고전 3:15) 같은 경우는 일반적인 성화의 과정에 실패한 신자들이 아니라 그 사역이 불에 타버릴 재질인 것으로 판명된 삯꾼 목자와 같은 사역자들에 한해서만 일어나는 특별한 사례입니다.

그렇기 때문에 이 말씀을 일반 신자들이 거쳐야 할 보편적인 성화의 과정에 대한 상벌의 원리쯤으로 확대해석해서도 안 되고, 신자가 칭의를 받은 이후 성화의 과정에서 실패하더라도 주 앞에 서는 날 구원이 취소되는 경우는 없다는 의미로 오해해서도 안 됩니다. 이 말씀은 교회의 리더인 사역자들 각각의 섬김에 대한 평가를 주된 테마로 삼고 있는 말씀이기 때문입니다.

따라서 이 말씀을 근거로 행함 있는 믿음이 없더라도 예수님께 대한 고백적인 믿음만 있다면 어떻게 되든 구원은 받는다고 오해해서는 안 됩니다. 실제로 성경에는 '부끄러운 구원'이라는 개념이 없다고 보는 게 안전합니다. 오히려 성경에는 그렇게 행함이 없는 믿음으로는 구원을 받을 수 없다고 단언합니다. "내 형제들아 만일 사람이 믿음이 있노라 하고 행함이 없으면 무슨 유익이 있으리요 그 믿음이 능히 자기를 구원하겠느냐"(약 2:14).

육신은 멸하고 영은 주 예수의 날에 구원받게 한다?

"너희 중에 심지어 음행이 있다 함을 들으니 그런 음행은 이방인 중에서도 없는 것이라. 누가 그 아버지의 아내를 취하였다 하는도다. 그리하고도 너희가 오히려 교만하여져서 어찌하여 통한히 여기지 아니하고 그 일 행한 자를 너희 중에서 쫓아내지 아니하였느냐. 내가 실로 몸으로는 떠나 있으나 영으로는 함께 있어서 거기 있는 것같이 이런 일 행한 자를 이미 판단하였노라. 주 예수의 이름으로 너희가 내 영과 함께 모여서 우리 주 예수의 능력으로 이런 자를 사탄에게 내주었으니 이는 육신은 멸하고 영은 주 예수의 날에 구원을 받게 하려 함이라"(고전 5:1-5).

이 말씀 역시 한 번 구원받은 신자는 어떤 죄를 지어도 어쨌든 구원을 잃게 되는 경우는 없다고 명시한 말씀으로 자주 거론되지만, 전후 문맥으로 보면 그와는 다른 의미를 지닌 말씀입니다. 우선 이 말씀은 예수님을 믿고 칭의를 받아 주의 몸 된 교회에 속하게 된 신자들 중에도 여기에 음행한 신자로 언급된 경우처럼 성화에 실패하는 사람이 있을 수 있다는 사실을 보여줍니다. 바울은 이런 신자는 하나님의 나라를 유업으로 받지 못하는 자, 곧 구원을 잃어버리는 자가 된다고 경고합니다.

"불의한 자가 하나님의 나라를 유업으로 받지 못할 줄을 알지 못하느냐. 미혹을 받지 말라. 음행하는 자나 우상 숭배하는 자나 간음하는 자나 탐색하는 자나 남색하는 자나 도적이나 탐욕을 부리는 자나 술 취하는 자나 모욕하는 자나 속여 빼앗는 자들은 하나님의 나라를 유업으로 받지 못하리라"(고전 6:9-10).

그러나 '한 번 구원은 영원한 구원'이란 교리를 거의 절대적으로 신봉하는 일부 교리주의자들은 음행한 신자에 대한 경고의 말씀 또한 다르게 이해합니다. 신자는 음행의 죄를 지었다 해도 몸은 버림받을지언정 그 영혼은 버림받지 않고 천국에 간다는 식으로 해석합니다. 그러나 이 말씀은 그런 뜻으로 해석될 여지가 없는 말씀입니다. 성경은 영과 육이 따로 분리되어 구원받거나 멸망받거나 하는 일에 대해 말하지 않습니다. 둘 다 구원받거나 둘 다 멸망받거나 해야 하기 때문입니다. 따라서 육신, 곧 몸은 멸하고 영은 주 예수의 날에 구원을 받게 하려 한다는 바울의 말은 다르게 해석되어야 합니다.

이 말씀을 올바로 해석하려면 이 말 앞에 나오는 "이런 자를 사탄에게 내주었으니"라는 말씀의 의미를 정확하게 이해해야 합니다. 전통적으로 이 말씀은 바울이 음행을 저지른 자를 어떤 형태로든 신자들과의 교제에서 제외시키는 출교를 당하게 했다는 의미라고 봅니다. 이는 바울이 이미 앞서 "그리하고도 너희가 오히려 교만하여져서 어찌하여 통한히 여기지 아니하고 그 일 행한 자를 너희 중에서 쫓아내지 아니하였느냐"(고전 5:2)라고 말한 데서나, 이어서 "밖에 있는 사람들은 하나님이 심판하시려니와 이 악한 사람은 너희 중에서 내쫓으라"(고전 5:13)고 말한 데서 충분히 암시되어 있습니다.

교회는 사탄이 지배하는 세상과 달리 하나님의 통치가 이뤄지는 공동체입니다. 이런 공동체에서 쫓겨난다는 것은 하나님 아들의 나라에서 흑암의 권세로 옮겨지는 것과 같습니다. 따라서 이런 옮겨짐을 '사탄에게 내줌'으로, 곧 사탄이 계속 지배하는 영역인 세상에 넘겨줌으로 묘사한 것은 적절합니다.

초대교회 성도들은 교회는 예수 그리스도의 다스리심과 보호하심 아래 머물러 있는 반면 교회 밖은 그리스도의 지배하심에서 떠난 사탄의 영역이라고 생각했습니다. 그래서 출교는 사탄에게 내어주는 멸망의 극단적인 조치로서 당시 그들에게 있어서는 가장 큰 벌이었습니다. 이렇게 극단적인 조치가 취해질 수밖에 없었던 것은 세상과 구별된 하나님의 백성에게 음행이 얼마나 심각한 죄악인가를 보여주기 위해서입니다. 또한 음행한 자를 교회에서 내쫓는다는 것은 참된 신자였던 자라도 중도에 출교를 당할 만큼 성화에 실패할 수 있다는 사실을 간접적으로 암시해줍니다.

이러한 출교를 당한 후에 그리스도인들의 영적인 지원이 끊어진 상황에 처하게 되면 음행한 자는 자신의 죄와 함께 홀로 남겨질 것입니다. "육신은 멸하고"라는 말은 이러한 출교의 경험으로 그가 회개하고 죄에서 돌이켜 자신의 죄악된 본성을 멸하려고 하나님을 향해 돌이키게 되리라는 바울의 희망을 나타냅니다. "영은 주 예수의 날에 구원을 받게 하려 함이라"는 말씀은 음행한 자가 그러한 회개의 시기를 거쳐 결국 그 영이 최후의 심판에 넘겨지지 않고 구원받기를 바란다는 표현입니다.

성화의 과정이 강조되지 않으면 교회 공동체 참여의식도 약화된다

바울에게 육은 영혼을 포함하는 인간의 존재 전체가 하나님을 철저히 거부하는 상태를 가리키는 말입니다. 음행한 자를 사탄에게 내주어 육을 멸하게 했다는 말은 그가 영위하는 잘못된 삶의 방식을 파괴했다는 의미로 해석될 수도 있습니다. 그러한 죄에 대한 각성과 실제적인 회개를 통해 그의 영이 구원받게 된다고 말할 때의 영은 하나님께서 예수님의 십자가를 통해 구속하신 몸을 포함하는 인간의 존재 전체를 가리킨다고 볼 수도 있습니다.

영을 구원한다는 말에서 영은 하나님의 영으로 말미암아 거듭나고 성령 안에서 성령을 따라 살아가는 전인을 의미한다고 보기도 합니다(롬 8:5-11). 육을 따르는 성향을 멸함으로써 흑암의 지배에서 다시 한번 건짐을 받게 된 사람은 주 예수의 날에 구원을 받게 될 수 있기 때문에 바울은 그에게 "육은 멸하고 영은 주 예수의 날에 구원받게 하려 함이라"고 말할 수 있었습니다. 바울은 디모데에게 보내는 편지에서 이 음행한 자가 처한 상황과 유사한 경우에 대해 비슷한 훈계를 전합니다.

"믿음과 착한 양심을 가지라. 어떤 이들은 이 양심을 버렸고 그 믿음에 관하여 파선하였느니라. 그 가운데 후메내오와 알렉산더가 있으니 내가 사탄에게 내준 것은 그들로 훈계를 받아 신성을 모독하지 못하게 하려 함이라"(딤전 1:20).

처음에 올바른 믿음을 갖고 성화의 여정을 시작했다가 중도에 거짓 교사의 길을 걷게 된 후메내오와 알렉산더에게도 바울은 '사탄에게 내주는' 출교의 조치를 취했습니다. 그들도 출교를 통해 회개하여 구원받을 기회를 다시 얻게 하려는 사랑이 동기가 된 교회 공동체 차원의 징계였습니다. 이 구절에서도 참된 신자라도 중도에 신앙 양심을 버리고 믿음에 관해서는 파선하여 구원을 잃어버리게 되기까지 타락할 수 있다는 사실을 분명하게 보여줍니다. 처음에 진실한 신앙을 통해 착한 양심을 가진 적이 없고 참된 믿음을 가진 적이 없다면, 그 양심을 버린다거나 그 믿음에 관하여 파선할 일도 없을 것이기 때문입니다.

바울이 고린도교회에서 문제가 된 음행한 자를 사탄에게 내어준 것이 그의 몸을 쳐 병들게 하는 육체적인 고난과 같은 징계라고 해석될 수도 있습니다. 그럴 경우 그가 그 징계를 통해 이 땅에서 회개하여 영이 구원받게 되는 준비를 할 수 있습니다. 이런 징계가 없다면 그는 회개할 계기도 갖지 못한 채 음행의 죄를 계속 짓고 살다가 결국 심판날에 그의 영이 구원받지 못하는 화를 자초하게 될 수도 있을 것입니다.

어느 쪽의 해석을 따르든 이 말씀은 이 땅에서 신자가 몸으로 죄를 짓는다 해도 영은 어떤 경우에든 구원을 잃지 않는다는 의미로 해석될 수는 없습니다. 더구나 이 말씀으로 이집트에서 어린양의 피로 구속받고 홍해를 건너는 세례까지 경험한 이스라엘 백성은 구원받은 신자들이기 때문에 광야에서 하나님께 불순종했다 하더라도 그들의 영은 구원받았다는 식으로 오해해서도 안 됩니다.

지금도 하나님께서는 구원받은 신자들 가운데 죄를 회개하지 않고 지속적으로 불순종하는 이들에게 출교를 당하거나 몸이 병드는 것과 같은 징계를 통해 회개할 기회를 허락하실 수 있습니다. 그때 "형제들아 너희가 자유를 위하여 부르심을 입었으나 그러나 그 자유로 육체의 기회를 삼지 말고 오직 사랑으로 서로 종노릇하라"(갈 5:13)는 말씀에 순종하는 신자들은 주 예수의 날에 구원을 잃어버리지 않을 것입니다.

교회 공동체에서 출교당하는 것이 각 신자의 신앙에 지대한 영향을 끼칠 수 있다는 바울의 경고를 통해 개인주의 신앙이 만연한 오늘날 한국교회 성도들의 교회 참여의식에 대해서도 한 번쯤 돌아볼 필요가 있습니다. 코로나 사태 이후 온라인 예배가 흔해지고 개인주의 신앙 분위기가 더 심화

되면서 교회 공동체 참여의식이 조금씩 더 희미해지고 있는 듯합니다. 교회를 떠나 개인적으로 신앙생활을 하려는 가나안 성도도 계속 더 늘어나는 추세입니다.

그러나 교회를 떠나 있다 보면 신앙이 제자리에 그대로 머물러 있지 않고 차츰 기독교 진리나 신앙 자체에 대한 회의로까지 빠져들게 되기 쉽습니다. 그래서 아예 신앙마저 버리게 되는 경우도 적지 않습니다. 구원의 전체 여정에서 칭의 못지않게 성화의 과정도 중요하다는 가르침이 약화되면 교회 공동체 참여의식도 그만큼 약화될 위험이 있습니다. '한 번 믿기만 하면 영원한 구원'이란 가르침이 의외로 신앙을 고백한 이후 각 신자가 교회 공동체 안에서 잘 양육받고 지속적으로 자라가야 하는 전인적인 신앙의 중요성을 경시하게 만드는 풍조를 낳을 수도 있습니다.

갓난아기에게 가정이 필수적이듯 교회는 영적으로 갓 태어난 신자의 생명과 건강과 성장에 필수적인 환경입니다. 유기체인 몸에서 손이나 발 같은 지체가 따로 떨어져 나가면, 생명을 유지하는 데 필요한 영양분을 제때 제대로 공급받지 못한 채 방치되어 있다가 나중에는 결국 썩어버리고 맙니다. 이제라도 오랫동안 기독교 신앙의 주조를 형성해온 개신교 교리주의의 허점을 보완하려는 신학적, 목회적 노력이 필요합니다. 지금은 그 노력이 각 신자가 오늘날의 개인주의적인 시대 분위기를 극복하고, 교회 공동체 참여가 개인의 구원의 여정에 필수적으로 중요하다는 진리를 더 깊이 깨닫고 실제로 체화시켜나가는 데도 크게 일조할 수 있으리라 믿습니다.

어떤 경우에도 이신칭의의 온전한 복음이 훼손될 수는 없다

확실하게 구원받은 신자도 구원을 잃어버릴 수 있다는 주장은 이신칭의의 온전한 복음을 왜곡하거나 불완전하게 만들려는 시도가 아닙니다. 성화를 강조한다고 해서 예수님의 보혈의 은혜와 공로로 거저 받은 칭의의 절대적인 중대성이 과소평가될 수는 없습니다. 한 사람의 일생 중에 예수 그리스도의 십자가 대속의 죽으심과 부활을 믿어 자신의 죄를 용서받고 하나님께 의롭다 함 받을 뿐만 아니라 그분과 화목한 관계를 회복하게 되는 것보다 더 중요한 사건은 없습니다.

다만 그동안 죄 사함을 통한 하나님과의 화목에 초점을 맞춘 칭의만 주로 강조하고 그것이 구원의 복음의 전부인 것처럼 가르쳐온 후유증이 의외로 심각하고, 결국 성화를 통한 구원의 여정을 경시하는 분위기마저 일반화되었기 때문에 이제라도 균형을 잡자는 것입니다. 성경적인 구원의 여정은 분명히 칭의만이 아니라 칭의와 성화, 영화의 세 과정으로 이뤄집니다. 종교개혁 이후 개신교에서는 죄 사함 중심의 칭의가 구원의 전부인 것처럼 강조되면서 성화는 잘 진행되면 좋지만 꼭 그렇지 않아도 구원받는 데는 별 문제가 없다고 여겨져온 게 사실입니다.

물론 행위 구원에 깊이 물들어가던 중세 가톨릭의 종교적 전횡에 대항해 이신칭의의 순수한 성경적 복음을 회복시킨 종교개혁자들의 공로는 여전히 한 치도 폄하될 수 없는 개신교의 귀중한 가치이자 포기할 수 없는 유산입니다. 지금도 이신칭의가 곧 복음이라고 강조할 만큼 칭의를 복음의 핵심적 진리로 여기는 것 또한 충분히 그럴 만합니다. 사람은 율법을 행함으로써가 아니라 오직 예수 그리스도를 믿음으로써 그분의 완전한 대속의 사역과 그 완전한 의에 근거해서만 하나님의 전적인 은혜로 죄 사함과 의롭다 함을 얻을 수 있기 때문입니다.

예수 그리스도께 대해 신자가 가진 믿음의 어떤 궁극적인 가치 때문에 그가 하나님께 열납된다는 것도 아닙니다. 오직 예수 그리스도의 온전한 의와 거룩하심이 하나님 앞에서 각 신자의 의가 되기 때문에 하나님께 열납됩니다. 그래서 신자가 그 의를 받아 누릴 통로는 오직 믿음 외에는 다른 길이 없습니다. 신자의 어떤 선행도 하나님 앞에 내세울 만한 의가 될 수 없습니다. 하나님의 심판대 앞에서 인정받을 수 있는 의는 절대적으로 완전하고 모든 면에서 하나님의 법에 일치해야 하는데, 신자의 어떤 선행도 이 기준에 부합될 수 없기 때문입니다.

그래서 신자의 선행이나 순종의 행위는 칭의로 얻은 구원의 증거나 열매로서만 강조될 수 있을 뿐 어떤 형태로든 구원의 조건으로 여겨져서는 안 된다는 것이 그동안 개신교에서는 일종의 불문율이었습니다. 어떤 사람이든 그 자신의 행위로 구원을 받는다면 예수님이 대속의 죽음을 당하셔야 했을 이유가 없기 때문입니다. 따라서 사람이 예수 그리스도를 믿음으로써만 구원받는 것이 아니라 거기에 더해서 선한 행위가 따로 있어야 구원받는다고 믿는 것을 가리켜 '율법주의적인 행위 구원'이라고 정죄하는 것은 개신교로서는 당연한 귀결이자 반론의 여지가 없는 정당방위이기도 합니다.

그런데 문제가 하나 있습니다. 만약 성경이 한 번 구원받은 신자였던 이들에게는 어떤 상황에서도 구원의 여정에서 탈락하는 일이 일어날 수 없다고 말한다면, 이신칭의만으로 구원을 얻어 끝까지 구원의 여정을 잘 이루어나가는 데 아무런 문제가 없습니다. 그러나 성경 자체가 신자의 중도 탈락을 거듭해서 경고하고 있다면 어떻게 될까요? 그렇다면 그 탈락의 원인을 어디서 찾아야 할 것인가 하는 문제가 어떤 형태로든 올바로 해명되어야 할 필요가 있습니다.

처음에 신자는 예수 그리스도의 십자가상의 죽으심과 부활을 믿고 그 예수님의 의를 전가받아 법정적으로 무죄를 선언받고 신분상 의롭다 함을 받은 의인이 되었습니다. 그런데 성경은 칭의를 얻은 신자가 성화의 과정에서 말씀에 순종하는 삶의 열매를 맺지 못할 경우 구원을 잃어버리게 될 수 있다고 말합니다. 이는 이신칭의의 복음에 뭔가 하자나 부족함이나 문제가 있어서 생기는 일이 아닙니다. 각 신자가 칭의 이후 성화의 과정에서 주의 통치에 순종하는 삶에 실패한 것에 주된 원인이 있다고 보아야 합니다.

만약 이신칭의의 복음에 뭔가 부족함이 있어 신자가 구원의 여정에서 중도 탈락하는 일이 일어난다고 본다면, 그것이야말로 기독교의 복음을 심각하게 왜곡하는 일이 될 것입니다. 애초부터 칭의에 성화의 과정을 거치는 각 신자가 그들 각자의 행함으로 채워넣어야 할 부족한 부분이 있었는데 그 결함이 충족되지 못해 구원을 잃게 되는 것이라고 말한다면, 이것이야말로 전적인 은혜로 인한 구원의 복음을 심각하게 훼손시키는 일이 될 수 있습니다.

성경이 이런 불상사를 없애고 칭의의 복음을 스스로 온전하게 보존하고자 했다면, 처음부터 끝까지 한 번 칭의받은 신자의 중도 탈락 같은 문제에 대해서는 아예 일절 언급조차 하지 않았어야 합니다. 그러나 현실은 그렇지 않습니다. 성경은 여러 대목에서 한 번 예수님을 믿고 구원받은 신자도 나중에 구원을 잃어버릴 수 있다고 분명하게 되풀이해서 확언합니다.

개신교인이라면 누구나 인정하듯이 예수 그리스도의 완전한 대속의 죽으심과 그 죽으심에 속죄의 효력이 있다는 것을 확증해준 부활에 대한 믿음으로 이뤄진 칭의에는 처음부터 끝까지 아무런 문제가 없다고 보아야 합니다. 그렇다면 신자의 중도 탈락은 칭의를 얻은 각 신자가 그 이후 성화의 과정에서 실패했기 때문이라고밖에는 다른 원인을 찾을 수 없고 또 구조적으로 그 밖에서 다른 원인을 찾아서도 안 됩니다.

구속의 은혜에 대한 지극한 감사가 신앙생활의 주된 기초다

"우리가 시작할 때에 확신한 것을 끝까지 견고히 잡고 있으면 그리스도와 함께 참여한 자가 되리라"(히 3:14)는 말씀대로 믿음 이후 신자의 순종은 이미 받은 구원을 끝까지 지키게 해줍니다. 구속과 칭의는 흠 없이 완벽하기 때문에 신자가 구원의 대열에서 이탈한다면 각자의 성화 과정에 모종의 변수가 생겨서라고 볼 수밖에 없습니다. 그러나 균형 있는 전인적 신앙과 복음의 회복을 위해 이제부터라도 성화의 여정을 특히 더 강조하게 된다 하더라도 예수님의 보혈의 은혜와 공로로 거저 받은 칭의의 절대적 중요성은 끝까지 조금도 과소평가될 수 없다는 사실만은 분명합니다.

믿음 이후의 순종이 온전한 구원에 어떤 역할을 하든 구속의 은혜 그 자체를 아주 중시하는 마음 또한 너무나 중요합니다. 신자의 삶의 기본 자세는 자신의 구원을 위해 하나님께서 어떤 큰 일을 행하셨는지를 얼마나 잘 알고 믿고 지극히 감사할 수 있는가에서 결정납니다. 무지막지한 죄의 속박으로부터 나를 자유케 해주시려고 하나님께서 허락하신 구원에 처음부터 끝까지 진심으로 마음 다해 감사할 수 있다면, 쉽게 교만이 움틀 수 없고 자신은 늘 아무것도 아닌 용서받은 죄인이라고 인정하지 않을 수 없습니다.

개인적으로 저는 중학교 2학년 재학중에 교회 다니던 같은 반 친구가 사춘기 비신자 맞춤전도용 멘트로 "교회 가면 여자애 사귈 수 있다"고 전해준 말에 혹해서 처음으로 교회에 발을 들여놓게 되었습니다. 그런데 그 당시 청소년부 예배 설교에서 예수라는 역사 속의 한 실존인물이 하나님이라는 말을 듣고 이상하게도 굉장히 큰 의문과 호기심을 품게 되었습니다. '나와 똑같은 몸을 입고 내가 밟는 이 땅을 밟고 내가 마시는 이 공기를 마신 한 사람이 어떻게 하나님일 수가 있나?' 그때부터 '도대체 예수는 누구인가?'라는 질문에 답을 찾기 위한 구도의 여정을 시작하게 되었습니다. 문학에 관심이 많아 문학과 사상에 관한 책들뿐만 아니라 종교에 대한 책들, 기독교가 절대진리라고 변호하는 책들을 찾아서 많이 읽었습니다.

그러다가 대학교 2학년에 재학중이던 한여름의 어느 날 밤에 성경을 읽다가 마침내 예수님이 하나님이시라는 '사실'을 확실하게 알고 믿게 되었고, 그분이 나를 위해 감당하신 구속의 일 또한 인격적으로 받아들이게 되었습니다. 그때부터 예수님을 뜨겁게 사랑하게 되었고, 이 마음은 제 삶에서 그 당시 이후 단 한 순간도 바뀐 적이 없습니다.

낮에 거리를 걸을 때도 눈물이 나고, 밤에 잠자리에 누웠을 때도 주체할 수 없이 눈물이 흘렀습니다. '예수님, 예수님이 바로 하나님이셨군요. 나를 구원해주시려고 이 땅에 오셨군요. 어떻게 그 모진 십자가를 지셨나요? 하나님이란 존재가 어떻게 그럴 수 있었나요?' 그 당시 저에게 예수님은 세상에 널리 알려져 있는 것 같지만 값싸게 아무렇게나 드러나 계신 분이 아니었습니다. 진정으로 찾고자 하는 이들에게만 자신이 누구인지를 알려주시는 분인 것 같았습니다.

불교는 무신론, 힌두교는 피조된 만물이 신이라는 범신론을 믿고, 이슬람교의 알라는 "하나님은 사랑이시라"(요일 4:16)는 말씀대로 가장 중요한 창조질서를 반영하는 상호관계적인 사랑의 삼위일체 신이 아닌 단일신입니다. 한 민족의 역사 속에 실존인물로 나타난 신이야말로 유일하게 인류 역사의 시작과 끝을 실제로 주관하실 수 있는 참된 창조주 하나님이며, 그 신은 사람들이 만들어낸 다른 어떤 종교나 신화에서는 결코 찾을 수 없는 존재라는 사실을 그때 확신하게 되었습니다. 지금 그 신의 이름은 누구에게나 공개되어 있어 누구든 한 발짝씩이라도 더 다가가 진지하게 추구하면 예외없이 다 만날 수 있습니다.

대학시절에 성경에서 예수님을 하나님으로 만난 후 말씀이 열렸을 뿐만 아니라 특별한 현상 하나가 나타났습니다. 성경을 읽을 때 구약성경에서 하나님께서 이런저런 상황에서 직접 전하시는 말씀이 신약성경에서 예수님이 특정 유대 땅에 두 발을 딛고 서서 거기에 모인 특정 유대인들에게 친히 목소리를 내어 전하시는 실제적인 육성처럼 들려왔습니다. 구약성경의 하나님과 신약성경의 예수님이 모든 면에서 생생하게 오버랩되는 듯 느껴졌습니다. 그리고 신앙서적을 읽을 때는 그 속에 담긴 글자들이 다 나에 대해 말하고 있다고 느껴졌습니다. 성경의 내용들에 대해 언급하는 가운데 저자가 지칭하는 '나'라는 사람이 하나님 앞에서 오직 나 한 사람이라는 생각이 들었습니다.

뭐라고 딱 꼬집어 설명하기 어려운 이 낯선 현상이 한동안 제 눈과 마음에 착 달라붙어 있다가 서서히 사라졌는데, 이 또한 하나님께서 그때 제게 허락해주신 독특한 경험이었습니다. 물론 각 사람의 기질이나 여건에 따라 하나님께서는 각자를 다양한 경로와 방법으로 만나주시기 때문에 회심의 체험이 특정한 유형으로 획일화되거나 어떤 한 사람의 경험이 절대화될 수는 없습니다. 다만 그 당시에 제가 성경 속에 살아 있는 하나님의 말씀을 통해 구체적으로 체험한 구원의 감격이 정말 컸기 때문에 그 이후부터 제 삶의 모든 것이 변화되기 시작했다는 사실만은 지금도 분명하게 고백할 수 있습니다.

성화의 과정에서도 주의 은혜에만 의지하는 믿음이 가장 중요하다

지옥이나 종말이 두려워 예수님을 믿는 건 아니라고들 하는데, 제게는 왠지 그런 말들이 겸손한 말로 들리지 않습니다. 창조주 하나님을 무시한 채 그분을 떠나 독립해서 살아가는 것 자체가 죄의 뿌리라는 점에서 내 존재 자체가 죄라는 자신의 죄인 됨에 절망해본 사람들은 자신의 끝날과 심판에 대한 두려움으로 간절히 피난처를 구하게 됩니다. 그 피난처가 곧 구원이고, 그 구원이 절박하기 때문에 하나님께 더욱 감사하게 되는 것이 기독교 신앙입니다.

예수님께서 친히 "죽인 후에 또한 지옥에 던져 넣는 권세 있는 그를 두려워하라"(눅 12:5)고 하셨다면, 그렇게 권세 있는 하나님을 두려워하는 자가 겸손한 자입니다. 그래서 하나님께서도 "내 말을 듣고 떠는 자 그 사람은 내가 돌보려니와"(사 66:2)라고 약속하셨습니다. 그러나 하나님은 지옥을 두려워하지 않는 자들의 자유도 철저히 존중하십니다. 그래서 정말 지옥이 두려운 곳입니다. 지금도 하나님은 신자인 우리들의 온전한 구원을 위해 때로 두려움도 사용하십니다. 두려워하기를 주저하지 말아야 진정으로 두려움에서 벗어날 수 있기 때문입니다.

대학시절에 그렇게 예수님이 정말 누구신지를 알고 믿게 해주신 은혜가 없었다면 언제라도 심판의 나락으로 떨어질 수밖에 없었던 아주 작고 보잘것없는 죄인인 나를 구속해주신 너무도 크신 하나님의 그 사랑이 너무도 감사했기 때문에 이렇게도 좋으신 하나님, 이렇게도 큰 구원을 알지 못하는 영혼들이 정말 안타깝게 여겨졌습니다. 당시 저로서는 꽤 길게 느껴졌던 깊은 영적 고통과 방황과 어둠의 시간들을 벗어난 이후 '누군가가 내게 좀더 일찍 이렇게 말해주었더라면' 하는 마음이 들곤 했습니다. 바로 그 심경으로 예수님에 대해 올바로 알고자 갈급해하는 영혼들이라면 누가 되었든 그들의 방황을 최대한 줄여주고 싶어 변증전도에 주된 관심을 갖게 되었고, 결국 문서선교 사명자의 삶을 거쳐 목회자, 복음 전도자의 길을 걷게 되었습니다.

나에게 크나큰 구속의 은혜를 거저 베풀어주신 주님의 사랑은 나를 놓지 않습니다. 주님이 나를 버리실까봐 염려할 일은 전혀 없습니다. 문제는 성화의 과정에서 내가 그분의 사랑과 호의를 지속적으로 거스를 수 있다는 것입니다. 그럴 때 억지로 나를 돌이키고 강제로 자신을 사랑하게 만드는 것은 그분의 사랑의 방식이 아닙니다.

구속의 사건과 구원의 여정, 칭의와 성화에 대한 오해로 인해 요즘 신자들은 구원을 너무 쉽게 생각합니다. '예수를 믿는다고 고백하기만 하면 무조건 구원'이란 가르침은 신자들이 구원의 여정에서 적당히 세상과 타협하며 살아도 되는 것처럼 여기게 만들었습니다. 남에게 전파한 후 자신이 버림받을까 두려워한다는(고전 9:27) 바울의 고백은 그런 일을 당하는 신자들이 실제로 많을 수 있다는 뜻도 암시합니다. 어쩌면 주 앞에 서기 전에 이 땅에서 어떤 계기로든 눈에 보이게 먼저 일시적으로 버림받는 것이 그나마 차선의 복인지 모릅니다. 가장 큰 재앙은 이 땅에서는 끝까지 멀쩡했던 신자들의 정체가 주 앞에서 뒤늦게 왕창 다 밝혀지는 경우라고 할 수 있습니다.

예수님만 전적으로 의지하는 게 좋은 믿음이지만, 그 믿음은 처음에 예수님의 구속의 은혜를 입을 때만 소용되는 게 아닙니다. 그 후 육신의 소욕 대신 성령의 소욕을 따라 살아가기 위해 끝까지 주께만 의지할 때도 변함없이 적용해야 할 믿음입니다. 칭의와 마찬가지로 성화의 과정에서도 주의 은혜에만 의지하는 믿음이 여전히 가장 중요하다고 볼 수 있습니다.

지금까지 구체적으로 살펴봐온 것처럼 성경은 여러 대목에서 한 번 구속의 은혜를 입어 칭의를 받은 신자들도 그 이후 성화의 과정에서 실패할 경우 구원의 여정에서 떨어져나갈 수 있다고 분명하게 가르칩니다. 따라서 칭의로 한 번 구원받은 신자는 어느 누구도 구원의 여정에서 중도에 탈락하는 일은 절대로 있을 수 없다는 주장은 성경보다는 사람들이 만들어낸 전통에 더 의존하는 성향에서 비롯된 것이라고 결론지을 수 있습니다.

'구원파적 구원론'에 안주하지 말고 신앙의 균형 되찾아야 한다

'한 번 구원은 영원한 구원'이란 주장은 개신교에서 이미 하나의 특정 교리로 굳어지다시피 한 가르침입니다. 일부 교리주의자들은 이 주장을 우선시하려고 성경 자체가 전하는 신자의 중도 탈락에 대한 경고들을 무시한 채 그 경고들마저 특정 교리주의에 꿰맞추려고 아전인수 격으로 해석하는 데 익숙합니다. 그러나 이는 완전한 칭의의 복음을 훼손시키는 것 못지않은 중대한 문제가 될 수 있습니다. 무엇보다 성경의 가르침대로 이 땅에서 칭의 이후 성화의 과정이 어떠한가에 따라 구원을 잃어버릴 수도 있다는 사실을 미리 경고받고 성경적인 성화의 과정에 충실했다면 구원받았을 수도 있는 영혼들이 성경 자체보다 특정 교리주의에 매이느라 영원히 자신들의 구원을 잃어버리게 되는 일을 당하게 만들 수도 있기 때문입니다.

그 책임은 나중에 하나님 앞에 섰을 때 그들의 교사들이 고스란히 짊어져야 할 중대한 부담입니다. 이렇게 본다면 성경의 엄연한 말씀들 앞에서 차라리 이 문제의 최종 결론을 어느 하나의 입장만으로 제한해두지 않는 게 낫습니다. 사람들이 만든 교리주의나 전통으로 성경을 그 인위적인 한계 안에 닫아 넣어버린다면 영적인 리스크가 훨씬 더 커지기 때문입니다.

물론 성화의 과정에서 신자가 행하는 그 어떠한 순종도 하나님의 은혜 없이 그 자체만으로는 궁극적으로 구원을 받는 데 꼭 필요한 의를 이루지 못합니다. 다만 예수 그리스도의 위대한 구속으로 말미암는 온전한 칭의를 통해 각 신자가 받은 구원을 유지하게 하는 데는 아주 중요한 역할을 맡게 된다고 말할 수는 있습니다. 차라리 이러한 사실을 인정하는 쪽에 서는 것이 온전한 칭의의 복음을 지키면서 동시에 칭의 이후 성화의 과정에서 각 신자가 자신의 믿음을 신실하게 지켜나가게 하는 데 더 유익합니다.

예수님을 믿을 때 처음 받은 칭의가 구원의 확고한 기초가 되는 데 아무런 부족함 없이 완전하다는 것은 개신교인이라면 누구나 다 인정할 수 있는 기본 진리입니다. 그러나 그것만을 강조하느라 칭의 이후 성화의 과정에서든 어떤 경로로든 그렇게 온전한 칭의로 받은 구원이 훼손되는 경우는 결코 있을 수 없다고 주장하면서 계속 그렇게만 가르친다면 어떻게 될까요? 그것이야말로 '구원파적 구원론'으로서 성도들의 삶을 성경적인 신앙의 여정으로 올바르고도 균형 있게 인도하지 못하게 만들 수 있습니다.

구원파적 구원론이야말로 한 번 받은 구원은 영원한 구원이며 신자의 삶은 구원을 받는 문제와는 전혀 상관이 없다는 구원론입니다. 심지어 회개나 믿음조차 수동적으로 은혜를 받아들이는 것일 뿐 어떤 의지적인 선택이나 인격적인 결단의 문제로 여기지도 않습니다. 구원받은 후의 인간의 삶은 구원에 영향을 주지 않기 때문에 일상 속의 선행이나 사회 참여에도 그리 큰 관심을 두지 않습니다.

이신칭의를 통한 죄 사함이라는 믿음의 한 측면이나 양상만 강조하게 되면서 다른 측면들을 무시하게 된 결과입니다. 구원은 죄인이 예수님의 공로로 죄를 용서받고 하나님 나라에 들어가는 것이기도 하기 때문에 신자가 일상의 모든 영역에서 그 나라의 왕이신 예수님의 통치에 순종하는 삶이 필수적입니다. 구원의 여정에서 칭의만을 지나치게 강조한 나머지 성화를 중시하지 않게 되면 결국 신앙의 균형을 잃고 값싼 은혜의 복음에 만족하는 반쪽 믿음에 머물러버리기 쉽습니다.

이러한 오류의 가능성을 원천차단하기 위해서인지 한 번 구원은 영원한 구원이라고 주장하는 이들은 제대로 예수님을 믿고 칭의를 받은 신자는 누구든 다 반드시 거룩하게 살게 되고 성화의 과정에 실패하는 일 또한 절대로 없다고 단언하기도 합니다. 그러나 이러한 주장은 성경이 한 번 확실하게 구원받은 신자도 중도에 타락할 수 있고 성화의 과정에 실패하고 실족한 나머지 구원을 잃어버리게 될 수도 있다고 명시하는 대목들을 임의로 없이하는 것입니다. 따라서 오히려 특정 교리주의를 성경 자체보다 더 중시하는 또 다른 큰 오류에 빠져들게 될 수 있습니다.

복음서나 서신서들을 보면 신약시대 신자들에게 자주 엄중한 어조로 죄 사함 받고 난 이후 신앙생활의 정도에서 벗어나거나 타락해서는 안 된다고 권면합니다. 그렇게 근신하는 태도가 실제로 각 신자의 구원을 이루는 데 정말 중요하기 때문입니다. 여기서 구원을 이룬다는 것은 완전한 칭의의 복음에 뭔가 부족한 게 있어 인간적인 행함을 더해야 한다는 게 아닙니다. 하나님께서는 신자의 구원의 여정에서 칭의 이후 각 신자가 내주하신 성령님의 인도하심에 순종하는 가운데 저마다 감당해야 할 각자의 책임이 있다고 보신다는 사실을 특별히 강조한 말씀이라고 볼 수 있습니다. 이렇게밖에 볼 수 없도록 성경은 여러 대목에서 이 신자의 중도 탈락의 문제를 비중 있게 언급하고 있습니다.

따라서 칭의 이후 신자의 행함이나 순종은 완전한 칭의의 열매요 증거일 뿐인데 행함 있는 믿음은 신자의 행함을 그 칭의의 조건으로 삼으려는 것이니까 가장 기본적인 이신칭의 복음의 핵심을 훼손시킨다고 비판하는 것은 구속과 구원, 칭의와 성화의 과정에 고백적인 믿음과 행함 있는 믿음이 각각 어떤 역할을 하는지에 대한 성경적 이해가 부족한 데서 비롯된 주장이라고 볼 수 있습니다. 굳이 비판하려면 행함 있는 믿음의 중요성에 대해 일관되게 강조하면서 진짜 신자도 참된 믿음의 순종의 여정에서 이탈할 경우 구원을 잃어버릴 수 있다고 경고하는 성경을 비판해야 할 것입니다.

오해 3

고백적인 믿음만으로 구원받는 게 아니라면
신자가 구원의 확신을 갖고 살아가기가 불가능하다?

"구원의 보장이 없다면 뭐 하러 예수 믿나?", "구원에 대한 불안에 삶의 의욕이 꺾인다." 교회 안에서 행함 있는 믿음을 강조했더니 일부 신자들이 실제로 보인 반응이라고 합니다. 구원받아 천국 가려고 예수님을 믿는 게 기독교 신앙의 전부일까요? 주님과의 애틋한 사랑과 신뢰의 관계에서 우러나는 일상의 기쁨과 감사는 온데간데없는 이런 모습이 과연 바람직한 신앙인의 모습일까 반문해보게 됩니다.

영생을 얻는 구원은 주님과의 친밀한 관계입니다. 이 관계를 충실히 가꾸는 데 관심이 없어 불안과 염려 가운데 살아가면서도 '교리적으로나 법적으로는 구원받았으니까 안심해도 돼'라고 믿게 한다면 어떻게 될까요? 그것을 성경이 보장하는 참된 구원의 확신이라고 할 수 있을까요? 주인이 아닌 종의 마음을 편안하게 만드는 데 노심초사하는 구원론은 사람을 기쁘게 하는 구원론이지 성경적인 구원론은 아닐 겁니다.

영생은 곧 유일하신 참 하나님과 예수님을 아는 것

요한복음 17장에 보면, 예수님은 제자들과 최후의 만찬을 나누는 가운데 곧 다가올 십자가의 죽음 뒤에 이어질 부활을 바라보며 '영생'이 무엇인지에 대한 정의를 내리십니다.

"영생은 곧 유일하신 참 하나님과 그가 보내신 자 예수 그리스도를 아는 것이니이다"(요 17:3).

사복음서 중에서도 누가복음은 주로 구원이란 말을 많이 쓰고, 요한복음은 구원과 비슷한 의미로 영생이란 말을 많이 씁니다. 구원받은 결과로 영생을 누리게 되는 것이니까 구원과 영생은 결국 같은 의미라고 볼 수도 있습니다. 그래서 이 말씀의 영생을 구원이라고 바꿔 읽어도 크게 다를 것이 없습니다. "구원은 곧 유일하신 참 하나님과 그가 보내신 자 예수 그리스도를 아는 것이니이다."

여기서 중요한 것은 '안다'라는 헬라어 동사 '기노스코'의 뜻인데, '체험적인 지식'을 가리킵니다. 그러니까 하나님을 안다는 것은 지적인 지식만이 아니라 친밀한 교제의 관계를 바탕으로 그분을 한 인격으로 체험적으로 아는 것입니다. 따라서 영생은 하나님과 인격적으로 친밀한 교제의 관계를 맺는 것, 하나님과 만나 함께 시간을 보내는 교제를 통해 그분과 친해지는 것입니다.

성경에서 헬라어 '기노스코'는 히브리어로 '야다'인데, 남녀 사이의 성관계를 유대적으로 표현할 때 사용되는 단어입니다. 이 단어의 가장 주된 개념 역시 '경험을 통해 알게 되는 것'입니다. 어떤 사람을 친밀한 관계 가운데 아는 것은 헬라어로 '기노스코'라 하고, 이름이나 신상 정보 정도로 아는 것은 헬라어로 '오이다'라고 합니다.

"네가 하나님은 한 분이신 줄을 믿느냐. 잘하는도다. 귀신들도 믿고 떠느니라"(약 2:19)는 말씀에 나오는 하나님에 대한 귀신들의 지식이 바로 '오이다'에 해당합니다. 귀신들은 하나님에 대한 지식은 있지만 그분과 친밀한 관계는 없어 두려워 떱니다. 그리스도인이 정말 하나님을 알고 믿는다면 반드시 그분과 친밀한 교제의 관계 속에서 더욱 가까운 사이로 발전해가야 합니다. 그래야 두려움과 불안, 염려가 사라지고 믿음이 자랍니다. 그래서 믿는다는 것과 아는 것은 사실 긴밀하게 연결되어 있습니다.

하나님과의 친밀한 교제의 관계를 통해 그분이 어떤 분인지 더 잘 알게 되면 그분께 전적으로 의지하고 내 삶을 맡기게 됩니다. 이것이 바로 믿음입니다. 믿음을 발휘할 경우 내가 손해를 보게 된다 해도 기꺼이 믿음을 지킵니다. 그렇게 하면 내가 친숙하게 아는 하나님께서 합력하여 선을 이루시는 그분의 섭리 가운데 나머지 일들을 책임져주신다는 믿음이 있기 때문입니다.

믿음의 대상은 '사실'이 아니라 인격체이신 하나님

요한복음 17장 3절에 나오는 영생은 주님과 친밀한 교제의 관계를 갖되 지속적으로 갖는 것을 의미하기도 합니다. 이 말씀에 사용된 헬라어 동사 '기노스코'의 시제는 현재형으로 '기노스코신'입니다. 헬라어에서 동사의 현재 시제는 동작이 계속되는 것을 의미합니다. 그래서 포도나무이신 예수님 안에 지속적으로 거하는 가지로 살아가는 신자들은 열매를 많이 맺고, 지속적으로나 습관적으로 범죄하는 삶에 얽매이지 않는 자유함을 누리게 됩니다.

"나는 포도나무요 너희는 가지라. 그가 내 안에, 내가 그 안에 (지속적으로) 거하면 사람이 열매를 많이 맺나니"(요 15:5)라는 말씀이나, "그 안에 (지속적으로) 거하는 자마다 (지속적으로) 범죄하지 아니하나니"(요일 3:6)라는 말씀은 예수님과의 친밀한 교제 가운데 그분 안에 지속적으로 거하는 것이 거룩한 삶을 위한 신자의 성화 과정에 얼마나 결정적으로 중요한 요건인지를 잘 보여줍니다.

일상에서도 우리가 누군가를 잘 알고 그와 친해지려면 단 한 번의 만남으로는 불가능합니다. 처음 만났을 때 느낀 호감만으로는 더 깊은 관계로 들어갈 수 없습니다. 요즘 젊은 연인들도 만난 지 백 일이 되었다든지, 1년이 되었다든지 하는 날을 기념하는 식으로 지속적인 만남을 의미 있게 여깁니다. 인격체 간의 인격적인 관계가 깊어지고 발전하고 성숙해가려면 지속적인 만남과 사귐을 가져야 하기 때문입니다.

그리스도인이 하나님을 아는 것에도 지속적인 만남과 사귐의 과정이 필요합니다. 하나님은 영이시고 말씀이십니다. 그래서 신자가 그 하나님과 만나 교제할 수 있는 통로 또한 영혼의 호흡인 기도와 영혼의 양식인 말씀입니다. 영생, 곧 구원은 이렇게 하나님과의 살아 있는 사귐의 관계라서 정적으로 고정되어 있거나 기계적인 공식처럼 굳어 있지 않습니다. 동적이며 살아 있습니다. 그래서 구원은 과거의 어느 한순간에 종결되어버린 '사건'이 아니라 과거와 현재, 미래로 이어지는 일련의 연속적인 과정상의 관계라고 볼 수 있습니다.

전통적인 구원관에서는 구원을 현재의 삶과 상관없이 과거의 어느 한순간에 확보된 정적인 사건의 하나로 이해합니다. '왕년에 내가 한 번 예수님이 내 죄를 대신 지고 십자가에 달려 피 흘려 죽으신 걸 믿었기 때문에 내가 받은 구원은 영원토록 안전하다'고 생각합니다. 그러나 성경적인 구원은 과거와 현재, 미래로 이어지는 동적인 과정입니다. 출애굽은 과거의 구원이고 광야 여정은 현재의 구원, 가나안땅 입성은 미래의 구원이라고 볼 수 있습니다.

엄밀히 말하면 신자들의 믿음의 대상은 그들의 구속의 근거가 되는 어떤 '사실'이 아니라 그들을 구속해준 '구속주'입니다. 그러니까 믿음의 대상은 비인격적인 특정 사실이 아니라 인격체인 하나님이십니다. 내 믿음을 통해 어떤 사실이 나를 구원하는 것이 아니라 하나님이 나를 구원하시기 때문입니다. 그런데 어떤 사실을 믿는다는 것은 단회적인 것입니다. 과거에 한 번 믿었던 것을 현재에도 별 노력 없이 유지할 수 있습니다.

우리나라에 일제 시대가 있었다는 역사적 사실은 과거에 딱 한 번 믿고 나면 이후 그 사실에 대한 믿음을 유지하는 데 별다른 노력이 필요하지 않습니다. 지구가 둥글다거나 1년이 365일이고 하루가 24시간이라는 사실 역시 마찬가지입니다. 그 믿음을 유지하는 데 방해를 받는다거나 그 믿음을 잃어버리게 될까봐 따로 애를 쓰거나 할 것도 없습니다. 한 번 기억으로 소유했던 것은 내 기억력이 소멸되지 않는 한 그냥 계속 소유할 수 있습니다. 그러나 인격체이신 하나님께 대한 믿음은 예전에 내가 한 번 가졌다고 해서 그 믿음이 고정적으로 항상 그대로 유지된다고 보기 어렵습니다.

지속적으로 살아 있는 친밀한 언약적 관계

하나님과 신자의 관계는 서로에게 어떤 일이 있어도 신실하겠다는 결혼 서약을 통해 맺어진 부부간의 관계와 비슷합니다. 서로에 대한 믿음을 전제로 한 그 결혼의 약속을 잘 지켜나가는 것은 그냥 자동적으로 이뤄지지 않습니다. 결혼할 때 서로에게 약속했던 것을 어렵고 힘든 상황 속에서도 잘 지켜나가려는 노력이 필요합니다.

결혼 관계 역시 과거의 어느 한 시점에 두 사람이 결혼했다는 특정 사실만으로 구성되지 않습니다. 그 사실과 함께 배우자라는 한 인격체와 맺어진 신뢰의 관계로 이뤄집니다. 이런 관계에는 서로에 대한 신실함이 결혼 서약의 주된 요건입니다. 이 신실함이 결혼식을 올리고 나서 신혼시절에만 발휘되고 그 후에는 유야무야된다면, 그 결혼 관계는 결국 깨지고 말 가능성이 높습니다. 이 신실함이 지속되어야 그 둘의 결혼 관계가 지속될 수 있습니다.

하나님과의 관계도 꼭 이와 같습니다. 구원은 단회적인 한 번의 사건으로 끝나는 것이 아니라 하나님과의 관계를 지속적으로 신실하게 유지하는 과정입니다. 그렇기 때문에 구원은 소유의 문제가 아니라 관계의 문제라고도 말할 수 있습니다. 결혼 생활처럼 예수님을 남편으로 모시고 사는 것은 한순간의 결심과 헌신만으로 끝나지 않습니다. 주님과 인격적인 관계를 맺고 그 관계를 꾸준히 지속해나가는 것이 중요합니다. 처음 사랑을 버린 에베소 교회에게 회개를 통해 처음 행위를 가지지 않으면 촛대가 옮겨져 구원이 상실될 수 있다고 한 주님의 경고(계 2:4-5)는 지금 나에게도 그대로 적용됩니다.

구원은 하나님과 인격적인 관계를 맺고 그 관계 안에 지속적으로 머무는 것입니다. 이 구원의 순서는 출애굽 이후 이어진 광야 여정에 빗댈 수 있습니다. 이 여정에서도 신실함이 언약 관계를 성립시키는 요건입니다. 하나님께는 신자들의 신실함이 곧 믿음입니다. 이 신실함이 지속되어야 서로 간의 신뢰 관계가 계속 유지될 수 있습니다.

이런 의미에서는 순종이 곧 신실한 믿음의 표현이라고도 말할 수 있습니다. 따라서 지속적으로 불순종한다는 것은 믿음이 없다는 뜻이기도 합니다. 행함 있는 믿음에서 요구되는 순종은 단회적이거나 일시적인 순종이 아니라 기본적인 순종의 태도, 곧 지속적으로 순종하는 삶의 방향성입니다. 구원은 하나님께 대한 믿음에서 떠나지 않고 어떤 상황에서도 하나님과의 친밀한 관계에 지속적으로 깨어 있는 것입니다.

사도 바울은 이러한 관계가 구원과 영생을 얻는 신앙에 얼마나 중요한지를 잘 알고 있었습니다. 그래서 그 관계를 유지하는 주된 통로인 기도하는 삶에 대해 "쉬지 말고 기도하라"(살전 5:17)고 권면할 정도였습니다. 그만큼 신앙생활에서 하나님과의 지속적인 교제의 관계를 사모하는 삶이 중요하다는 사실을 강조했습니다.

이 과정에서 신자의 '공로'와 '노력'을 혼동해서는 안 됩니다. 칭의 이후에도 여전히 본성상으로는 죄성을 지닌 채 살아가는 신자 역시 끊임없이 생명과가 아닌 선악과로 자기 스스로 독립해서 제맘대로 살려는 죄인의 관성을 지니고 있습니다. 그러나 영생은 하나님과의 교제이기 때문에 내주하신 성령님의 은혜와 인도하심 가운데 힘써 하나님께 지속적으로 나아가 친밀한 사귐을 가지려는 노력이 필요합니다. 구원열차에 올라타게 해줄 티켓만 한 번 따면 다 된 거라는 전통적인 구원관에는 이런 친밀한 사귐을 갖기 위한 마땅한 노력마저 모두 인간의 공로로 치부되어버리곤 합니다.

이미 잠깐 언급한 대로, 예수님을 믿는 자마다 영생을 얻는다는 말씀(요 3:16)에서 '얻는다'는 헬라어 동사의 시제 역시 현재형입니다. 이 땅에서부터 영생을 얻고 그것을 계속적으로 누리는 삶이 전제되어 있습니다. 이 땅에서부터 지속적으로 하나님과 친밀한 사귐을 가지며 사는 사람은 비록 온전하지는 못해도 필요할 때마다 하나님이 공급해주시는 영생의 능력과 기쁨을 맛보며 살아갈 수 있기 때문입니다.

그러니까 이 땅에서 그 영생의 사귐 가운데서만 누릴 수 있는 참된 기쁨과 능력을 잘 모르면서도 '나는 예전에 한 번 예수님을 믿었으니까 죽고 나면 그래도 천국은 갈 거야'라고 막연히 믿고 사는 건 진정한 구원의 확신이 아닙니다. 참된 구원의 확신은 매일 매순간 내가 주님과의 진실한 사귐 가운데 사는 데 있습니다.

하나님과의 친밀한 사귐이 구원이고 영생이라면, 그러한 구원에 대한 확신이 부족해서 불안해한다는 것은 어쩌면 어불성설입니다. 하나님과의 친밀하고도 지속적인 관계가 구원이라면, 그 관계를 통해 내 존재가 날로 더욱더 풍성해지고 하나님 한 분만으로 내가 부족함 없이 더욱 만족하게 되는 것이 참된 구원의 확신이어야 하기 때문입니다.

이 땅에서 하나님과 친밀한 관계 속에서 영생의 기쁨과 능력을 누리던 신자들이 죽어서도 영생하시는 바로 그 하나님이 계신 천국에 들어가게 됩니다. "내가 죽고 나서 천국에 갈지 못 갈지 이 땅에서 내가 어떻게 알아?"라는 말은 애초부터 그들에게 어울리지 않는다는 것입니다. 이렇게 하나님과의 친밀한 관계에 지속적으로 깨어 있는 것이 모든 신자가 예외없이 가져야 할 진정한 구원의 확신입니다.

구원을 얻기 위해 지금은 불행하게 살지만 천국에 가면 행복할 거라고?

"이스라엘이여 너는 행복한 사람이로다. 여호와의 구원을 너같이 얻은 백성이 누구냐. 그는 너를 돕는 방패시요 네 영광의 칼이시로다. 네 대적이 네게 복종하리니 네가 그들의 높은 곳을 밟으리로다"(신 33:29).

어느 날 이 말씀을 묵상하다가 '구원 = 행복'이라는 등식이 언제부터인가 신자들의 삶에 그리 익숙하지 않다는 사실을 발견했습니다. 구원은 일상과는 괴리된 어떤 종교적인 특수 영역이라고 생각하지 '행복한 일'이라고까지 여기지는 않는 것 같습니다. 구원받는 게 쉽지 않다고 여기는 것 또한 이런 선입견을 한껏 부추깁니다.

그러나 구원이 행복하지 않다면 이미 참된 구원이 아닙니다. 구원은 죽고 나서 천국 가는 것만이 아닙니다. 구원은 무엇보다 하나님과의 관계 회복입니다. 그래서 현재적인 것입니다. 적어도 지금 하나님과의 관계가 행복하지 않다면 구원과 무관합니다. 행복하지 않은 것을 왜 구하겠습니까? 아니, 구원이 행복하지 않다면 애초부터 뭐가 그리 중요할까요?

그래서 천국 가려고 예수님 믿으면 천국 못 간다는 말이 나온 것인지 모릅니다. 구원을 뭔가 대단한 종교적 업적이나 공로를 통해 얻으려는 생각은 그래서 뿌리에서부터 잘못된 것입니다. '구원을 얻기 위해 지금은 불행하게 살지만 천국에 가면 행복할 거야'라고 생각하는 것도 그릇된 종교적 선입견입니다. 구원을 종교적인 어떤 속박으로 여기는 모든 것은 이교적입니다. 그것은 이미 기독교가 아닙니다.

이스라엘 백성, 곧 구원받은 하나님의 백성은 무엇보다 행복한 사람들이어야 합니다. 바로 그 이유 때문에 구원이 좋은 것이어야 합니다. 구원이 뭔가 일해서 성취해야 할 어떤 목적이기만 하다면 차라리 세상일처럼 열심히라도 할 수 있습니다. 그러나 구원은 열심히 뭔가를 한다고 해서 성취할 수 있는 게 아닙니다. 그것은 사람들이 만든 종교들이 추구하게 해온 인위적인 종교적 가치일 뿐입니다.

하나님과의 관계뿐만 아니라 사람들과의 관계에서도 가장 중요한 것은 친밀함입니다. 이 친밀함은 하나 됨에서 비롯됩니다. 그래서 사람들도 곧잘 일치하자, 연합을 이루자고 말합니다. 부부도 그렇고 친구관계도 그렇고 교회 공동체도 그렇습니다. 모든 면에서 서로 한마음이 될 때 친밀함을 이루게 되고, 그것이 가장 좋은 관계 속에 있는 것입니다.

예수님을 통해 한마음이 되는 것, 각자의 개성은 존중되되 예수님을 닮은 면에서는 하나가 되고 연합되는 것은 획일화되는 것과는 다릅니다. 각 존재 자체로는 서로 다른데 하나 됨으로 연합하는 것입니다. 하나님은 우리 각자의 개성이나 기질을 무시하시지 않습니다. 무시하신다면 우리 각자가 가진 하나님의 형상을 존중해주시는 게 아닙니다.

사실은 그래서 신앙생활이 어렵습니다. 때로 길고 지리한 기다림의 시간을 거쳐야 합니다. 하나님께서는 우리 각자를 있는 그대로 존중하시는 가운데 친밀한 연합을 이루길 원하시기 때문입니다. 그것이 우리에게 진정한 예배와 진짜 사랑을 연습하게 해줍니다. 그렇게 인격적으로 존중받는 가운데 내가 하나님과 온전히 연합하기 위해 지속적으로 나를 내려놓는 과정이 참된 영적 성숙이요 의미 있는 신앙의 여정이 됩니다.

마치 서로 하나인 것처럼 하나님과 친밀한 것, 함께 있는 것 자체가 스스럼없이 너무 자연스럽고 좋은 것, 그것이 구원입니다. 그것이 지금은 없고 천국 가면 있을 것이라고 기대하는 건 한마디로 망상입니다. 구원은 철저히 현재가 중요합니다. 현재가 미래의 모판입니다. 과거도 현재를 통해서만 유의미해지고 날마다 그 가치가 새로워집니다.

일주일에 한 번 공예배로 하나님을 만나드리면 신앙생활 다 한 거라고 여긴다면 기독교가 뭔지를 아직 모르는 것입니다. 기독교의 주된 테마는 예수 그리스도를 알아가는 데서 누리는 친밀한 연합입니다. 그분과의 영원한 연합을 이 땅에서부터 준비하고 연습하는 것입니다. 그 연합이 없이는 이 땅에서 정말 기독교다운 어떤 것도 해낼 수 없다는 그런 독특한 관계의 진리입니다.

그러한 연합 가운데 살아갈 때 "그는 너를 돕는 방패시요 네 영광의 칼이시로다. 네 대적이 네게 복종하리니 네가 그들의 높은 곳을 밟으리로다"(신 33: 29)라는 약속이 신자들 각자의 삶 가운데 자연스럽게 그대로 이뤄지게 됩니다. 이 땅에서 신자는 하나님과의 친밀한 연합의 은혜로만 진정으로 승리하는 삶을 누릴 수 있습니다. 이것이 기독교 신앙의 본래 구조입니다.

호수에 비친 달이 자주 일그러지는 이유

하나님과 친하게 지낸다는 게 단순한 일 같지만 결코 간단하지는 않습니다. 하나님과 친하지 않아서 끊임없이 남과 나를 비교하며 마음이 불안하고 염려가 많습니다. 내 마음이 실은 아주 넓습니다. 바다도 담기고 온 우주도 담깁니다. 그래서 크고 작은 온갖 염려가 숨을 공간도 정말 많습니다. 그 공간 여기저기에 숨어든 염려나 근심은 온 우주보다 더 크신 분이 나와의 친밀한 교제의 관계 속에서 내 안에 충만히 자리할 때만 더 이상 있을 곳이 없어 쫓겨나버리고 맙니다. 하나님과 친밀하게 하나로 연합을 이루며 늘 동행하면 내 삶에 참된 평강이 있고 어떤 삶의 여건 가운데서도 자족함이 있습니다.

이렇게 하나님과 친하게 지내는 삶에 가장 큰 방해가 되는 것이 바로 죄입니다. 하나님이 그냥 적당히 거룩하신 분이면 내가 죄도 좀 짓고 딴 짓을 좀 해도 그분과 적당히 친하게 지내는 데 큰 문제가 안 될지 모릅니다. 그러나 하나님은 완전히 거룩하신 분이기 때문에 나의 아주 작은 죄도 그분과의 친밀한 관계에 영향을 미칩니다.

그렇게 거룩하신 분과 친하게 지내려면 그분을 닮는 수밖에 없습니다. 소유의 차원에서 이것을 하거나 저것을 해서 어떤 특별한 지위를 확보해야 하는 것이 아닙니다. 존재의 차원에서 하나님을 닮아가야 진정으로 그분과 친해지는 삶을 경험할 수 있습니다. 이것이야말로 하나님과 온전히 연합되는 삶으로 나아가는 가장 복된 믿음의 여정입니다.

하나님과 하나님의 형상을 가진 사람의 관계는 달과 호수에 비친 달의 관계에 비유되곤 합니다. 달과 호수 사이에 아무런 방해 요소가 없을 때는 호수에 비친 달이 실제로 하늘에 떠 있는 달을 있는 그대로 반영합니다. 잔잔하고 맑고 평화롭습니다. 그러나 호수와 달 사이에 바람이 불고 비가 오고 예기치 못한 환경의 변화가 일어나면, 하늘에 떠 있는 달은 원래 모습 그대로인데도 호수에 비친 달은 금세 일그러져버리고 맙니다.

사람은 처음부터 하나님의 형상으로 창조되었기 때문에 하나님과의 관계가 각자의 삶에 반영되도록 지어졌습니다. 그래서 그 관계가 일그러지게 되면 각자의 심령 또한 온갖 염려와 불안과 근심으로 일그러집니다. 하나님의 형상으로 지어진 나라는 존재는 바로 나의 원본이신 그 하나님과의 관계를 떠나서는 건강하게 살아갈 수 없습니다. 실은 처음부터 모든 사람이 이 불변의 법칙 안에서 살아가고 있지만, 비신자들은 이 관계를 아예 무시하고 사니까 죽은 후 지옥에 가서야 어그러져 있던 이 관계의 문제를 놓고 처음이자 마지막인 단 한 번의 결산을 하게 됩니다.

그러나 신자는 이 땅에서 이 관계가 정상적인지에 대해 계속 추적받고 심사받습니다. 그래서 이 관계가 어그러지면 그때그때 마음이 편치 않고 때로 괴롭고 불안하고 염려가 생깁니다. 그러나 차라리 이 땅에서 그러한 괴로움을 당하는 게 낫습니다. 매도 먼저 맞는 게 낫고, 징계를 받는 것이 하나님의 참된 자녀라는 증거이기도 하기 때문입니다.

신자 각자가 하나님께 가까이 나아가는 것을 막는 법은 이 세상 그 어디에도 없습니다. 하나님께 가까이 나아가 그분과 친밀한 교제를 나누는 삶에는 무슨 대단한 실력이나 거창한 지식이 요구되지도 않습니다. 지금이라도 내 마음을 최우선적으로 하나님께 먼저 드리면 됩니다. "사슴이 시냇물을 찾기에 갈급함같이 내 영혼이 주를 찾기에 갈급하니이다"(시 42:1)라는 고백대로 하나님을 향한 갈급함이 늘 내 삶의 중심에 자리하게 하면 됩니다.

그렇게 갈급한 소원을 따라 살아가지 못하게 하는 것은 하나님도 아니고 나의 주변 환경도 아닙니다. 바로 나 자신입니다. 내가 실제로는 하나님을 진정으로 알기를 원하지 않고 하나님 외의 다른 세상 것들에 마음이 팔려 있기 때문입니다. 그러면서도 이 땅에서 든든한 구원의 확신을 갖고 살아갈 수 있다고 믿는다면, 그것은 성경이 말하는 참된 구원에 대해 잘 모르고 있다는 안타까운 신앙의 현주소를 있는 그대로 드러내줄 뿐입니다.

온 가산을 다 팔아 천국을 산다는 것

하나님과의 친밀한 관계가 구원이라는 걸 알면서도 자신의 구원 여부를 불안해한다는 건 이제 앞뒤가 안 맞습니다. 정말로는 구원을 원하지 않으면서 구원 그 자체에만 욕심을 낼 경우 구원에만 관심이 많아 마음이 불안해집니다. 구원은 관계의 문제여서 소유가 아닌 존재의 문제입니다. 소유로 가진 구원은 어디까지나 내 것이 아닌 남의 것일 뿐입니다.

소유를 다 팔아 천국을 산다는 건(마 13:46) 실제로 각자의 가산을 다 팔아야 한다는 의미가 아닙니다. 내 삶의 가장 중요한 목적과 최우선순위가 주님이어야 한다는 것입니다. 신자가 거쳐야 할 성화의 내용은 모두 이것 하나로 수렴됩니다. 이것이 바로 서면 다른 것도 바로 서지만, 이것이 흐트러지면 나머지 모든 것이 다 흐트러집니다.

천국은 마치 밭에 감추인 보화처럼(마 13:44) 숨겨져 있다는 말씀은 이제 비신자들에게만 해당되지 않는 듯합니다. 예수님을 믿는다는 많은 신자들에게도 천국은 감춰져 있습니다. 천국의 존재를 인정한다 해도 자신의 온 가산을 다 팔아 그것을 살 만큼의 감격이나 소원이 없다면, 그 또한 여전히 감춰져 있는 것이기 때문입니다.

출애굽 이후 광야의 여정을 걸어가던 이스라엘 백성이 하나님의 책망을 받고 심판에 넘겨진 건 그들이 하나님을 안 믿어서가 아닙니다. 하나님도 믿고 세상도 믿어서입니다. 이 땅에서도 잘되고 하나님도 덤으로 얻겠다는 그것이 우상 숭배의 죄라서입니다. 하나님은 이름 그대로 모든 피조물에게 단 하나만이 되기를 요구하실 수 있는 유일무이한 존재이십니다.

무슨 일을 하든 주께 대한 사랑으로 하는 것과 그 외의 다른 것에 대한 사랑으로 하는 것은 다릅니다. 성화의 온전함은 삶의 초점이 주께 대한 사랑에 있는가 하는 방향성으로만 제대로 보장됩니다. "하늘에 계신 너희 아버지의 온전하심과 같이 너희도 온전하라"(마 5:48)는 주의 명령은 온전하신 주의 임재 안에 끊임없이 거하고자 하는 방향성으로만 지킬 수 있습니다.

"하나님을 가까이하라. 그리하면 너희를 가까이하시리라"(약 4:8). 이 말씀은 누구도 다 모를 불가사의한 하나님의 행하심에 대해 사람이 가장 확실하게 예측할 수 있는 유일한 진실입니다. 죄를 멀리하고 하나님을 가까이하는 자가 받을 가장 확실한 보상은 그렇게 가까워지는 만큼 하나님을 더 잘 알게 되고 더 잘 보게 되는 것입니다(요 14:21).

더 많은 사람들에게 더 쉽게 구원의 은혜를 전해주려다가 정작 올바른 구원의 진리를 가려버리기 쉽습니다. 은혜와 진리는 항상 서로를 함께 맞들어야 참된 효력이 납니다. 은혜만 찾다가 반율법주의로 흐르고, 진리만 찾다가 율법주의로 빠지기 쉽습니다. 사랑 안에 있는 공의, 공의 안에 있는 사랑을 누리려면 날마다 주의 마음과 깊이 만나 그분과 친밀한 사귐을 갖는 길밖에 없습니다.

사실 신자들이 고백적 믿음으로 쉽게 얻었다고 여기는 구속을 위한 십자가 사건 자체만도 결코 쉽게 이뤄지지 않았습니다. 하나님 자신의 수난과 죽음이 요구되는 일이었습니다. 이것만으로도 구원의 가치는 실로 어마어마합니다. 죄인은 감히 이 거룩한 구원을 바라거나 쳐다보거나 입에 담을 수조차 없습니다.

온 세상을 만드신 분이 지금 내 안에 계신데, 그분은 그저 자신의 한 조각을 내게 나눠주신 것이 아닙니다. 십자가에 자신의 전부를 던지시는 것으로 나를 구하셨듯 그렇게 자신의 전부를 내 안에 던지셨습니다. 이 사실을 정말 안다면 나는 세상의 그 어떤 것도 부럽지 않고 또 쓸데없이 구하고 싶지도 않아야 합니다. 안 그러면 이 엄청난 구원에 정말 안 어울리는 일이기 때문입니다. 값비싼 구원을 정말 값비싸게 취급하는가, 그렇게 하지 않는가가 각자가 자기 십자가를 지고 주님을 뒤따라가는 구원의 여정에서 가장 핵심적인 관건이라고 말할 수도 있습니다.

답이 없는 것이 답이다

이쯤에서 서두에 제기한 질문으로 되돌아가봅니다. 그래서 얼마나 믿고 순종해야 구원이라는 걸까요? 아쉽게도 이 질문에 대한 명시적인 답은 성경에 없습니다. 이 사실 또한 하나님께서 한 영혼 한 영혼의 영원한 구원의 문제를 기계적인 특정 공식을 대하듯 단순히 일률적으로나 수량적으로 취급하시지 않는다는 진리를 나타내줍니다. 구원은 소유가 아닌 존재의 문제여서 처음부터 끝까지 살아 있는 인격적 사귐의 여정이기 때문입니다.

그래서 특정한 기준선을 제시하시지 않고 다만 늘 하나님과의 인격적인 관계에 깨어 있게 하셨다고 믿습니다. 신앙의 성숙 여부와 별개로 누구도 예외없이 "선 줄로 생각하는 자는 넘어질까 조심하라"(고전 10:12)는 명령의 굴레 아래로 한데 묶어놓고 구원의 문제에서 아무도 현실에 안주하거나 섣불리 자고하지 못하게 하셨습니다. 이 명령은 어떤 신자도 자신의 구원의 문제에서 '나는 이제 다 됐다'는 생각으로 안심하지 말라는 뜻입니다. 그러는 순간 넘어질 수 있기 때문입니다. 또한 이 말은 구원을 정적인 사건으로 여기지 말고 끝까지 동적으로 살아 있는 관계로 여기라는 말과 같습니다.

하나님과의 살아 있는 인격적 관계에 늘 깨어 있다면, 하나님의 온전한 신실하심에 내 구원의 영원한 안전을 맡기는 구원의 확신은 더욱더 견고하게 가질수록 신앙생활에 더 유익하다고 믿습니다. 그 확신의 근거는 나에게 있지 않고 온전히 신실하신 하나님께 있습니다.

바울은 "너희 속에 착한 일을 시작하신 이가 그리스도 예수의 날까지 이루실 줄을 우리가 확신하노라"(빌 1:6)는 고백으로 믿는 자는 누구나 하나님의 신실하심에 근거해 구원을 확신할 수 있다고 말합니다. 또 그는 신자들이 예수님 안에서 진리의 말씀, 곧 구원의 복음을 듣고 믿어 약속의 성령으로 인치심을 받았는데, 이는 성령님이 장차 신자들이 받을 기업의 보증이 되시는 일이라고 말합니다(엡 1:13-14).

도장을 찍는 인치심은 소유권을 확증하는 행위입니다. 또한 '보증'으로 번역된 헬라어 '아라본'은 장차 완전히 지불할 것을 약속하는 일종의 선불 또는 계약금입니다. 신자에게 천국을 주시기 전에 하나님께서 성령을 먼저 보증으로 주신 것입니다. 아라본은 약혼 반지를 뜻하는 말이기도 한데, 이 또한 미래에 성사될 결혼을 확실하게 약속하는 증거물입니다. 따라서 성령님이 내주하셔서 주의 통치에 순종하는 믿음, 곧 행함 있는 믿음의 열매를 맺는 신자들은 하나님의 자녀로서 장차 하나님의 나라를 상속받을 자라는 흔들리지 않는 확신을 가질 수 있습니다.

뭔가 거창하고 화려한 헌신이 없어도 정말 주의 말씀에 깨어 구원의 여정에 조심하는 마음가짐만 견지해도 일상에서 주의 인도하심 가운데 자연스럽게 행함 있는 믿음이 실행되는 삶을 살 수 있게 된다고 믿습니다. 이렇게 구체적인 믿음의 내용을 가진 삶이 없이 무조건 '나는 과거에 예수님을 한 번 믿고 영접한 신자니까 내 구원을 확신한다'고만 강하게 믿는 것이 좋은 믿음인 줄 아는 것은 성경적이지 않은 '내가복음'식 구원의 확신에 지나지 않습니다.

하나님은 그러한 인위적인 구원의 확신 대신 하나님과의 친밀한 관계를 지속적으로 더 발전시키는 것만을 살아 꿈틀거리는 구원의 유일한 커트라인으로 삼게 하셨습니다. 제가 믿기로 그 이유는 하나님께서 신자들이 구원의 커트라인 언저리에서만 맴돌려 하거나, 이 땅에서 적당히 세상과 하나님 사이를 오가며 양다리 걸치듯 살다가 최소한의 구원만 받으려는 생각을 기뻐하시지 않기 때문인 듯합니다.

"내가 온 것은 양으로 생명을 얻게 하고 더 풍성히 얻게 하려는 것이라" (요 10:10). 이 말씀대로 가장 넉넉하고도 표준적인 구원의 확신은 구원의 커트라인에 연연치 않을 만큼 충분한 하나님과의 교제로 신자의 존재 자체가 풍성해지는 것입니다. 그럴 때 "구주 예수 그리스도의 영원한 나라에 들어감을 넉넉히 너희에게 주시리라"(벧후 1:11)는 약속을 실제로 이루고 누리게 될 것입니다.

천국에 겨우 턱걸이라도 해서 들어가기만 하면 된다고 여기는 신자일수록 구원의 확신이 미약합니다. 그래서인지 오히려 이런 이들이 구원의 확신 그 자체에 더 강하게 집착하는 경향을 보이기도 합니다. 그들에게는 가는 천국만 있고 이미 지금 여기에 와 있는 천국이 미약해서입니다. 천국에 무사히 들어가기 위해서만 예수님을 이용하려는 이들의 구원은 너무 작고 초라합니다.

종교는 신을 이용해 자기 유익을 취하려는 데 기본적인 목적을 두는 자기중심의 절대자 신앙입니다. 그러나 유일하게도 창조주 하나님이 저자이시며, 모든 피조물이 예외없이 다 예속되어 있는 창조질서를 그 내용으로 삼는 기독교는 신자의 삶의 주인이신 하나님을 온전히 사랑하고 그분의 뜻에 나를 맞추는 데 주된 초점이 있습니다. 하나님이 주시는 것보다 하나님 그분 자체에 대한 사랑과 경배가 기독교가 기복적인 여느 종교와는 다른 신실한 관계의 진리라는 가장 중대한 증거들 가운데 하나입니다.

성경은 신자가 자신의 구원을 교리적으로만 해결하고 혼자서 확신하는 것으로 끝내게 하지 않습니다. 그렇게 하는 것은 살아 있는 인격적인 사랑의 관계가 근본인 기독교의 구원의 본질과 맞지 않아서입니다. 성경이 신자들로 하여금 끝까지 구원에 깨어 있게 하려는 건 끝까지 거룩한 사랑에 깨어 있게 하려는 것과 같습니다.

주님과의 친밀한 사랑의 교제가 신자의 일상이 되고 성품이 되면, 그분과의 연합이 견고해져 구원이 불안하거나 의심스럽지 않습니다. 오직 주님을 기쁘시게 해드리려는 데 더 집중하고 싶어집니다. 원래부터 이것이 그리스도인의 진짜 신앙입니다. 특정 교리주의로 구원을 사람이 느끼기에 안정되게 만들려는 모든 시도에는 정작 꼭 필요한 구원의 내용은 안 들어 있을지 모릅니다.

저의 신앙 여정을 돌아보면, 하나님은 제게 이거 하라, 저거 하라고 독촉하시는 분이 아니었습니다. 그분의 주조는 "나와 친하게 지내자"였습니다. 자신을 거부할 수 있는 자유를 가진 인격적인 존재로 나를 지으시고, 때로 넘어지고 깨어지고 다시 일어서는 일상의 삶에서 비록 더딜지라도 내가 한 걸음씩 그분께 자유롭게 나아가는 과정을 기뻐하셨습니다.

하나님의 절대 주권, 절대 은혜를 지나치게 강조하다 보면 결론은 자칫 '그러니까 내가 할 일은 별로 없다'는 함정을 본의 아니게 스스로 합리화시킬 수 있습니다. 그래서 주의 명령을 그대로 준행하는 삶에 대한 영적 긴장감이나 구속감 없이 마냥 자유롭게만 살아가려고 하기 쉽습니다. 그러나 그것을 하나님의 절대 주권, 절대 은혜 덕분이라고만 여기기에는 하나님께서 성경을 통해 각 신자에게 부여하신 자유의 신성한 가치와 거기에 마땅히 따라야 할 책임이 너무도 큽니다.

순종이 없다면 믿음도 없는 것

"이 버스 신사역 가지요?" 언젠가 자전거를 타고 가다가 비가 오는 바람에 중도에 버스로 갈아타며 운전기사에게 제가 던진 질문입니다. "그렇다"고 하는 기사의 말은 믿으면서 정작 그 버스에 올라타는 순종은 안 한다면, 그 기사의 말을 진짜로 믿은 게 아닙니다. "나는 이 버스가 신사역까지 간다고 하는 기사님의 말을 믿습니다" 하는 건 고백적 믿음인데, 이 믿음은 그 버스에 실제로 내가 올라타는 것으로 드러내지 않는다면 실효성이 없습니다. 그 믿음은 가짜 믿음으로 판명될 수밖에 없습니다.

주의 말씀을 믿는다 하면서 그 말씀대로 순종하는 것이 없다면, 그것은 주의 말씀을 진정으로 믿는 것이 아니라고 말할 수 있습니다. 이는 곧 예수님의 구원자 되심과 주 되심이 분리될 수 없다는 사실을 보여주는 것이기도 합니다. 사도 바울이 "불의한 자가 하나님의 나라를 유업으로 받지 못할 줄을 알지 못하느냐"(고전 6:9)라고 말한 이유 또한 이 문제와 관련이 있습니다.

하나님의 나라는 하나님의 통치이며, 신자가 그 통치에 따른다는 것은 하나님의 주권인 말씀에 순종하는 것을 의미합니다. 바울 당시 고린도교회의 일부 성도들이 그랬던 것처럼 하나님의 법도를 무시하는 것은 하나님 나라의 구성원이 되기를 거부하는 것과 같습니다. 지금 교회에 속한 신자들에게도 이 하나님 나라의 원리는 동일하게 그대로 적용됩니다.

모든 신자는 예수님이 왕이라는 것을 알고 시인하는 데 그치지 않고 실제로 그분을 각자 자신들의 왕으로 모셔야 합니다. 왕으로 오신 예수님은 아직 땅에서는 한 번도 눈에 보이는 왕이 되신 적이 없고, 다만 지금은 신자들 각자의 삶 속에서 그들의 왕으로서 통치하십니다. 그런데 이 땅에서 예수님을 왕으로 믿고 섬긴다는 신자인 나마저도 실제 삶에서는 그분을 왕으로 모시지 않는다면, 그분이 이 세상에 오신 목적을 무색케 하는 중대한 반역입니다. 그러한 자가 어떻게 무슨 명분으로 그 예수님이 만왕의 왕, 만주의 주로 통치하시는 나라에 들어갈 수 있겠습니까?

행함 있는 믿음이 강조하는 행함은 단순한 행함이 아닙니다. 그 행함의 동기가 하나님께 있어 그분께 대한 진실한 믿음에서 우러난 행함입니다. 사람에게 보이려는 종교적인 행함도 아닙니다. 그래서 겉으로는 비슷해 보이지만 믿음에 따른 행함은 율법적인 동기에 따른 행함과 다릅니다. 목회자의 사역이나 성도들의 예배, 봉사, 찬양, 기도, 헌금 등에도 이 행함의 차이가 그대로 적용될 수 있습니다. 사람은 그 차이를 잘 못 알아봐도 하나님은 정확하게 아십니다.

심지어 믿음마저도 단순히 나의 어떤 종교적인 동기에 따른 믿음이라면, 진실한 믿음이 아니라 단순한 종교적 행위에 불과한 믿음에 머물 수도 있습니다. 그래서 믿음 또한 단순한 믿음이 아니라 진실한 순종이 결합된 믿음이라야 진짜 믿음입니다. 행함 역시 종교적이고도 율법적인 행함과 성경적인 행함 있는 믿음이 중시하는 행함이 다릅니다. 율법적인 행함은 이 땅에서 누릴 보상을 바라며 인간적이고도 기복적인 동기에 따라 실행되는 것입니다. 그러나 올바른 행함은 그 동기와 과정에 예수님의 주인 되심에 대한 진실한 믿음이 담겨 있습니다.

사실 믿음과 행함은 하나입니다. 진실한 믿음의 다른 측면이 행함이고, 진실한 행함의 다른 측면이 믿음이기 때문입니다. 진실한 믿음과 행함은 다 진실한 마음의 상태와 관련이 있고 거기서부터 우러나오는 것이어야 합니다. 단순히 어떤 행동을 하거나 안 하는 것이 중요하지 않습니다. 단순히 주일예배에 참여하거나 참여하지 않는 것이 중요한 게 아닙니다. 열심히 참여하고 행했어도 하나님께서 보실 때는 진실한 믿음이나 행함이 결여된 경우가 많을 수 있기 때문입니다.

자기를 부인하는 참된 주재권 신앙의 회복만이 살 길이다

이러한 진실한 믿음과 행함의 핵심적인 기초가 바로 내 삶의 주인이 내가 아니라 예수님이라는 고백입니다. 내가 가진 모든 것이 내 삶의 주인이신 예수님의 것이라는 믿음 없이는 내가 어떤 일을 하든 거기에 내 것으로 뭔가 보상받으려는 동기가 스며들게 됩니다. 모든 걸 행하고 나서 "나는 무익한 종이요 아무것도 아니며 죄인 중의 괴수"(눅 17:10, 고전 3:7, 딤전 1:15)라고 고백할 수 있는 것은 이 주재권 신앙에서만 가능합니다.

내가 다른 사람의 인정을 받지 못하는 일을 할 때에도 섭섭하거나 억울하지 않아야 주재권을 인정하는 데서 우러나온 진실한 행함이라고 할 수 있습니다. 주신 자도 취하시는 자도 오직 주님이시라는 로드십(Lordship), 모든 것이 주에게서 나오고 주로 말미암고 주에게로 돌아간다고(롬 11:36) 믿는 그 주재권 신앙이 각 신자의 모든 행함의 바탕이 되어야만 진실한 행함 있는 믿음의 길을 끝까지 잘 걸어갈 수 있습니다. 예수님이 내 삶의 주인이심을 인정하고 그 권위에 순종하며 사는 로드십에서 비롯된 동기와 믿음이 아니라 내 안의 세속적 가치관, 나의 육적인 소망이 개입된 행함은 인본주의적인 행함에 머물러버리기 쉽습니다.

믿음도 마찬가지입니다. 내가 단순히 믿고 결단하면 그 믿음이 나를 구원한다고 하니까 별 감동이나 진심 없이 그저 믿는다고 고백한다고만 해서 그 믿음이 효력 있는 믿음이 되는 것은 아닙니다. 그것은 믿음의 행위가 아니라 그저 자기 의에 따른 행위에 불과할 수 있습니다. 예수님이 죄인인 나를 먼저 사랑해주신 그 은혜에 대한 진실한 반응으로 내가 죄인이라는 자각과 회개와 함께 내 믿음이 드려지고 고백될 때 그것이 나중에 진실한 순종의 행함으로도 이어질 진짜 믿음입니다.

이러한 참된 회심의 과정을 경험한 자들은 처음부터 행함 있는 믿음의 중요성에도 눈을 뜨게 됩니다. 그러나 그렇게 진실한 회심으로 신앙의 여정에 들어서고도 자기 육신의 소욕을 따라 살고, 성령의 소욕을 따라 성령의 인도를 받아 사는 삶을 소홀히 하면 행함 있는 믿음의 삶을 놓치고 육신적인 삶으로 전락할 수도 있습니다. 이것이 하나님의 백성을 향한 성경의 일관된 경고입니다.

참된 믿음은 내가 예수님을 믿는 것도 하나님의 은혜에 따른 선물이며 내가 잘했다고 주장할 것은 아무것도 없다고 여기는 믿음입니다. 하나님의 백성이 되는 관문에 해당하는 고백적인 믿음 이후 주의 주권인 말씀에 순종하는 행함도 바로 그와 같은 순전한 믿음의 동기로만 올바로 실행할 수 있습니다.

이렇게 되면 결국 나의 행함은 나의 의가 아니라 내 모든 삶의 주가 되시는 예수님의 의만을 드러내고 증언하는 행함이 될 수 있습니다. 그렇기 때문에 이러한 행함 있는 믿음은 결국 모든 것이 전적인 하나님의 은혜라고 고백할 수밖에 없습니다. 처음부터 끝까지 나의 의나 공로는 조금도 끼어들 여지가 없기 때문입니다.

이것이 성경적인 행함 있는 믿음의 작동 원리입니다. 이것은 처음 예수님을 믿을 때부터 예수님의 사랑과 은혜에서 비롯된 구속의 행하심이 주도했던 바로 그 믿음입니다. 이런 믿음을 출발점으로 삼아 순종의 행함을 드러내는 삶을 살아가는 신자들은 섣불리 자신이 의롭다는 걸 자랑하는 종교적인 행함에 빠져들지 않습니다. 끝까지 자신의 부족함과 연약한 죄인 됨을 드러내며 예수님만 자기 삶의 주인이요 주권자가 되신다는 그런 고백을 담은 순전한 행함으로 매일 주와 동행하는 참 신앙의 좁은 생명길을 걸어갑니다.

많은 신자들이 처음 복음을 들을 때부터 예수님을 믿으면 영원히 산다는 말은 듣는데 자신이 죽어야 한다는 말은 듣지 못한 채 그러한 기조로만 신앙생활을 이어나가기 쉽습니다. 그러나 예수님을 믿는다는 것은 율법적인 종교인들이나 수행자들이 도를 닦거나 인격을 수양하는 것과는 차원이 다릅니다. 성경적인 행함 있는 믿음은 신자의 힘이 아닌 주님의 힘으로만, 내가 죽고 내 안에 주님이 사시는 것으로만 올바르게 실행할 수 있는 믿음입니다.

물론 이 땅에 육신을 입고 사는 동안은 신자의 육신적인 자아가 완전히 다 죽을 수는 없습니다. 그럼에도 불구하고 하나님 앞에 설 때 그분은 사람들이 상상했던 것보다 훨씬 더 큰 긍휼과 넘치는 은혜로 신자의 영혼을 구원하시리라 믿습니다. 설령 행함 있는 믿음의 진리에 무지했고 또 여전히 부족함과 연약함 가운데 있다 하더라도 "중심이 진실함을 원하시는"(시 51:6) 하나님께 어린아이와 같이 의탁하는 겸손한 신앙으로 살고자 했다면, 그러한 주재권 신앙의 한 방향을 변함없이 견지하는 신실한 삶의 자세 하나만으로도 천국의 문을 통과하는 데 특별한 결격 사유가 없도록 변호해주시리라 믿습니다.

완벽함보다 지속적인 회개와 성장의 방향성이 중요하다

우리는 모두 다 예외없이 믿음의 길을 가는 도중에 주를 만나야 합니다. 자신의 길을 스스로 정해놓고 자신이 원하는 대로 끝까지 다 걸어간 후에 주를 만나는 사람은 아무도 없을 것입니다. 그렇기 때문에 구조적으로도 각자의 신앙 여정 가운데 궁극적으로 모든 허물을 덮어주는 하나님의 전적인 은혜가 없이는 자기 힘으로 구원을 이룰 수 있는 자 또한 아무도 없습니다. 다만 예수님을 주인으로 섬기는 그리스도인으로서 이 땅에 사는 동안 자기 부인의 십자가 제자도를 신자의 삶의 기본적인 방향성으로 삼는 신앙만은 결코 타협하거나 포기하지 말아야 합니다.

행함 있는 믿음은 완벽함을 추구하지 않습니다. "오직 우리 주 곧 구주 예수 그리스도의 은혜와 그를 아는 지식에서 자라가라"(벧후 3:18)는 말씀대로 지속적인 성장을 지향합니다. "아무든지 나를 따라오려거든 자기를 부인하고 날마다 제 십자가를 지고 나를 따를 것이니라"(눅 9:23). 나를 부인한다는 것은 날마다 내 십자가를 지고 내가 죽는 것을 거듭해서 선택하는 것이라는 말씀입니다.

한 번 거창하게 선택하고 마는 것도 아니고, 그러한 선택으로 어떤 커트라인을 넘어서야 한다는 것도 아닙니다. '날마다' 거듭해서 선택하고 또 선택하는 지속적인 자기 부인의 방향성과 동기가 중요합니다. 날마다 순간마다 예수님이 내 삶의 주인이 되어달라는 간구와 함께 주의 도우심을 바라보고 의탁하는 일상적인 삶의 소박한 한 걸음 한 걸음이 중요합니다.

주님 앞에 설 때까지 "내가 믿나이다. 나의 믿음 없는 것을 도와 주소서"(막 9:24)라고 간구하는 낮아진 심령이 필요한 상황이 이어진다 하더라도, 이러한 방향성만은 끝까지 지속적으로 견지하는 것이 행함 있는 믿음입니다. 이러한 산 믿음에 깨어 있는 신자라면 누구든지 습관적인 죄를 아무렇지도 않은 듯 그대로 묵혀두는 삶을 계속 방치해두지는 않을 것입니다.

예수님을 처음 믿을 때에도 내 죄를 일일이 다 기억하고 회개한 끝에 용서받아 내 안에 성령님이 내주하시게 된 건 아닙니다. 지금도 회개할 때 무엇보다 내가 내 삶의 주인이 되어 살아가는 죄 또는 죄의 뿌리를 자백하는 '존재적 회개'가 늘 필요합니다. 이러한 회개에 항상 깨어 있는 태도로 살아갈 때 성령님이 무엇이 죄인지, 어떻게 회개해야 할지에 대해서도 때마다 일깨워주십니다. 때로 기도하다 보면 회개할 것을 성령님이 계속 깨닫게 하셔서 주로 회개만 하게 될 때도 있습니다. 그때는 평소에 민감하게 잘 못 느끼고 지나친 일들 중에도 회개해야 할 것이 무엇인지 감지할 수 있습니다. 이런 일은 일상에서보다는 기도의 자리에서 주로 경험하게 됩니다.

회개는 아무리 많이 해도 지나치지 않고 신앙생활에서 회개의 중요성은 아무리 강조해도 지나치지 않습니다. 그러다 보니 신자가 되고 나서도 율법적인 회개에 익숙한 이들은 회개하지 않은 죄가 하나라도 있을 경우 천국에 들어가지 못한다고 주장하기도 합니다. 그러나 바로 이런 비현실적인 주장들로 인해 행함 있는 믿음 또한 하나님의 전적인 은혜 가운데 있다는 진리가 희석되거나 터무니없이 오해받곤 하는 것 같습니다.

그리스도인이 되고 나서도 여전히 내가 죄를 안 짓고 살 수는 없는 존재라는 걸 나보다 하나님이 더 잘 아십니다. 그러나 내가 안 지을 수 없는 죄는 어쩔 수 없다 해도 매순간 하나님의 은혜 안에서 하나님을 사랑하는 것은 선택할 수 있습니다. 죄는 오직 이 하나님 사랑을 통해서만 다스려집니다. 문제는 언제든 그때그때 곧바로 선택할 수 있는 하나님 사랑을 곧잘 미루거나 외면한다는 데 있습니다.

회개의 과정도 많은 경우 실은 내가 내 마음대로 주관할 수 없는 측면이 있습니다. 죄를 지었을 경우 하나님께 죄송한 마음을 갖고 그분의 눈치를 살피면서 일정한 시간을 지내다 보면 어느 순간 내 마음을 만지시는 하나님의 손길이 느껴지는 타이밍을 만납니다. 그제야 비로소 맺힌 마음이 풀리면서 때로 눈물도 나고 진실한 회개의 고백도 드리게 되고 하나님께 대한 사랑 또한 회복할 수 있게 됩니다.

"미련한 자는 죄를 심상히 여겨도 정직한 자 중에는 은혜가 있느니라"(잠 14:9). 이 말씀대로 신앙의 여정 가운데 하나님이 싫어하시는 작은 죄도 고의로 짓지 않으려고 애쓰면서 지속적으로 죄를 버리고 그때그때 성령님이 일깨워주시는 대로 회개하며 예수님의 은혜와 그를 아는 지식에서 꾸준히 성장해가는 것이 무엇보다 중요한 이유가 있습니다. "욕심이 잉태한즉 죄를 낳고 죄가 장성한즉 사망을 낳느니라"(약 1:15)는 말씀이 죄를 버려야 할 그리스도인의 성화의 과정에도 중요한 메커니즘으로 작용하기 때문입니다.

신자의 일상에서도 작은 욕심을 별 경각심 없이 방치하며 살다 보면 죄를 지을 환경에 노출되기가 더 쉽습니다. 만약 특정 상황에서 죄를 짓고 나서도 성령님의 인도하심에 민감하게 깨어 회개할 마음을 갖지 못한 채 일상 속의 죄가 지속적으로 장성해가도록 방치해두게 될 경우 나중에는 결국 신자도 사망을 낳는 죄 가운데 빠질 수 있습니다. 야고보는 지금 이 말을 비신자가 아닌 신자들에게 전하고 있다는 정황을 놓쳐서는 안 됩니다.

칭의 이후 '고의로 계속해서' 죄짓는 삶을 회개해야

히브리서 기자는 "우리가 진리를 아는 지식을 받은 후 짐짓 죄를 범한즉 다시 속죄하는 제사가 없고 오직 무서운 마음으로 심판을 기다리는 것과 대적하는 자를 태울 맹렬한 불만 있으리라"(히 10:26-27)고 말합니다. 이 말씀에서 '짐짓'이란 말은 '고의적으로 계속해서'라는 뜻을 지니고 있습니다. 따라서 이 말씀은 신자가 진리를 아는 지식을 받아 죄를 용서받은 후 짐짓, 곧 고의적으로 계속해서 죄를 짓는 삶을 지속할 때 그가 받은 속죄가 무효

화될 수 있다는, 다시 말하면 구원을 잃어버리게 될 수 있다는 경고입니다.

신자가 죄를 용서받는 칭의의 은혜를 받은 후 왜 계속해서 죄를 짓게 될까요? 죄를 지속적으로 회개하는 삶을 살지 않아서입니다. 신자는 처음에 하나님 앞에서 자신의 죄인 됨을 인정하고 회개함으로 예수님을 믿고 '만 달란트'(마 18:21-35)에 해당하는 엄청난 죄를 다 용서받았습니다. 그러나 이 칭의는 법정적으로 신자가 지은 죄에 대한 죄책을 면제해줌으로 의인의 신분을 갖게 해주는 것일 뿐 신자가 그때부터 실제로 죄를 안 짓는 의인이 되는 것은 아닙니다. 이제 성화의 과정을 통해 죄의 실제적인 권세로부터 벗어나는 구원의 여정을 계속해서 걸어가야 칭의로 시작된 구원이 마침내 완성됩니다.

히브리서 기자는 신자가 처음에 예수님을 믿어 자기 죄를 용서받고 심판에서 벗어나는 칭의의 단계를 '그리스도의 도의 초보'(히 6:1)라고 표현하면서 이후 성화의 과정을 통해 "완전한 데로 나아갈지니라"(히 6:2)고 권면합니다. 이어지는 말씀에서 이 단계로 나아가지 못하는 신자들은 마치 땅이 그 위에 자주 내리는 비를 흡수하고도 합당한 채소 대신 가시와 엉겅퀴를 내는 것과 같은 삶으로 인해 "버림을 당하고 저주함에 가까워 그 마지막은 불사름이 되리라"(히 6:7-8)고 경고합니다.

신자가 칭의의 은혜로 죄를 용서받고 내주하신 성령님의 도우심으로 육신의 소욕을 버리고 성령의 소욕으로 죄를 이기는 삶을 살지 못하는 이유가 있습니다. 칭의 이후 성화의 과정에서 죄짓는 삶을 대수롭지 않게 여겨서입니다. 이는 곧 그때그때 죄를 회개하는 삶을 경시한 탓입니다. 그로 인해 성숙한 믿음의 삶으로 나아가지 못하고 영적으로 미성숙한 상태가 계속될 때 결국 구원을 잃어버리는 타락의 샛길로 빠져들게 되기 쉽습니다. 때마다 거룩하신 하나님 앞에서 자기 죄를 돌아보고 내어 버리는 회개가 없이는 성숙한 신자로 자라갈 수 없다는 사실에 늘 깨어 있어야 할 이유입니다.

그렇다면 신자의 성화의 과정에서는 지속적으로 회개하는 삶이야말로 가장 핵심적으로 중요한 관건이 된다고 볼 수 있습니다. 예수님은 간음하다가 현장에서 잡혀온 여인의 죄를 용서하시면서 딱 한 가지의 명령을 내리셨습니다. "나도 너를 정죄하지 아니하노니 가서 다시는 죄를 범하지 말라"(요 8:11).

물론 예수님은 그 여인이 죄를 용서받은 이후에도 어쩔 수 없이 죄를 범하는 삶을 살게 된다는 걸 아셨습니다. 그럼에도 죄를 용서받은 자는 다시는 죄를 범하지 않으려는 노력과 함께 죄를 범했을 경우 그 죄를 그때그때 회개하는 삶을 살아야 한다는 의미로 이 명령을 내리셨습니다. 구약성경 욥기 1장에 보면 욥이 하나님 앞에 의인으로 인정받는 삶을 살 수 있었던 결정적인 이유인 것으로 보이는 대목이 나옵니다. 그가 일상적으로 회개하는 삶에 늘 깨어 있었다는 것입니다.

"이 사람은 동방 사람 중에 가장 훌륭한 자라. 그의 아들들이 자기 생일에 각각 자기의 집에서 잔치를 베풀고 그의 누이 세 명도 청하여 함께 먹고 마시더라. 그들이 차례대로 잔치를 끝내면 욥이 그들을 불러다가 성결하게 하되 아침에 일어나서 그들의 명수대로 번제를 드렸으니 이는 욥이 말하기를 혹시 내 아들들이 죄를 범하여 마음으로 하나님을 욕되게 하였을까 함이라. 욥의 행위가 항상 이러하였더라"(욥 1:3-5).

욥의 경우를 통해 하나님을 경외하는 신자의 삶에는 죄에 대한 지속적인 회개가 필수적이라는 사실을 다시금 확인할 수 있습니다. 욥을 의인이라 칭하면서 성경은 그의 특정한 선행보다 그가 평소에 하나님 앞에 회개하는 데 늘 깨어 있었던 삶에 초점을 맞춥니다. 그가 죄를 회개하기 위한 번제를 드리는 것을 언급하며 "욥의 행위가 항상 이러하였더라"고 특별하게 강조합니다.

욥이 일상에서 하나님께 죄를 회개하기 위한 번제를 드렸다는 것은 신약시대 신자들에게는 각자가 매일 죄를 회개하는 기도를 하나님께 올려드리는 것으로 적용될 수 있습니다. 예수님이 신약시대의 교회들에게 타락한 행실을 버리고 새롭게 변화될 방도로 공통되게 제시하신 것 역시 "회개하라"(계 2:5, 16, 21, 3:3, 19)는 명령이었습니다.

때로 넘어지고 실패하고 깨어지더라도

사도 바울은 사역의 말년에 가서도 여전히 "죄인 중에 내가 괴수니라"(딤전 1:15)고 고백했습니다. 이러한 정체성은 "나는 날마다 죽노라"(고전 15:31), "내가 내 몸을 쳐 복종하게 함은 내가 남에게 전파한 후에 자신이 도리어 버림을 당할까 두려워함이로다"(고전 9:29)라는 고백과도 일맥상통합니다.

이는 그가 만 달란트에 이르는 자기 죄를 탕감받은 은혜에 늘 감사하며, 그 은혜를 욕되게 하지 않으려고 평소에 얼마나 죄를 민감하게 경계하며 지속적으로 회개하는 삶을 살았는지를 잘 보여줍니다. 심지어 그는 신자들에게 겉으로 드러난 죄뿐만 아니라 그 죄를 짓게 만드는 마음속의 깊은 동기나 상처까지도 십자가 앞에 가져와 내려놓고 하나씩 처리해 나가는 철저한 회개를 요구했습니다. "그리스도 예수의 사람들은 육체와 함께 그 정욕과 탐심을 십자가에 못 박았느니라"(갈 5:24).

그래서 회개는 아파야 합니다. 편한 회개, 쉬운 형식적인 회개는 이미 온전한 회개가 아닌지 모릅니다. 교회 안 나가고 헌금 떼먹는 죄만 놓고 회개하거나 회개하라는 건 종교적인 '회개용 회개'에 지나지 않을 수 있습니다. 일상의 작은 일이나 관계 속에서도 정직하게 주의 말씀을 잣대로 나를 돌아보고 주께로 끊임없이 되돌이키는 삶의 올곧은 방향성이 진짜 회개입니다. 그렇게 일상에서도 계속해서 하나님을 바라보며 그분께 나의 속

마음을 솔직하게 내보여 드리는 것이 진정한 회개의 주된 방식 가운데 하나라고 믿습니다.

하나님 앞에서 정직하게 나 자신을 있는 그대로 드러내는 기도를 드리게 되면 삶에서 한 번도 회개한 적 없는, 회개할 생각조차 해본 적 없는 죄를 새로이 발견하게 되기도 합니다. 그래서 기도의 절정은 회개라고 볼 수도 있습니다. 진실한 회개를 통해 하나님과의 관계, 나아가 이웃과의 관계를 회복시키는 통로가 바로 기도이기도 하기 때문입니다. 그러한 진실한 기도 가운데서 나를 향한 하나님의 사랑과 긍휼의 마음을 자주 내 심령 깊이 체험하게 될수록 내 마음의 깊은 뿌리에서부터 죄를 멀리하며, 포도나무이신 예수님께 가지로 붙어 있는 것만으로도 그분의 성품을 닮아가는 성령의 열매를 절로 맺을 수 있게 됩니다.

이러한 회개의 삶을 온전히 문자 그대로 살아가는 신자만 구원을 이루게 된다는 말은 아닙니다. 때로 넘어지고 실패하고 깨어지더라도 그 자리에서 다시 회개하고 일어나 한결같이 주께로 향하는 삶의 방향성에 늘 깨어 그 한 방향으로만 나아가고자 하는 기본 자세가 무엇보다 중요합니다. 하나님의 백성들은 신자가 되고 나서부터 비록 불완전하고 흠결이 뒤섞인 순종이라 할지라도 날마다 자기를 부인하는 가운데 하나님 나라에 적합한 삶의 방식과 성품을 좇아 나아가는 일관성 있는 태도를 지녀야 하기 때문입니다.

때마다 성령님이 친히 공급해주시는 은혜와 도우심으로 하나님과의 친밀한 연합의 교제 가운데 이러한 삶의 방향성을 처음부터 끝까지 충성스럽게 견지하는 것이야말로 참된 구원의 확신의 기초요 성경적인 행함 있는 믿음의 전모라고 할 수 있습니다. 또한 이것이야말로 율법적인 주종 관계가 아닌 친밀한 부부관계에서만 기대할 수 있고 또 그 인격적인 관계성의 진리 안에서만 누릴 수 있는 진정한 신앙의 자유함이기도 합니다.

대충 기도만 하면 우리 다 천국 가는 거야?

'이미, 그러나 아직'(already, but not yet)의 하나님 나라 시점에서 기독교의 구원은 은혜로 거저 받은 구원이면서 동시에 행함 있는 믿음으로 이루는 구원이라고 말할 수 있습니다. 처음부터 끝까지 칭의의 은혜가 기반이 되지 않으면 성화의 순종은 불가능합니다. 그러나 각 신자의 믿음의 여정에서 후자가 없이 전자만으로는 구원이 완성되지 않는다는 것 또한 성경의 확고한 가르침이라고 결론지을 수 있습니다.

신자가 구원받은 목적은 성화이며, 성화의 본질은 순종에 있습니다. 그래서 사도 바울도 로마서 초반부에는 행위가 아닌 믿음으로 얻는 의를 강조하고 나서 후반부에는 순종으로 실현되는 믿음을 강조합니다. 처음부터 로마서를 쓴 목적 역시 "믿어 순종하게"(롬 1:5, 16:26) 하는 데 있었습니다.

신자가 한 번 제대로 믿었으면 반드시 성화에 성공한다는 주장은 성경 자체보다 특정 교리주의를 우선시하는 경향에서 비롯된 것입니다. 성경은 신자들에게 끊임없이 사탄에게 미혹받거나 게으르지 말고 근신하여 끝까지 믿음을 지키라고 강권합니다. 믿음의 몸통인 성화가 믿음의 입구인 단 한 번 입술의 고백보다 훨씬 더 중하기 때문입니다.

'한 번 구원은 영원한 구원'이란 교리를 강조하다 보면 본의 아니게 성화의 과정이 약화되고 교회가 윤리적 수준을 전반적으로 낮추는 결과가 초래될 수 있습니다. 그렇게 되면 잠시 교인 수가 늘어나는 듯해도 이내 세상과 비슷해진 교회에서 신앙의 진정한 의미를 잘 실감하지 못하는 교인들도 늘어납니다. 그들 가운데는 신앙생활 중에 어떤 부정적인 계기를 만나게 될 경우 미련 없이 교회를 떠나는 이들도 더 쉽게 생겨날 수 있습니다. 교회 세속화의 또 다른 양상입니다. 일상에서 복음적인 삶의 고난을 자처하는 행함 있는 믿음만이 점점 더 가속되어가는 교회 세속화에 후퇴하는 일 없이 지속적으로 힘 있게 저항할 수 있습니다.

"대충 기도만 하면 우리 다 천국 가는 거야? 그럼 나도 기도해야지!" 넷플릭스 드라마 〈오징어 게임〉에서 한 여자 배우가 남긴 말입니다. 현재 개신교계에 만연해 있는 왜곡된 구원관이나 구원의 확신에 대한 문제가 세상에는 어떤 뉘앙스로 투영되어 있는지를 생생하게 그대로 반향해준 듯한 대사입니다. 이제라도 복음주의 개신교의 구원관을 성경적으로 균형 있게 바로 세우는 것이야말로 진정한 교회 개혁의 출발점이 될 수 있습니다.

교회사에서도 16세기 종교개혁은 어느 한순간에, 갑자기 한꺼번에 이뤄지지 않았습니다. 그 이전까지 거의 천 년 동안 형성된 잘못된 성경 해석과 관행을 바로잡고자 하는 노력이 마르틴 루터가 등장하기 전부터 꾸준히 진행되어왔습니다. 피터 왈도나 존 위클리프, 얀 후스, 지롤라모 사보나롤라, 윌리엄 틴데일과 같은 여러 사람들이 종교개혁의 선구자들로 온갖 핍박과 오해와 어려운 여건 가운데서도 참된 신앙 개혁의 여명을 위한 물밑 작업을 벌여왔습니다.

종교개혁 이후 오백 년 동안 개신교계를 지배해온 '한 번 구원은 영원한 구원'이란 구원관의 틀을 벗어나는 일도 한순간에 이뤄지기는 어렵습니다. 그동안 여러 신학자들이 죄 사함에 초점을 맞춘 협소한 복음 이해에서 벗어나 하나님 나라의 관점으로 복음을 이해하고 새롭게 성경을 해석하면서 이미 이러한 전통적인 구원관의 문제점들을 꾸준히 지적해왔습니다. 이들의 수고를 통해 예수님이 다시 오시기 전에 전체 개신교계에 행함 있는 믿음의 진리가 더욱더 밝히 드러나게 되리라 기대해봅니다.

다만 아쉽게도 아직 이 문제는 주로 관심 있는 신학자들 사이에서 활발하게 논의되는 정도에 머물러 있는 것 같습니다. 개인적으로 그동안 말씀 사역의 현장에서 많은 목회자와 성도들이 이 문제에 대해 궁금해하며 다양한 질문들을 던지지만 딱히 명확한 답을 듣지 못해 답답해하는 모습들을 지켜보곤 했습니다. 행함 있는 믿음에 대해 강조하면 아직도 많은 목회자나 신학자들이 일단 움츠러들고 보는 경향마저 있는 듯합니다.

제2의 종교개혁을 이룰 의미 있는 한 걸음들

"행함 있는 믿음의 도리에 대해 강조하신 예수님의 말씀을 있는 그대로 전하려면, 신실한 순종의 삶을 무시할 경우 신자라도 망할 수 있다는 주인의 말씀까지 그분의 종들은 빼먹지 않고 다 전해야 하지 않을까요?"

　"한 주간 동안 세상에서 생업으로 고생하고 수고한 성도들이 하나님의 말씀에서 위로와 은혜를 받으려고 참여한 예배에서 차마 그런 말까지는 못 하겠더군요."

　설교에서 신자들이 기꺼이 감당해야 할 순종의 도를 특히 많이 강조해온 것으로 잘 알려진 한 대형교회 목사님과 제가 개인적인 식사 교제의 자리에서 나눈 대화 한 토막입니다. 주인의 뜻이야 잘 알지만, 교인들에게 영적인 죽음을 경고하면서까지 그들이 젖을 떼고 단단한 음식, 곧 행함 있는 믿음의 순종을 통해 의의 말씀을 경험하는 장성한 신자들로 자라게 하는 데는 한 지역교회의 목회자로서 현실적으로 미묘한 한계를 느끼기도 한다는 복잡한 심경을 솔직하게 토로하신 듯했습니다. 그러나 성경은 고난이 따르더라도 하나님의 말씀에 적극적으로 순종하는 일상을 통해 그 말씀을 직접 경험하려고 하지 않고 주로 위로만 받는 데 그치려는 신자를 가리켜 신앙의 성장 없이 늘상 젖만 먹는 어린아이와 같은 신자라고 책망합니다.

"때가 오래되었으므로 너희가 마땅히 선생이 되었을 터인데 너희가 다시 하나님의 말씀의 초보에 대하여 누구에게서 가르침을 받아야 할 처지이니 단단한 음식은 못 먹고 젖이나 먹어야 할 자가 되었도다. 이는 젖을 먹는 자마다 어린아이니 의의 말씀을 경험하지 못한 자요 단단한 음식은 장성한 자의 것이니 그들은 지각을 사용함으로 연단을 받아 선악을 분별하는 자들이니라"(히 5:12-14).

이처럼 지금 한국교회 안에는 천하보다 귀한 한 영혼 한 영혼을 구원받게 하는 일에서 '믿기만 하면 구원'이란 가르침보다 행함 있는 믿음의 교훈이 훨씬 더 안전하고 성숙한 가르침인데도 이 주제에 대해 공개적으로 진지하게 가르치거나 심지어 제대로 한 번 알아보기라도 해보려는 엄두조차 잘 내지 못하는 분위기 또한 적지 않은 것 같습니다. 오랫동안 익숙해온 교파주의나 교리주의의 영향이 여전히 큰 탓이라고 생각합니다. 이런 민감한 문제를 놓고 같은 교파나 교단 내에서라면 서로 간의 논쟁과 대화의 기준은 당연히 특정 교리가 되어야 하지만, 다른 교파나 교단과 논쟁하거나 대화할 때의 기준은 특정 교리를 떠나 오직 성경 말씀이어야 합니다. 그러나 그렇지 못한 일방적이고도 호전적인 태도들로 인해 각 교파의 안팎에서 신학적으로도 많은 혼란이 일어나고 있는 때이기도 한 것 같습니다.

이러한 때에 이 책은 그리스도인들에게 이미 익숙한 하나님의 말씀을 중심으로 조금이라도 더 이해하기 쉬운 대중적인 접근을 통해 행함 있는 믿음을 근간으로 하는 성경적인 구원론의 전모에 대해 살펴보고자 했습니다. 행함 있는 믿음이나 순종의 문제가 신자의 구원과는 구체적으로 어떤 관련이 있는지에 대해 한국교회 성도들이 꼭 한 번은 새롭게 정리해놓고 있어야 할 기독교 구원론의 이론과 실천, 그 두 영역을 한 권의 문서매체에 일목요연하게 담아내고자 한 일종의 실전 가이드북 같은 책이기도 합니다. 이제부터라도 더 많은 그리스도인들이 각자의 삶의 현장에서 올바른 구원관을 세우기 위해 의미 있는 한 걸음씩을 더해나가는 데 이 부족한 책이 아주 작은 도움닫기라도 될 수 있었으면 합니다.

이 책은 지금 한국교회 안에서 여러 모양으로 광범위하게 제기되고 있는 행함 있는 믿음의 문제에 대한 다양한 질문들에 하나의 통일성 있는 성경적 대답을 시도한 것일 뿐 이 문제에 대한 확고부동한 결론을 제시하려고 쓴 것은 아닙니다. 다만 이 문제를 놓고 일단 특정 교파주의나 교리주의를 떠나 하나님의 말씀인 성경 그 자체로 돌아가보고자 했습니다. 무엇보다 성경에 기록된 말씀들을 근거로 이 문제의 전말을 세세한 변증적 접근을 통해 차근하게 한번 더듬어봄으로써 더욱 건전하고도 생산적인 논의를 확산시키는 하나의 촉매제가 되었으면 하는 바람에서 진행된 작업이었습니다.

그 작업의 열매로 한 영혼 한 영혼의 참된 구원의 문제에서도 진리 안에서 진정한 자유함을 누리는 알곡 성도들이 더 많아지고, 율법주의나 방종주의의 양극단을 벗어나 좌우로 치우치지 않는 구원의 좁은 생명길을 행복하고 넉넉하게 걸어가는 주의 백성들이 더욱 많아지길 바랍니다.

그래서 '오직 성경(Sola Scriptura), 오직 그리스도(Solus Christus), 오직 은혜(Sola Gratia), 오직 믿음(Sola Fide), 오직 하나님께 영광(Soli Deo Gloria)'이라는 제1종교개혁의 모토가 제2종교개혁에도 좀더 성경적으로 현실성 있게 적용되어 한국교회 안팎에서 더욱 풍성한 의와 평강의 열매가 맺혀지게 되길 바랍니다. 이 땅의 모든 그리스도인들이 새롭게 갱신된 참된 예배자의 삶을 통해 예수님만이 유일한 구원자요 주님이 되시며 온 세계의 왕이 되심을 온전히 드러내게 될 날이 하루라도 더 빨리 앞당겨지길 소원합니다.

거저 받은 구원인가,
이루는 구원인가?

저자 | 안환균

초판 1쇄 발행 | 2024. 10. 1.

발행처 | 변증전도연구소

발행인 | 안환균

등록번호 | 제2024-00005호

등록된 곳 | 서울시 광진구 능동로 19길 47 화양타워 603호 (우 05009)

전화 | 02) 467-0559

이메일 | hkahn1337@hanmail.net

ISBN 978-89-969909-1-8 (03230)